1

Miko
Senri

Küss den Kater!

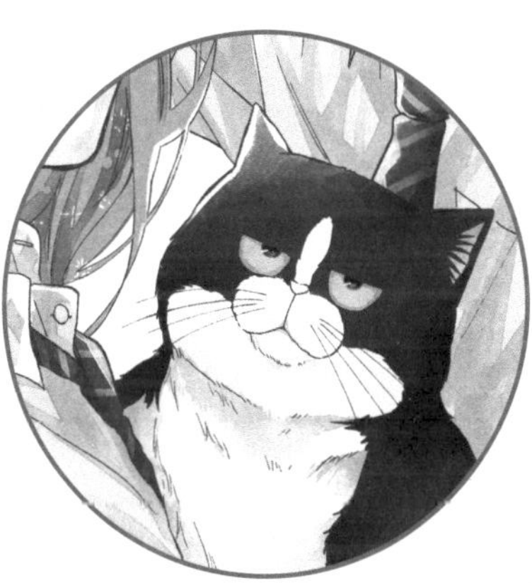

Küss den Kater!

INHALT

STORY. 1	Der Kater und die Königin	003
STORY. 2	Der Kater und seine Beute	047
STORY. 3	Leben mit dem Kater	081
STORY. 4	Mit dem Kater unterwegs	119

STORY. 1

Der Kater und die Königin

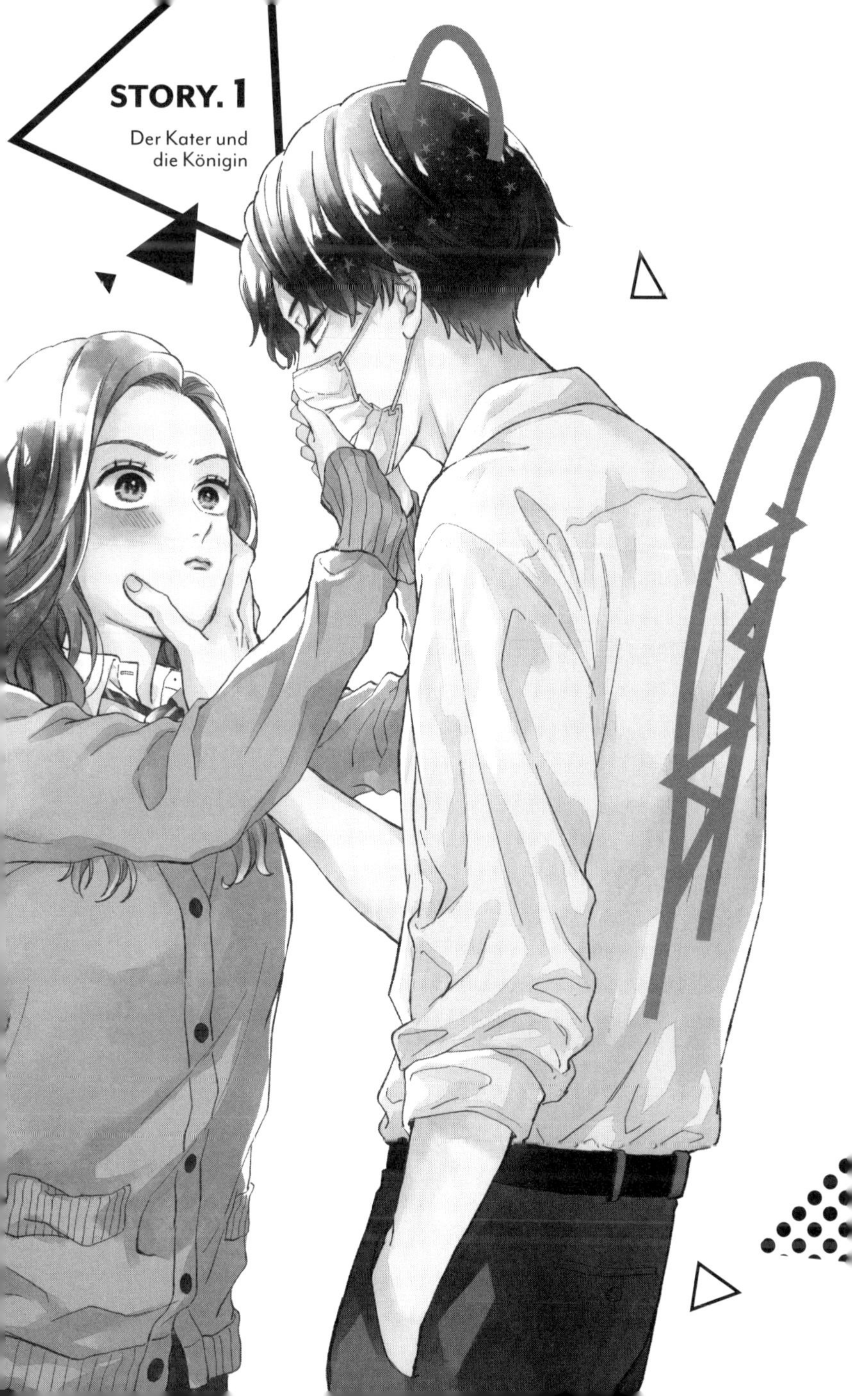

Küss den Kater!

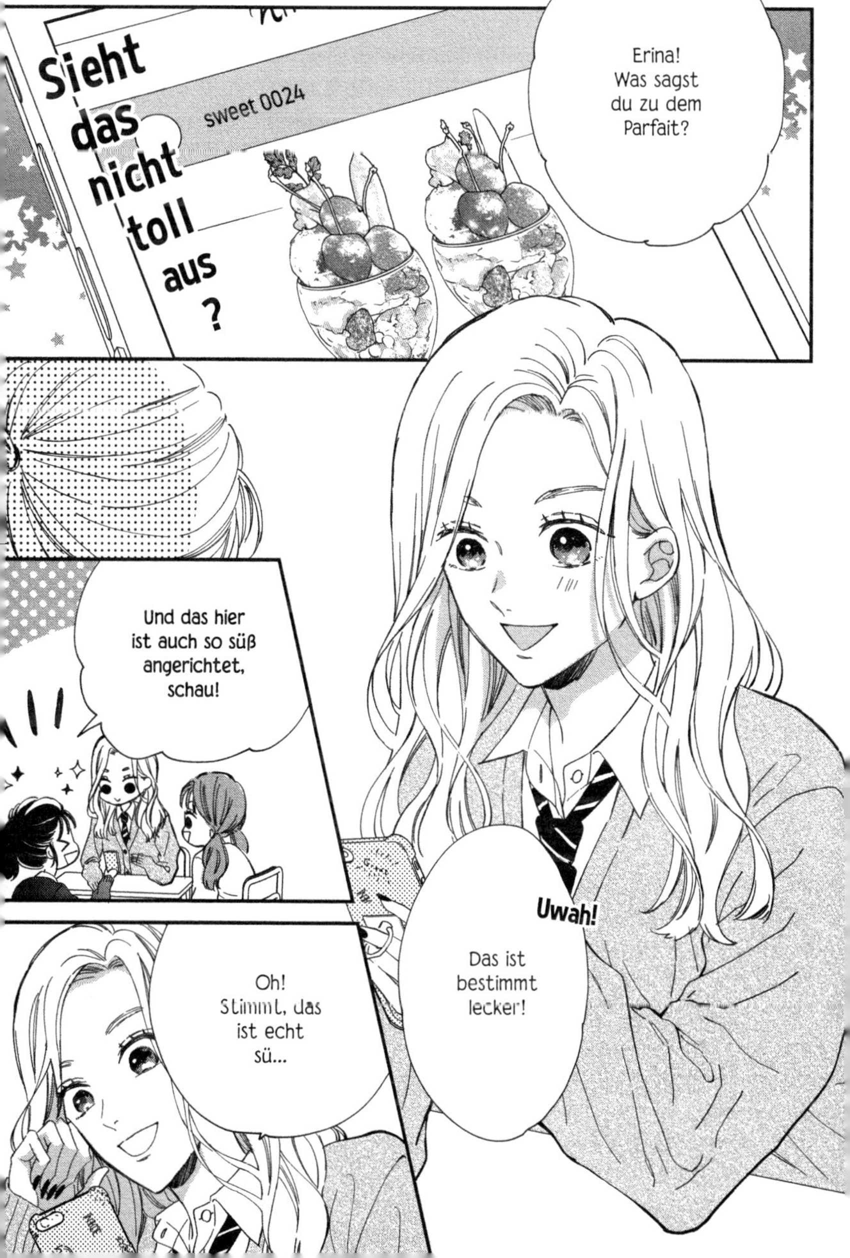
Erina! Was sagst du zu dem Parfait?
Sieht das nicht toll aus?
sweet 0024
Und das hier ist auch so süß angerichtet, schau!
Uwah!
Das ist bestimmt lecker!
Oh! Stimmt, das ist echt sü...

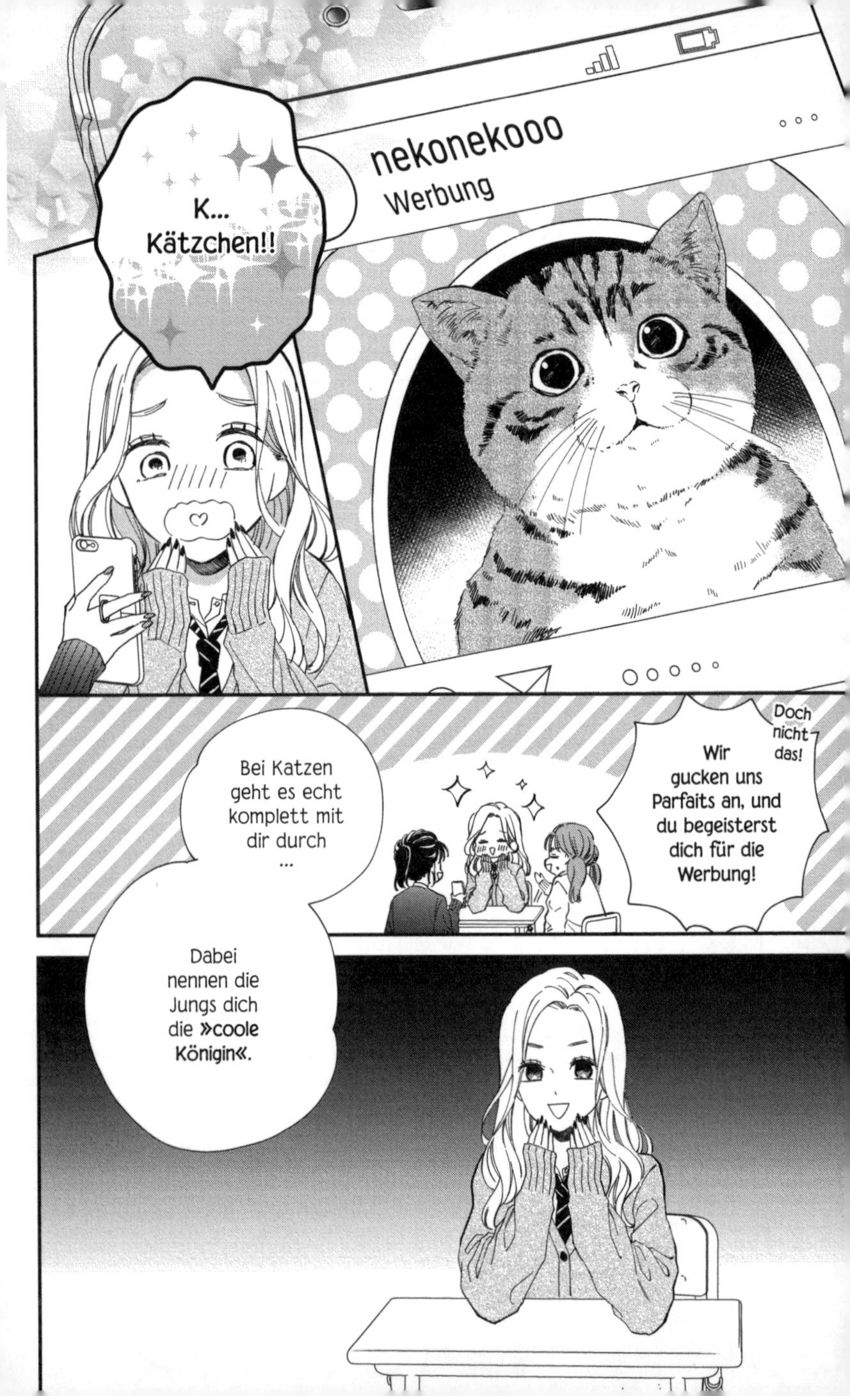
nekonekooo
Werbung
K... Kätzchen!!
Wir gucken uns Parfaits an, und du begeisterst dich für die Werbung!
Doch nicht das!
Bei Katzen geht es echt komplett mit dir durch ...
Dabei nennen die Jungs dich die »coole Königin«.

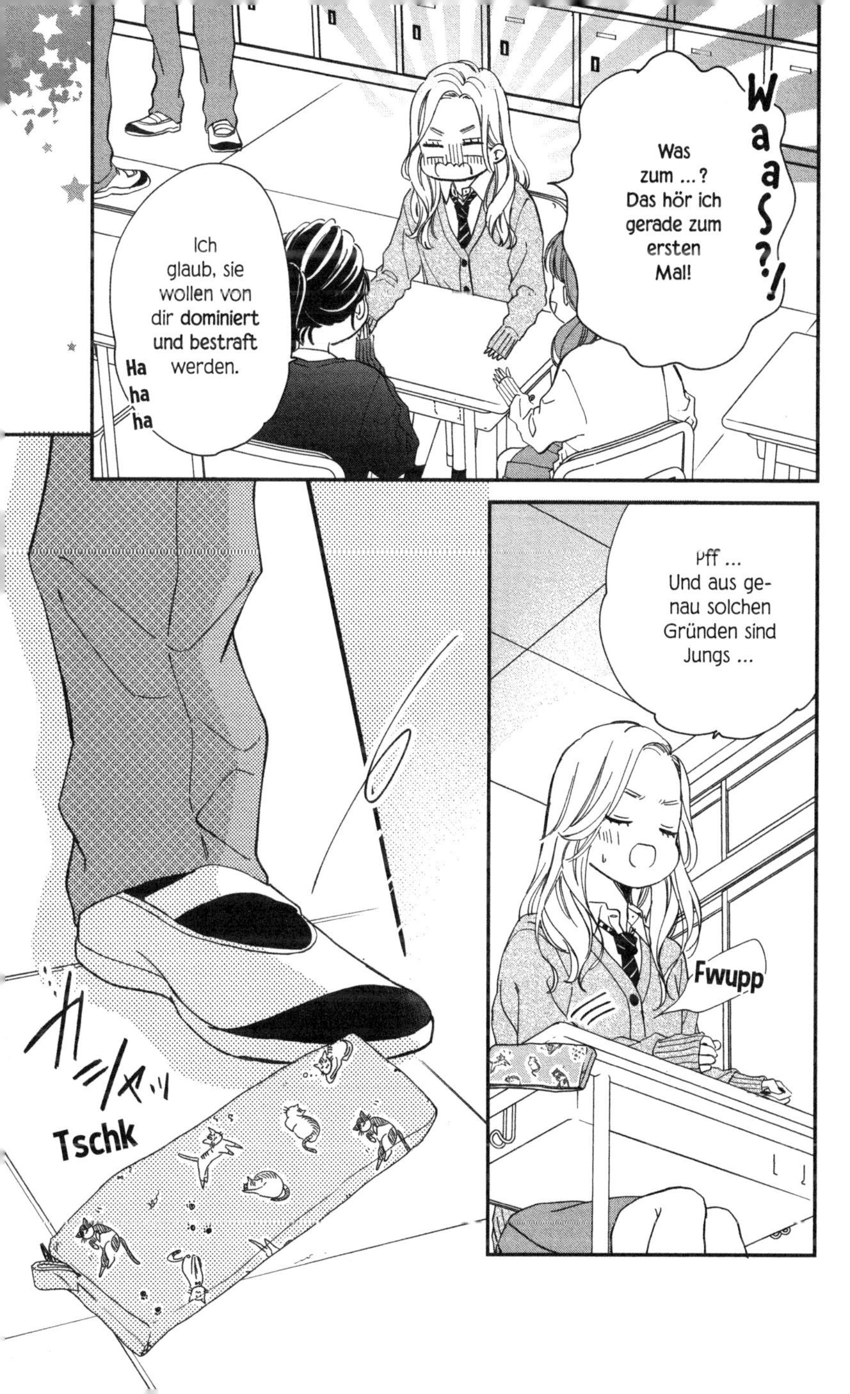
Ich glaub, sie wollen von dir dominiert und bestraft werden.
Ha ha ha
Waas?!
Was zum ...? Das hör ich gerade zum ersten Mal!
Pff ... Und aus genau solchen Gründen sind Jungs ...
Fwupp
ガシャッ
Tschk

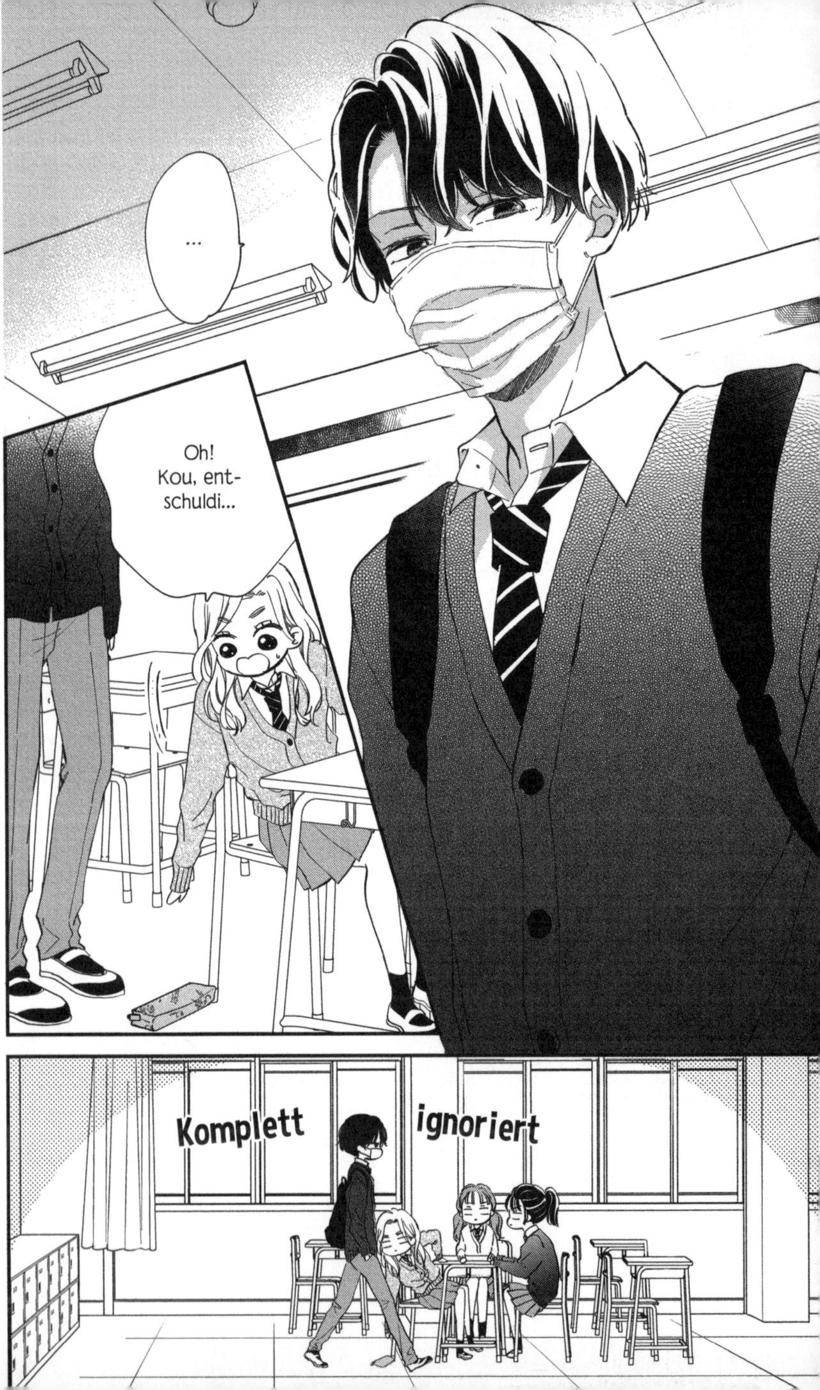
...
Oh!
Kou, ent-
schuldi...
Komplett
ignoriert

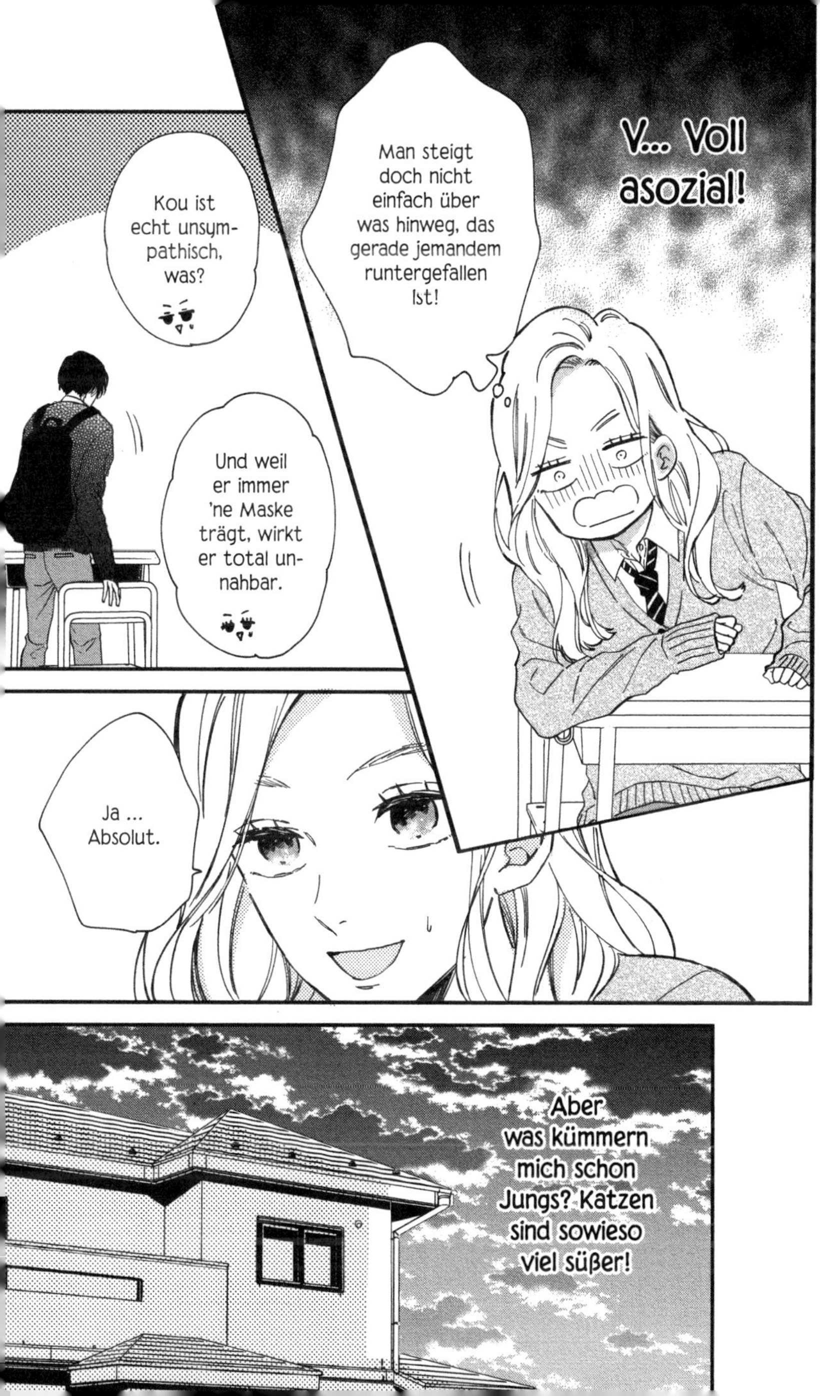
V... Voll asozial!
Man steigt doch nicht einfach über was hinweg, das gerade jemandem runtergefallen Ist!
Kou ist echt unsym-pathisch, was?
Und weil er immer 'ne Maske trägt, wirkt er total un-nahbar.
Ja ... Absolut.
Aber was kümmern mich schon Jungs? Katzen sind sowieso viel süßer!

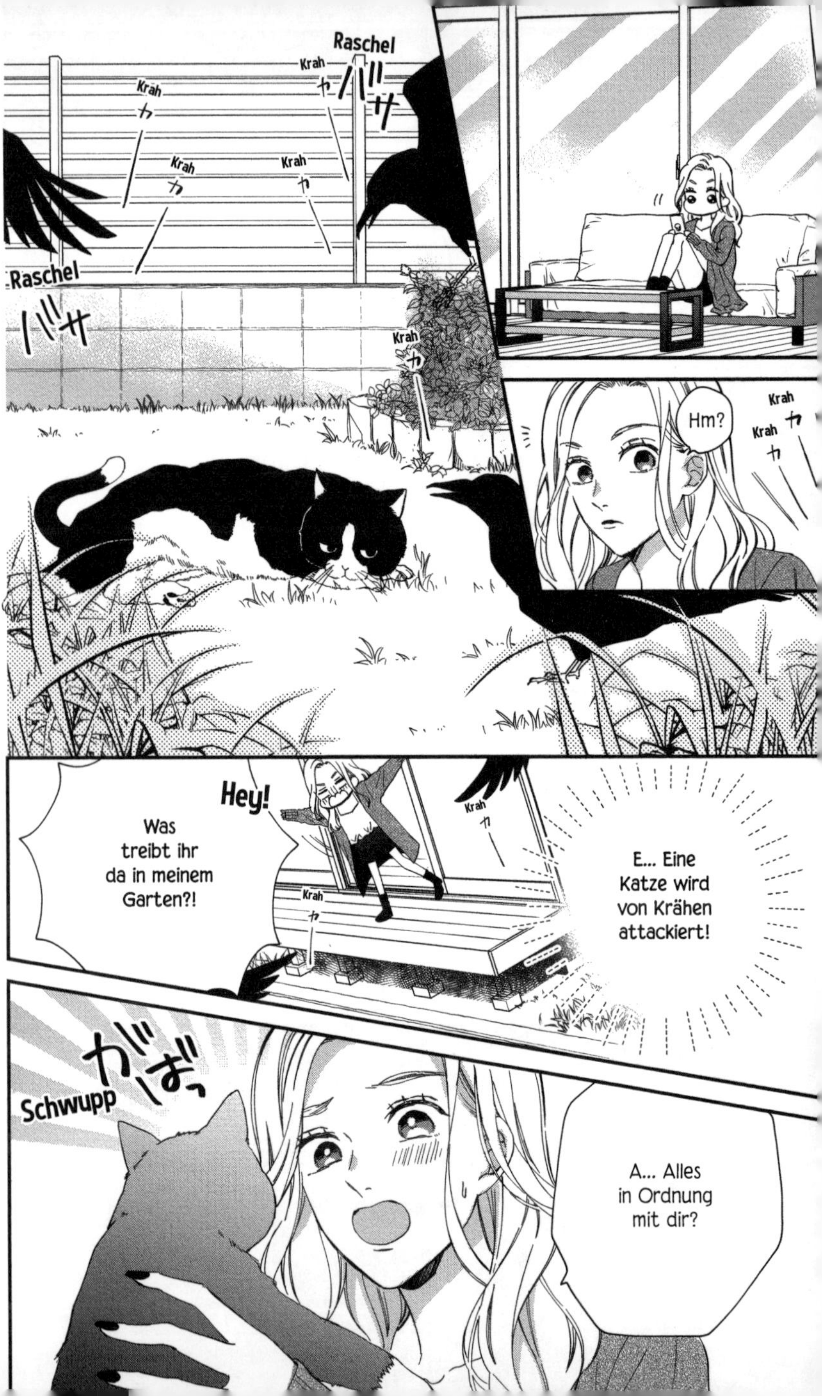

Raschel
Krah
Krah
Krah
Krah
Raschel
Krah
Hm?
Krah
Krah
E... Eine Katze wird von Krähen attackiert!
Krah
Krah
Hey!
Was treibt ihr da in meinem Garten?!
A... Alles in Ordnung mit dir?
Schwupp

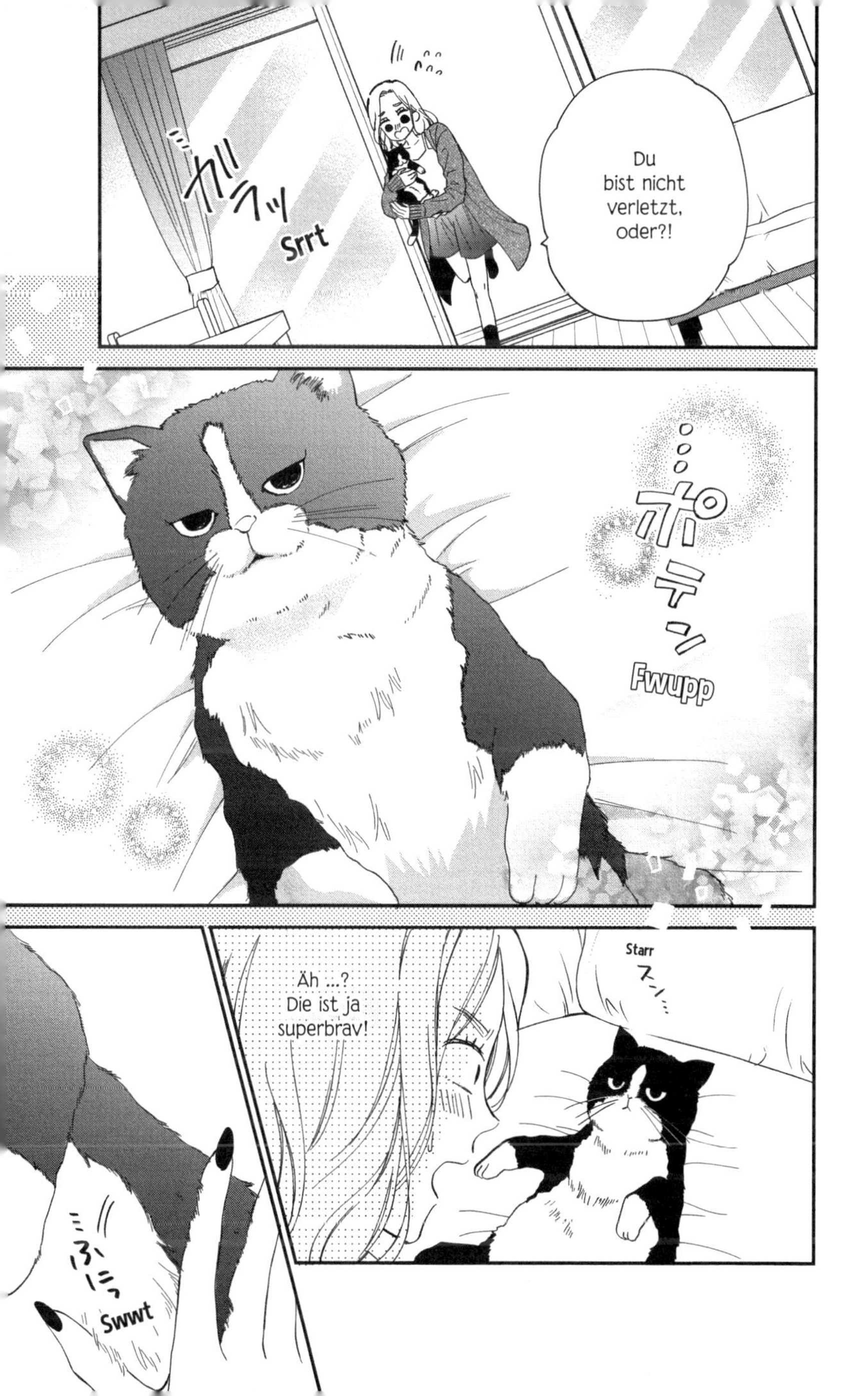

カラッ
Srrt
Du bist nicht verletzt, oder?!
ポテン
Fwupp
Starr
Äh ...?
Die ist ja superbrav!
Swwt

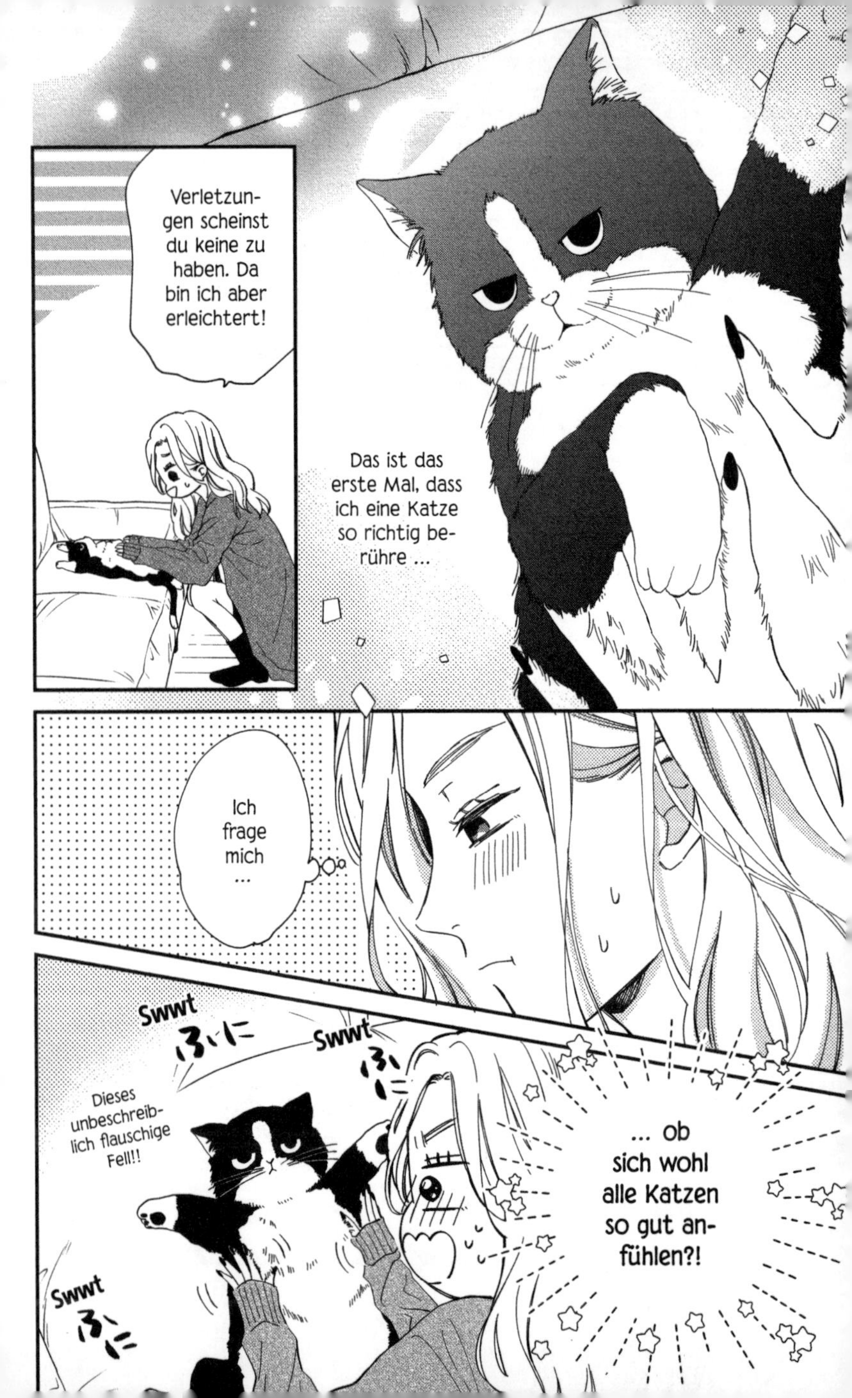
Das ist das erste Mal, dass ich eine Katze so richtig berühre ...
Verletzungen scheinst du keine zu haben. Da bin ich aber erleichtert!
Ich frage mich ...
... ob sich wohl alle Katzen so gut anfühlen?!
Swwt
ふに
Swwt
ふに
Dieses unbeschreiblich flauschige Fell!!
Swwt
ふに

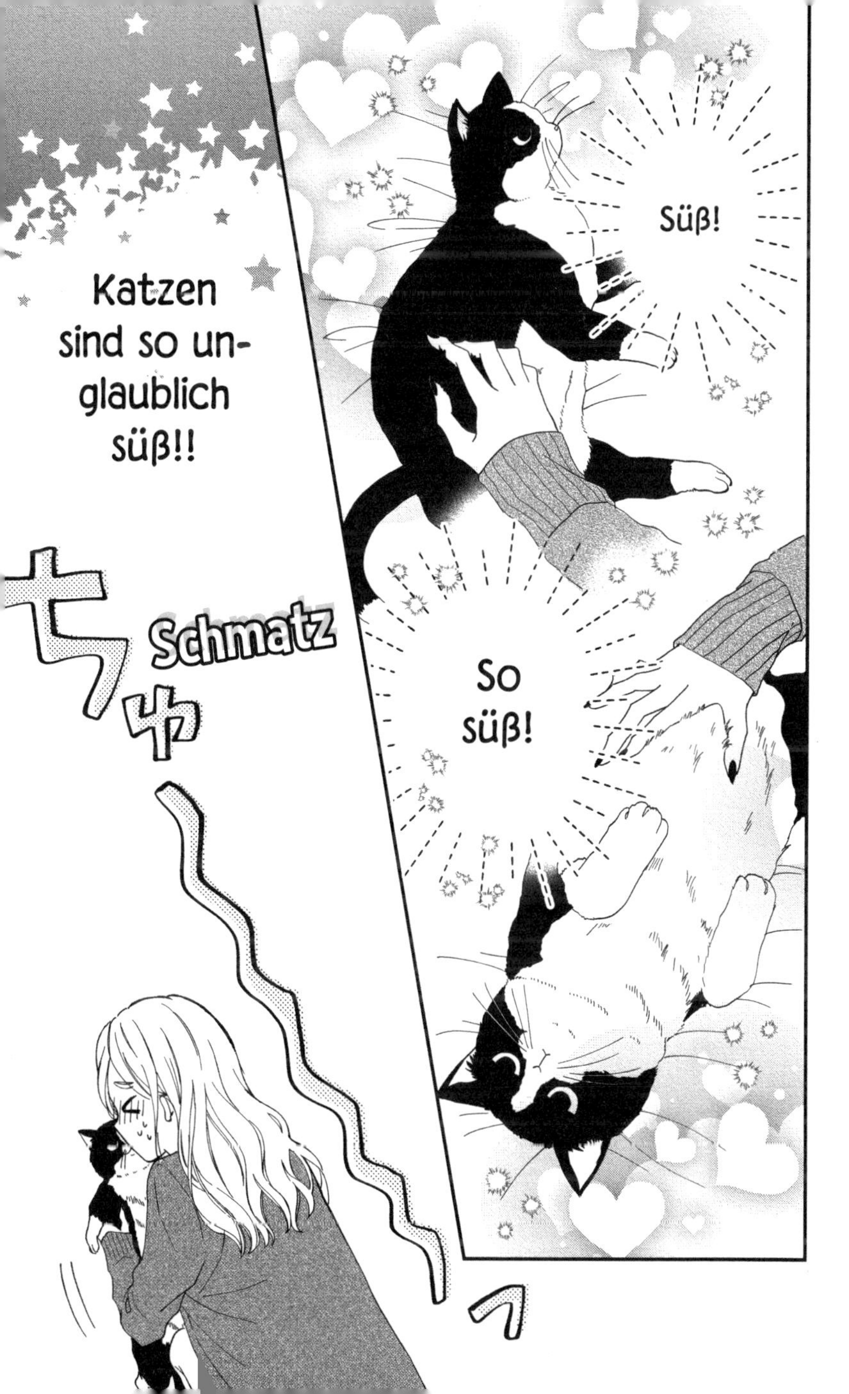
Süß!
So süß!
Katzen sind so unglaublich süß!!
ちゅ
Schmatz

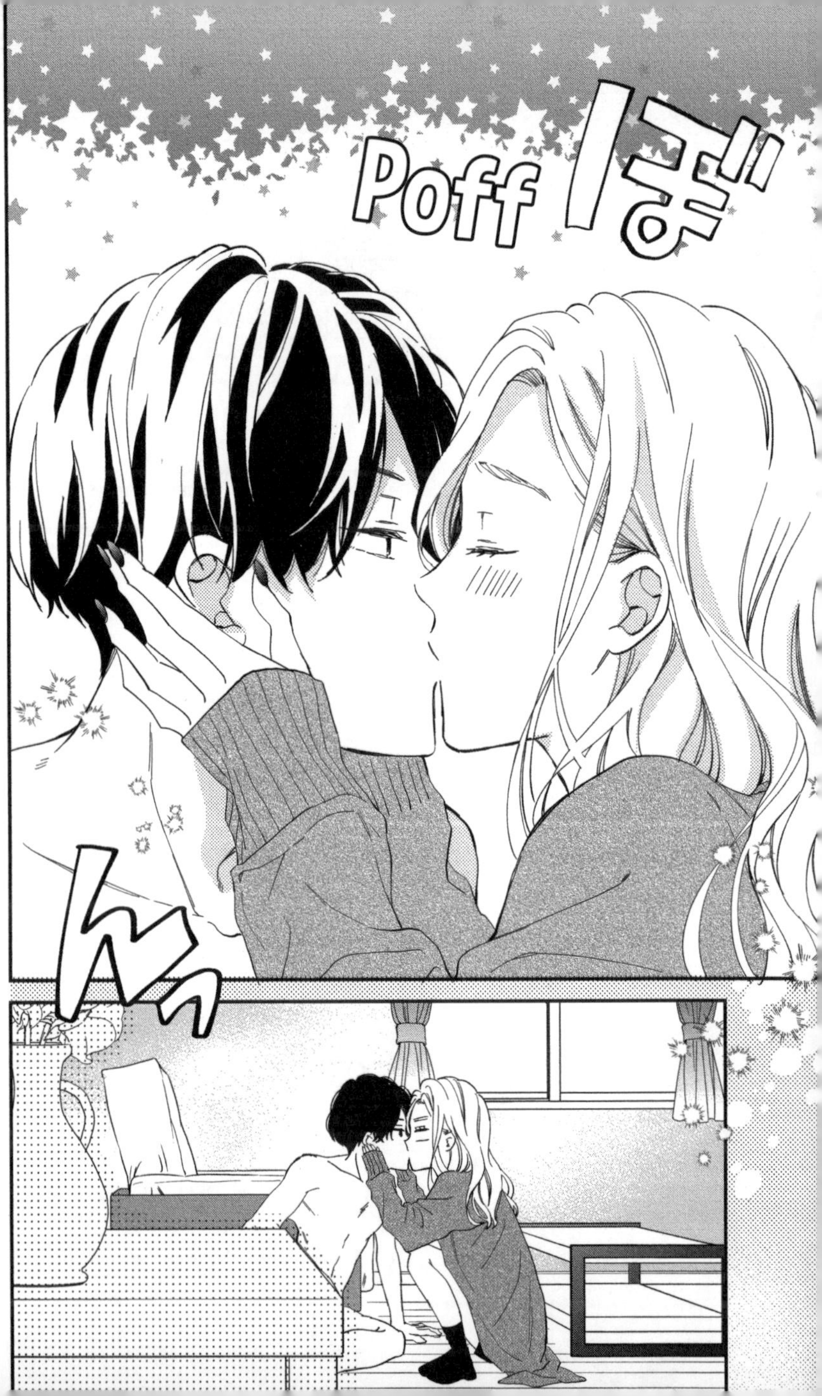
Poff ぼ
んっ

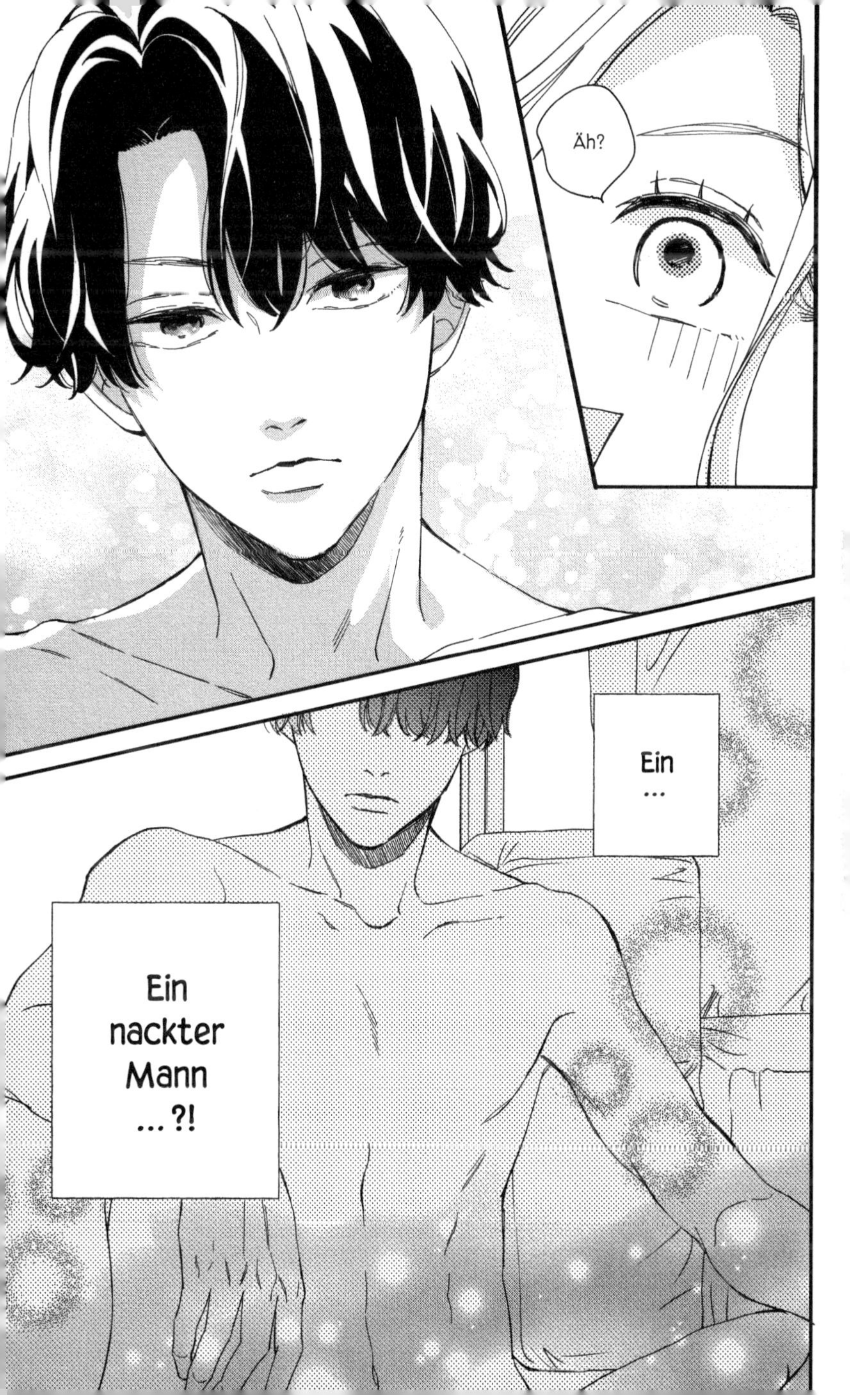
Äh?
Ein
...
Ein
nackter
Mann
...?!

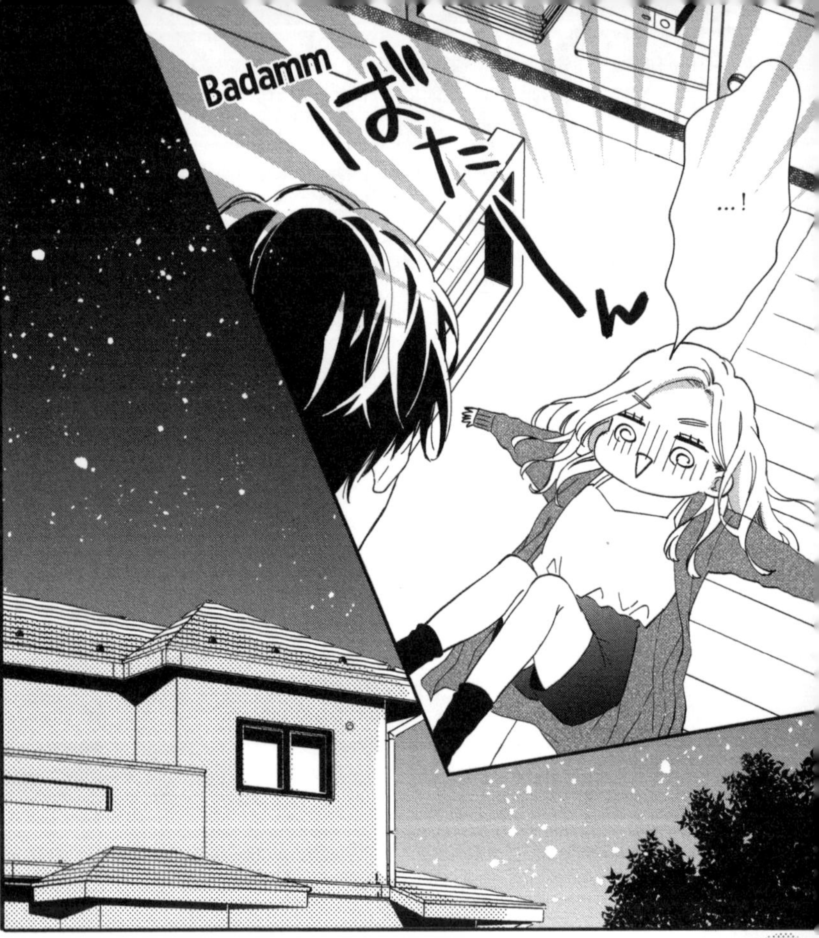
Badamm
ばたーん
...!
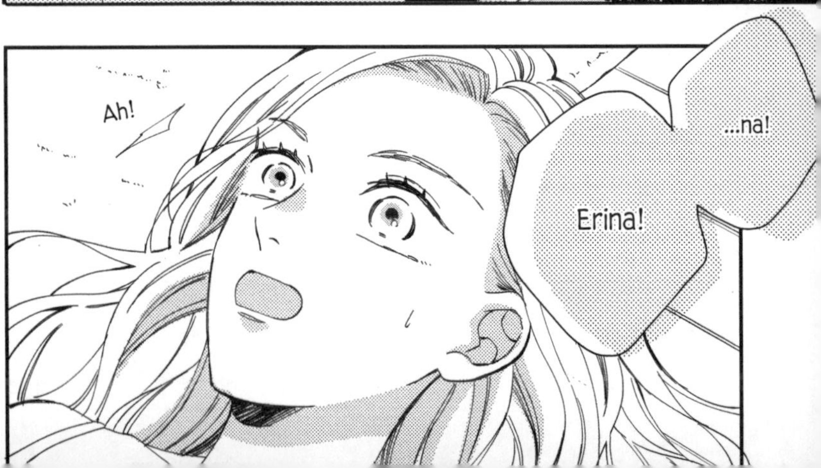
...na!
Erina!
Ah!

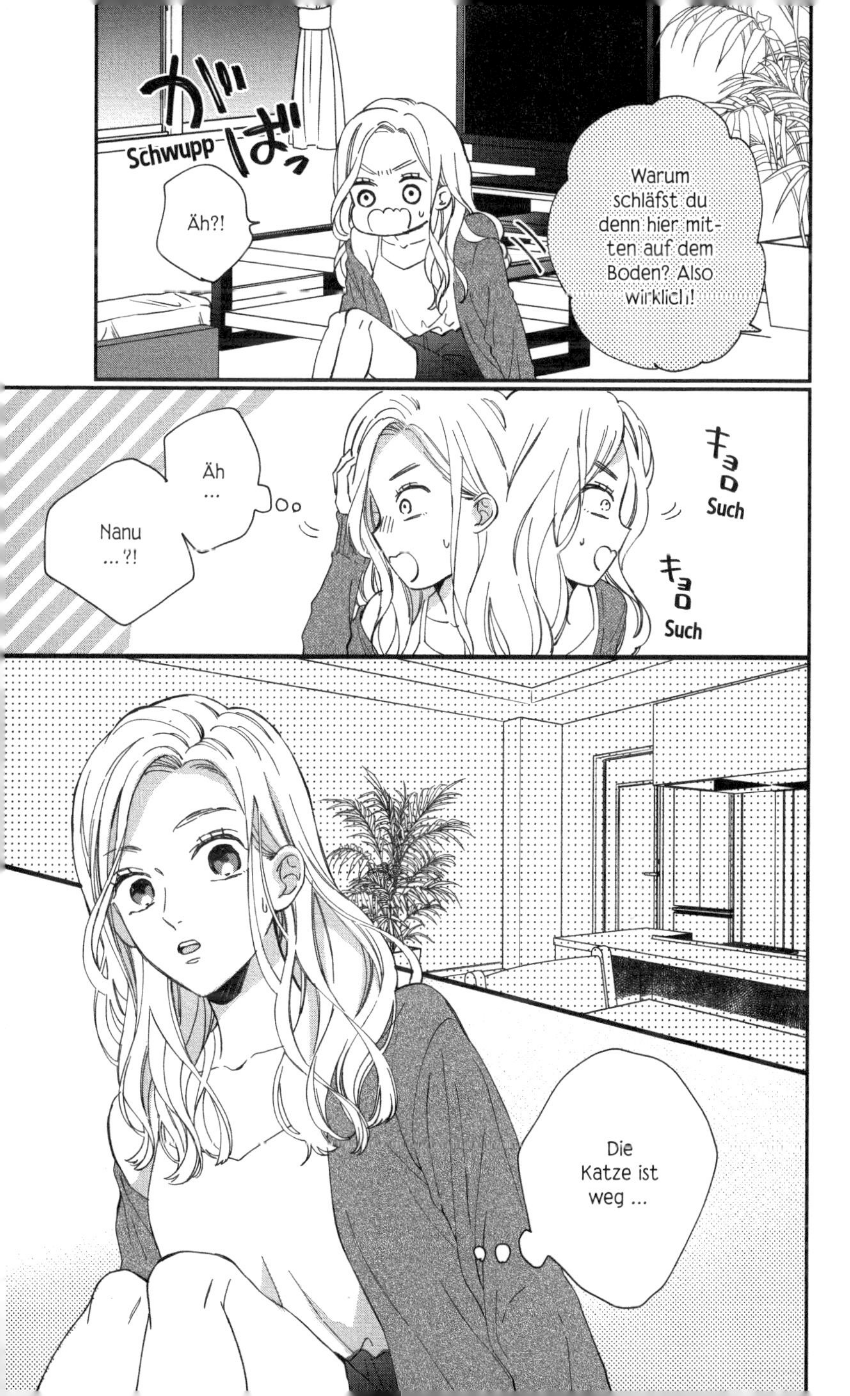
がばっ
Schwupp
Warum schläfst du denn hier mitten auf dem Boden? Also wirklich!
Äh?!
キョロ
Such
キョロ
Such
Äh …
Nanu …?!
Die Katze ist weg …

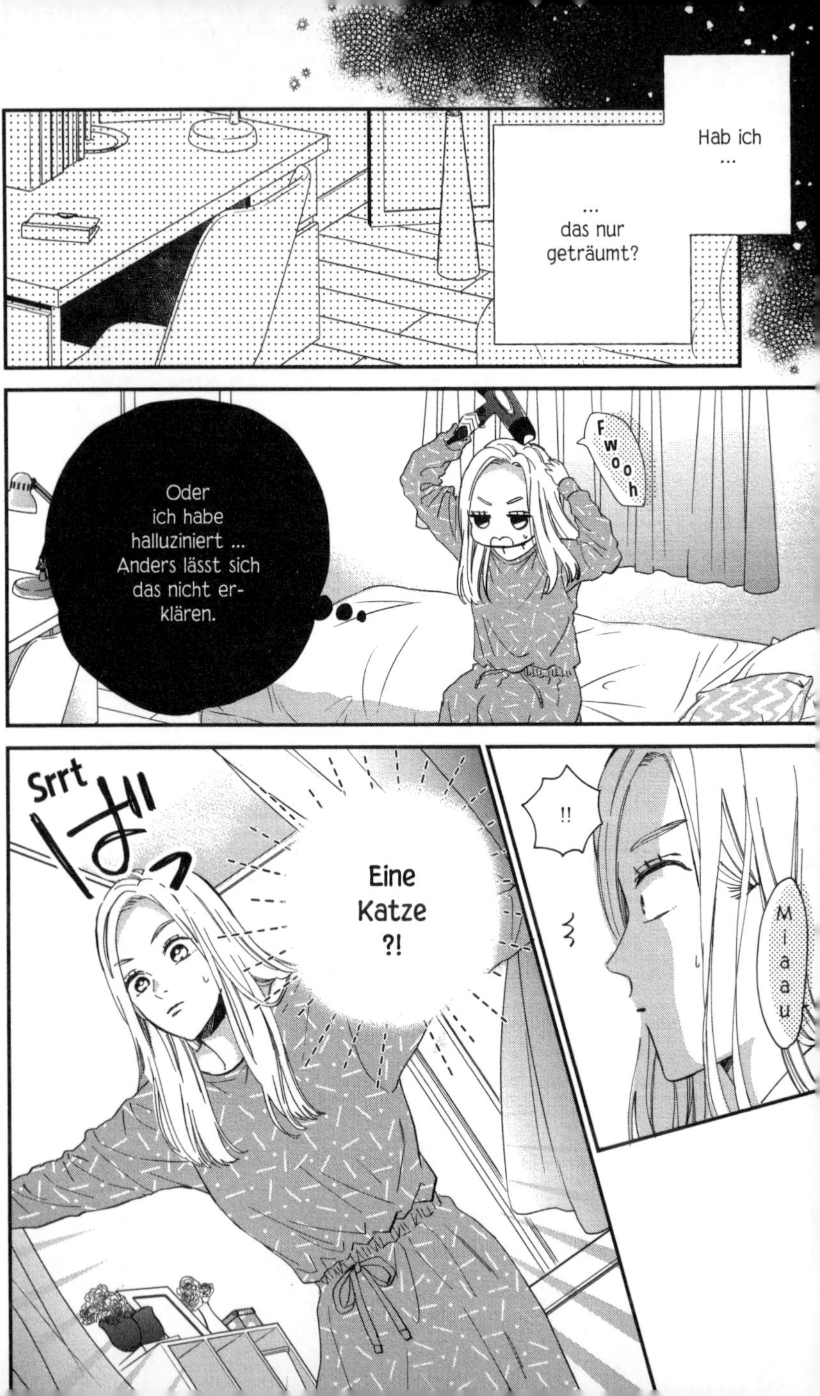

Hab ich …
… das nur geträumt?
Fwooh
Oder ich habe halluziniert … Anders lässt sich das nicht er- klären.
!!
Miaau
Srrt
Eine Katze ?!

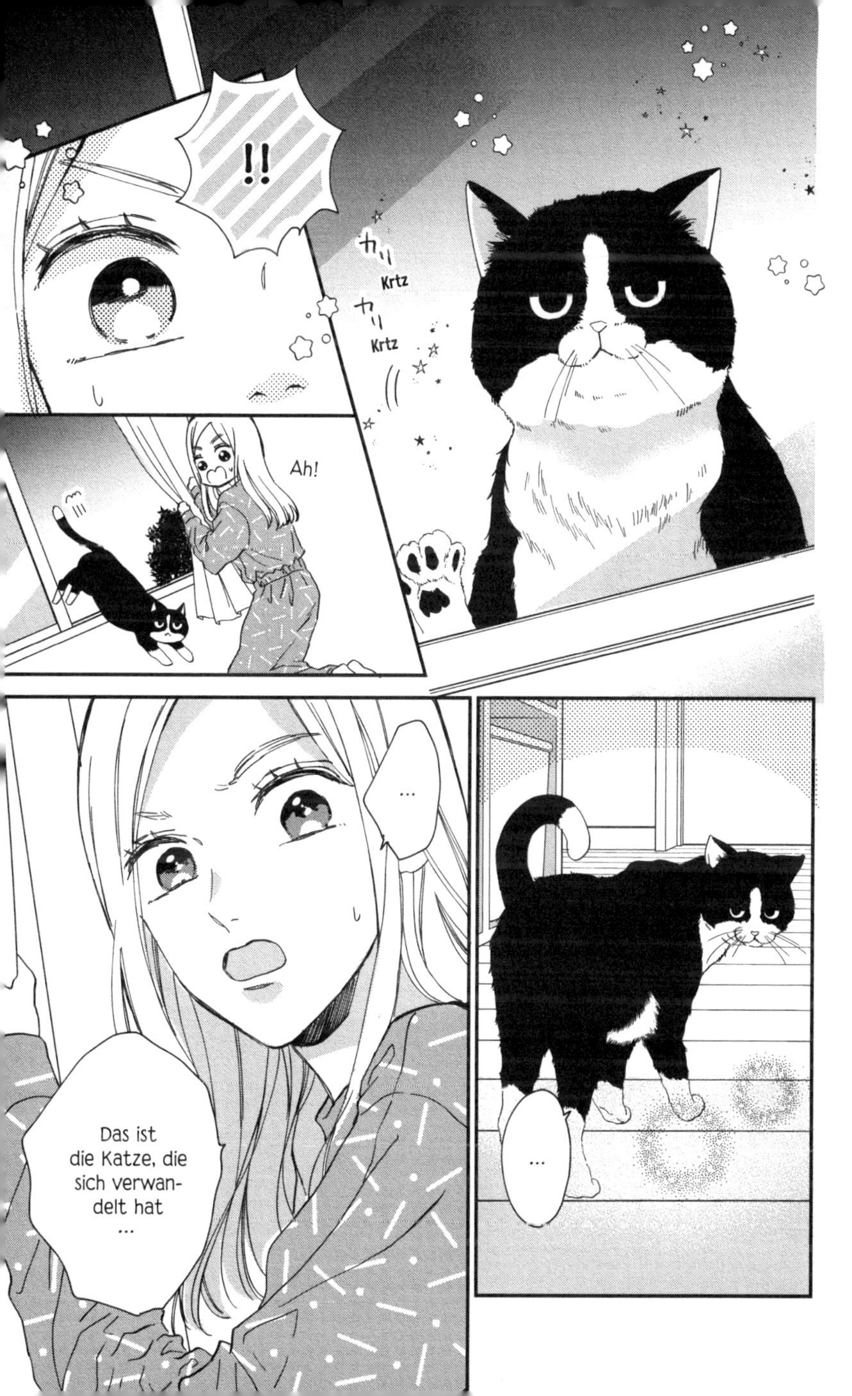
!!
カリ
Krtz
カリ
Krtz
Ah!
...
...
Das ist die Katze, die sich verwandelt hat ...

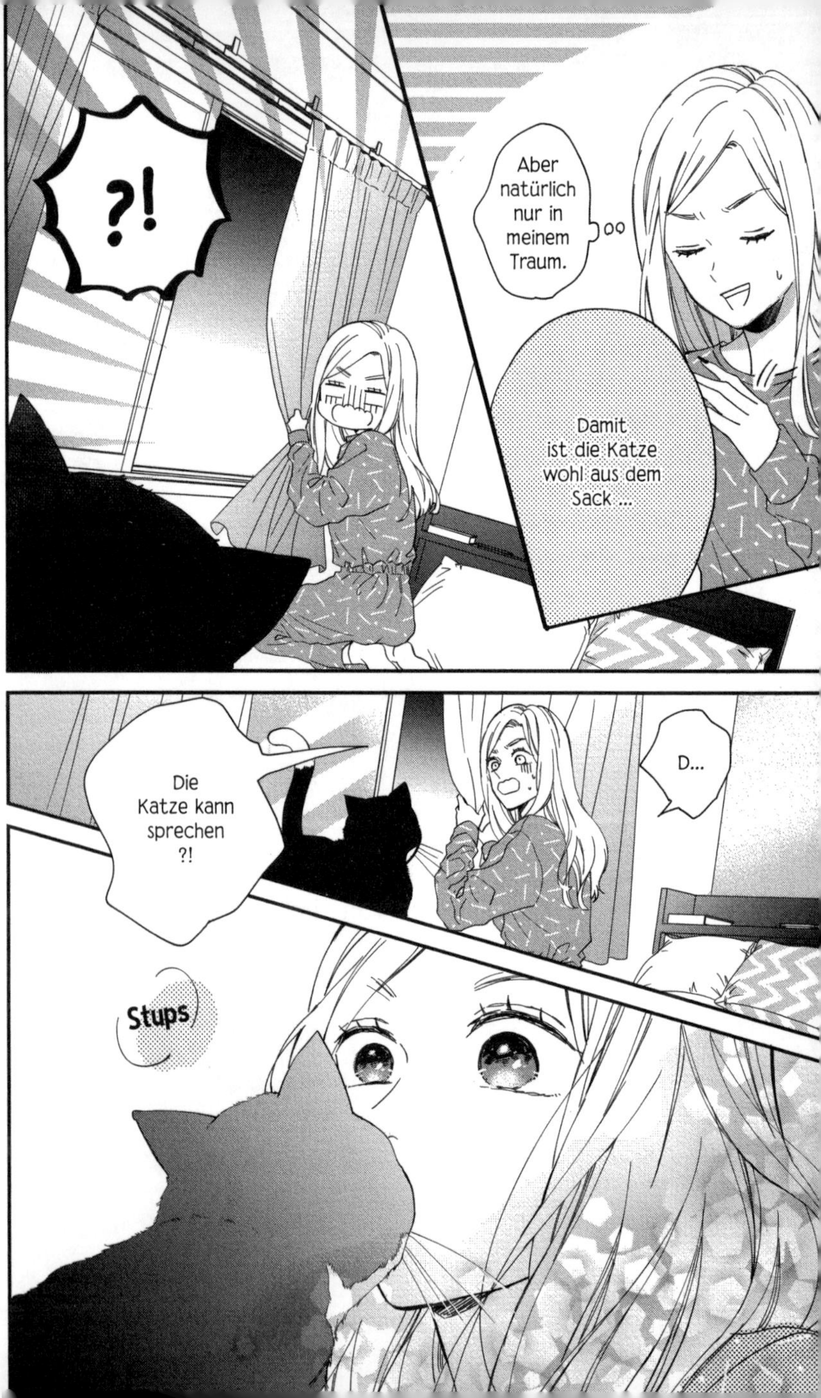
Aber natürlich nur in meinem Traum.
Damit ist die Katze wohl aus dem Sack ...
?!
D...
Die Katze kann sprechen ?!
Stups

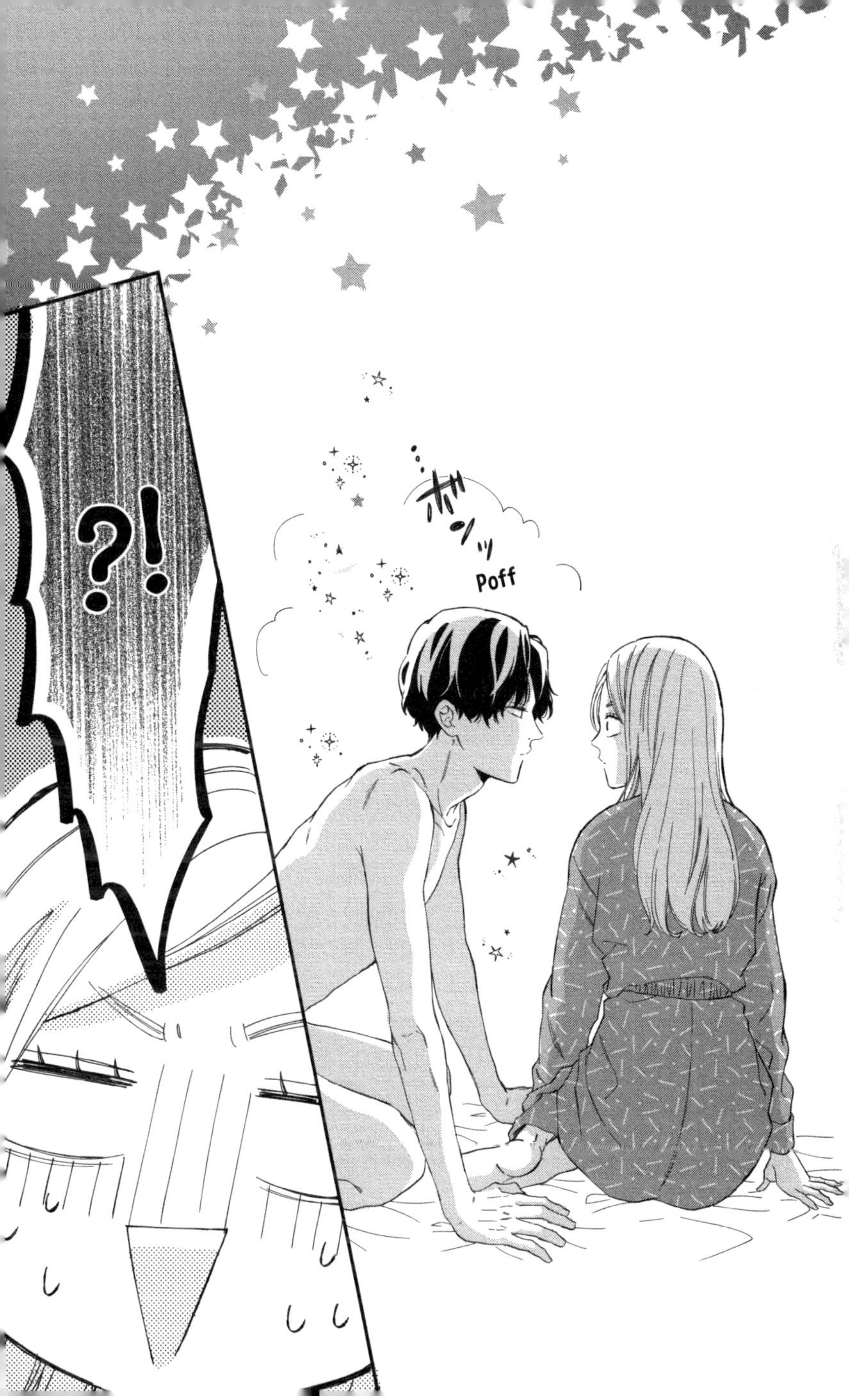

?!
...ボワッ
Poff

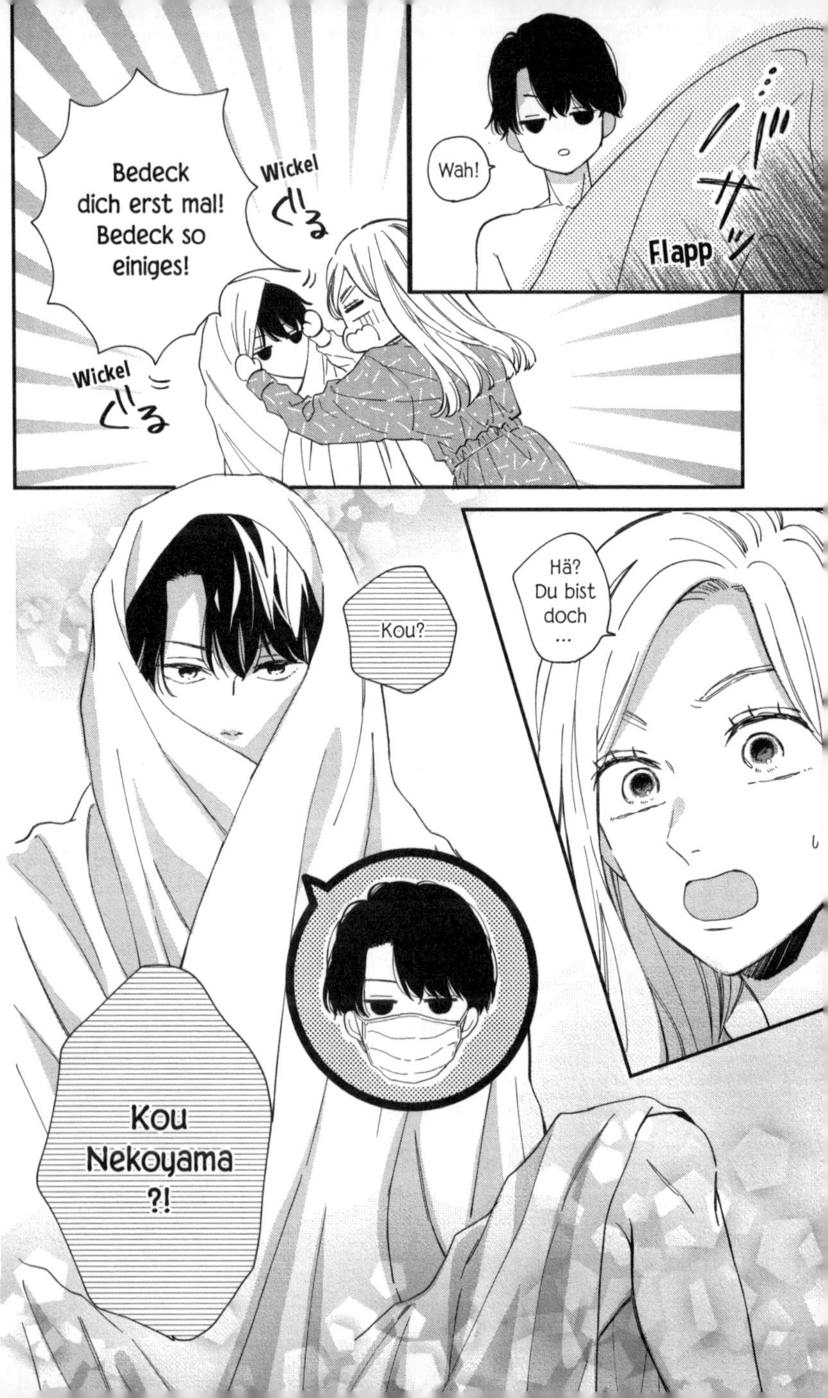
Wah!
Flapp
Bedeck dich erst mal! Bedeck so einiges!
Wickel
ぐる
Wickel
ぐる
Hä? Du bist doch …
Kou?
Kou Nekoyama ?!

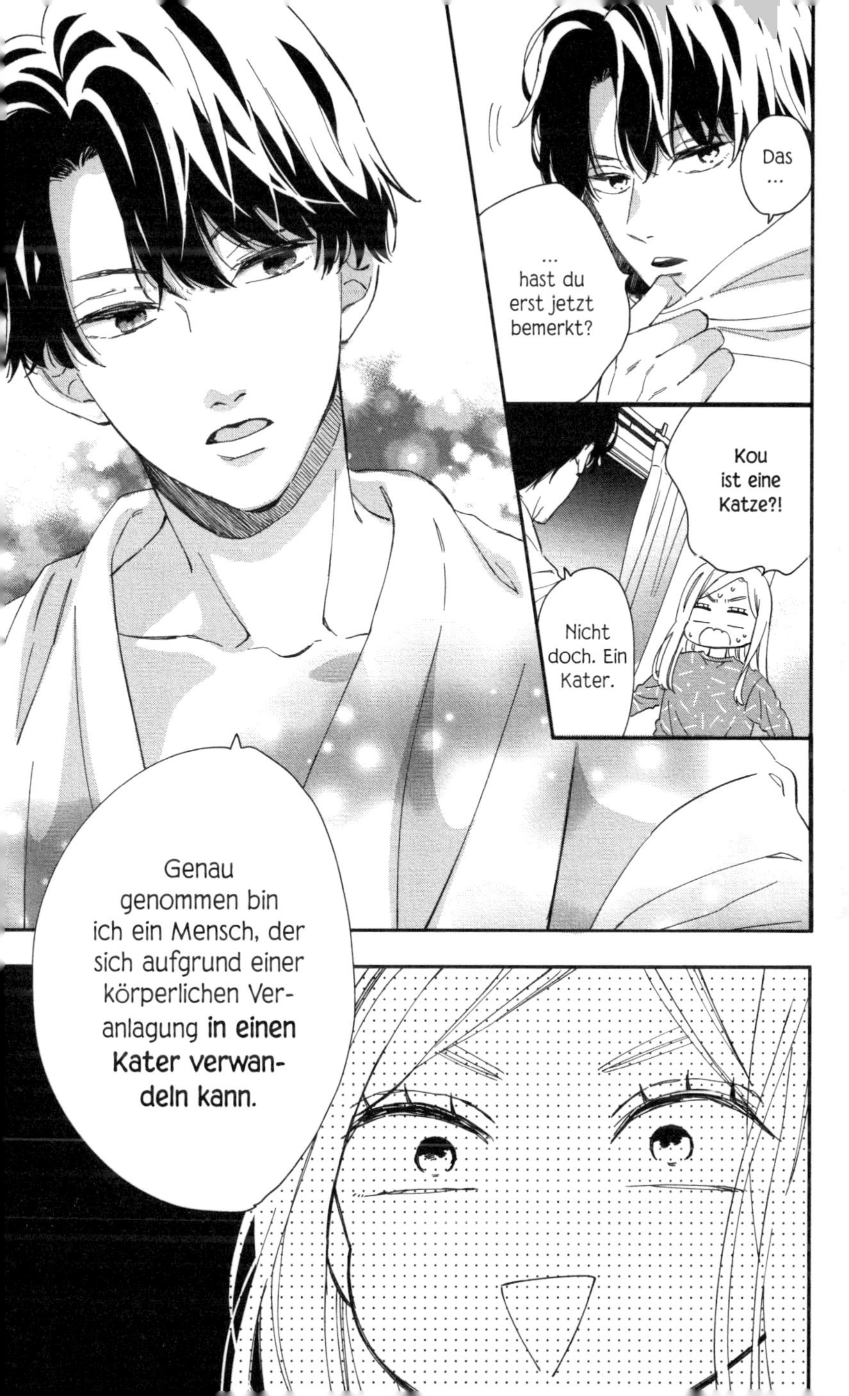
Das …
… hast du erst jetzt bemerkt?
Kou ist eine Katze?!
Nicht doch. Ein Kater.
Genau genommen bin ich ein Mensch, der sich aufgrund einer körperlichen Veranlagung **in einen Kater verwandeln kann.**

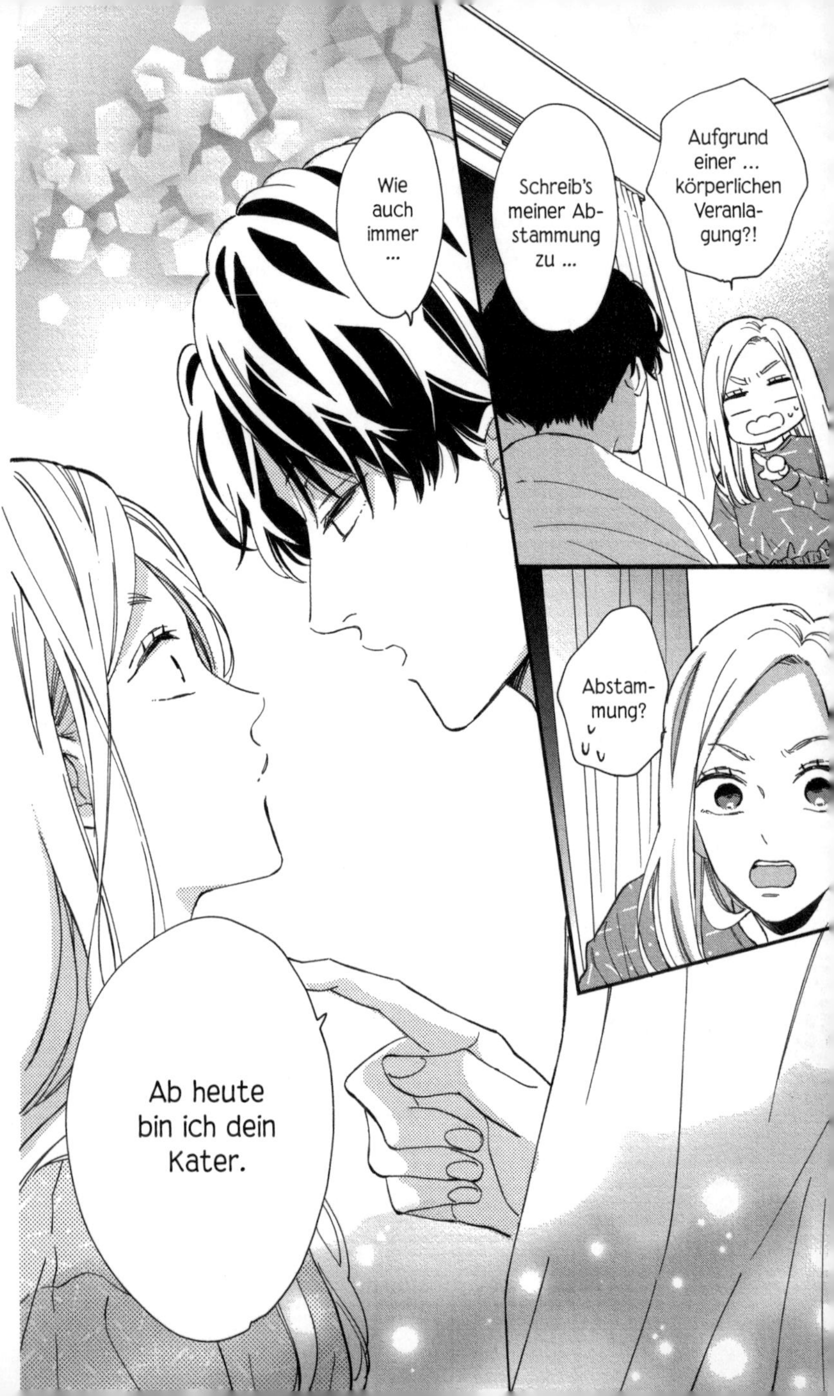
Aufgrund einer ... körperlichen Veranlagung?!
Schreib's meiner Abstammung zu ...
Abstammung?
Wie auch immer ...
Ab heute bin ich dein Kater.

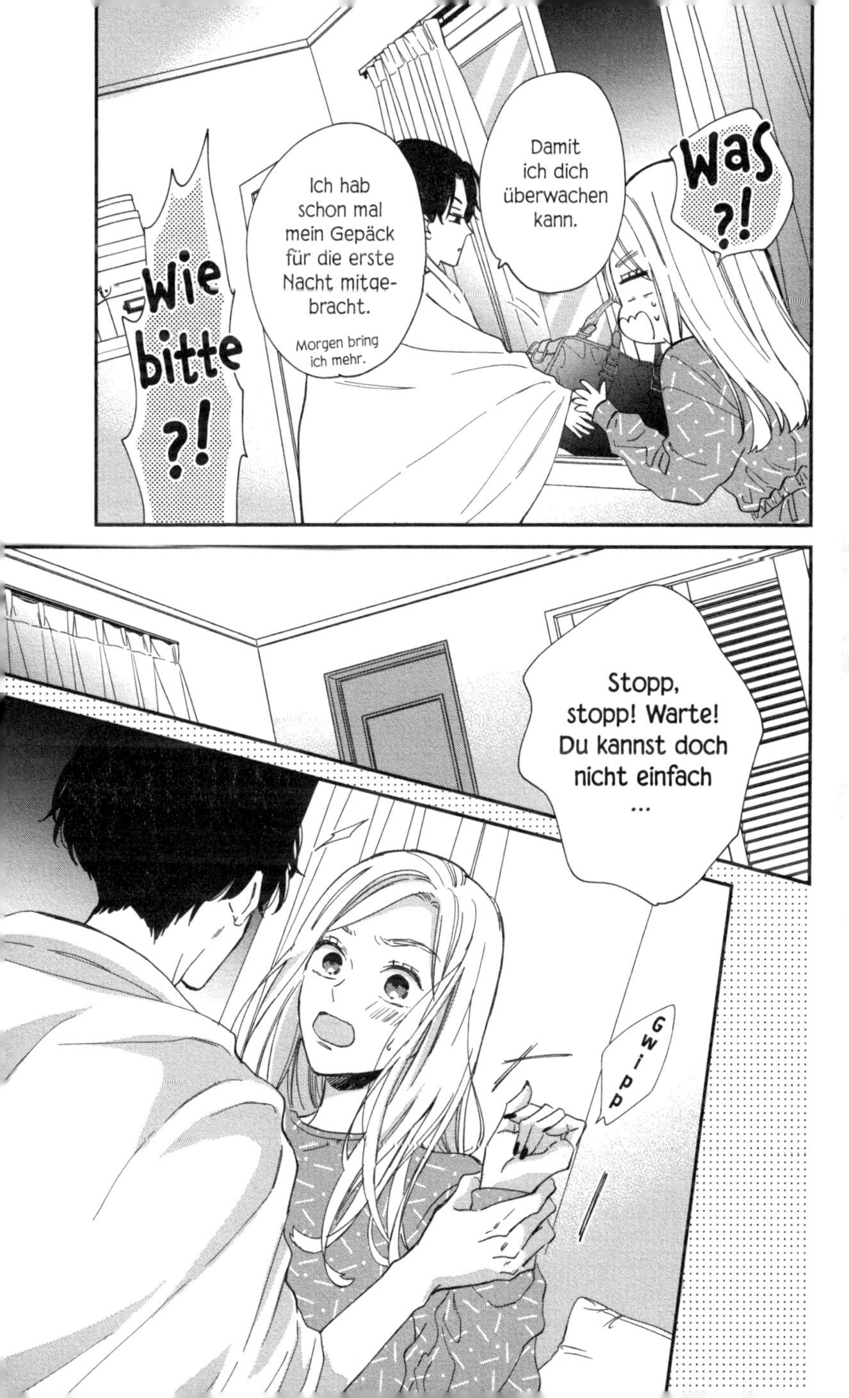
Was ?!
Damit ich dich überwachen kann.
Ich hab schon mal mein Gepäck für die erste Nacht mitgebracht.
Morgen bring ich mehr.
Wie bitte ?!
Stopp, stopp! Warte! Du kannst doch nicht einfach …
GWIPP

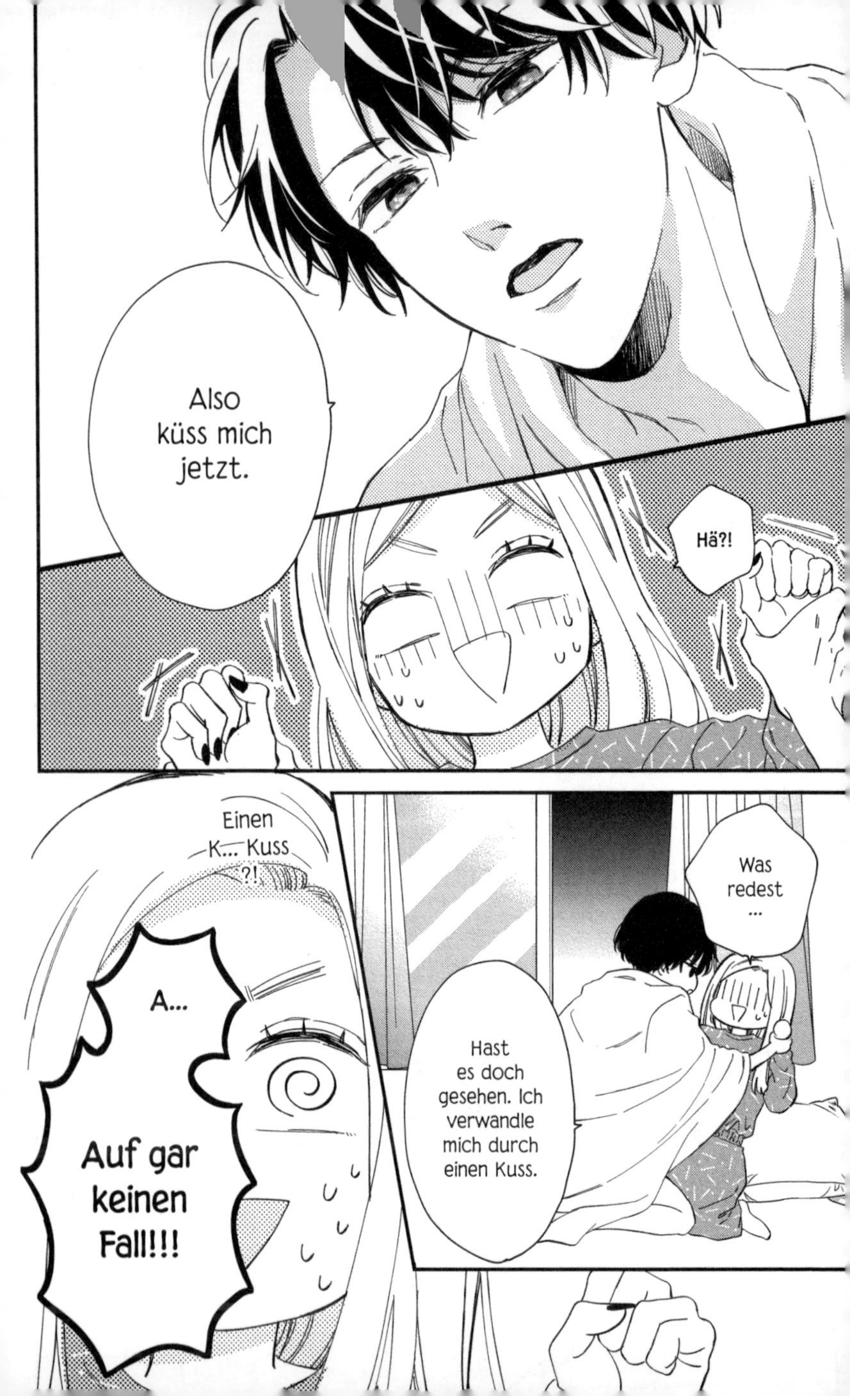
Also küss mich jetzt.
Hä?!
Was redest ...
Hast es doch gesehen. Ich verwandle mich durch einen Kuss.
Einen K... Kuss ?!
A...
Auf gar keinen Fall!!!

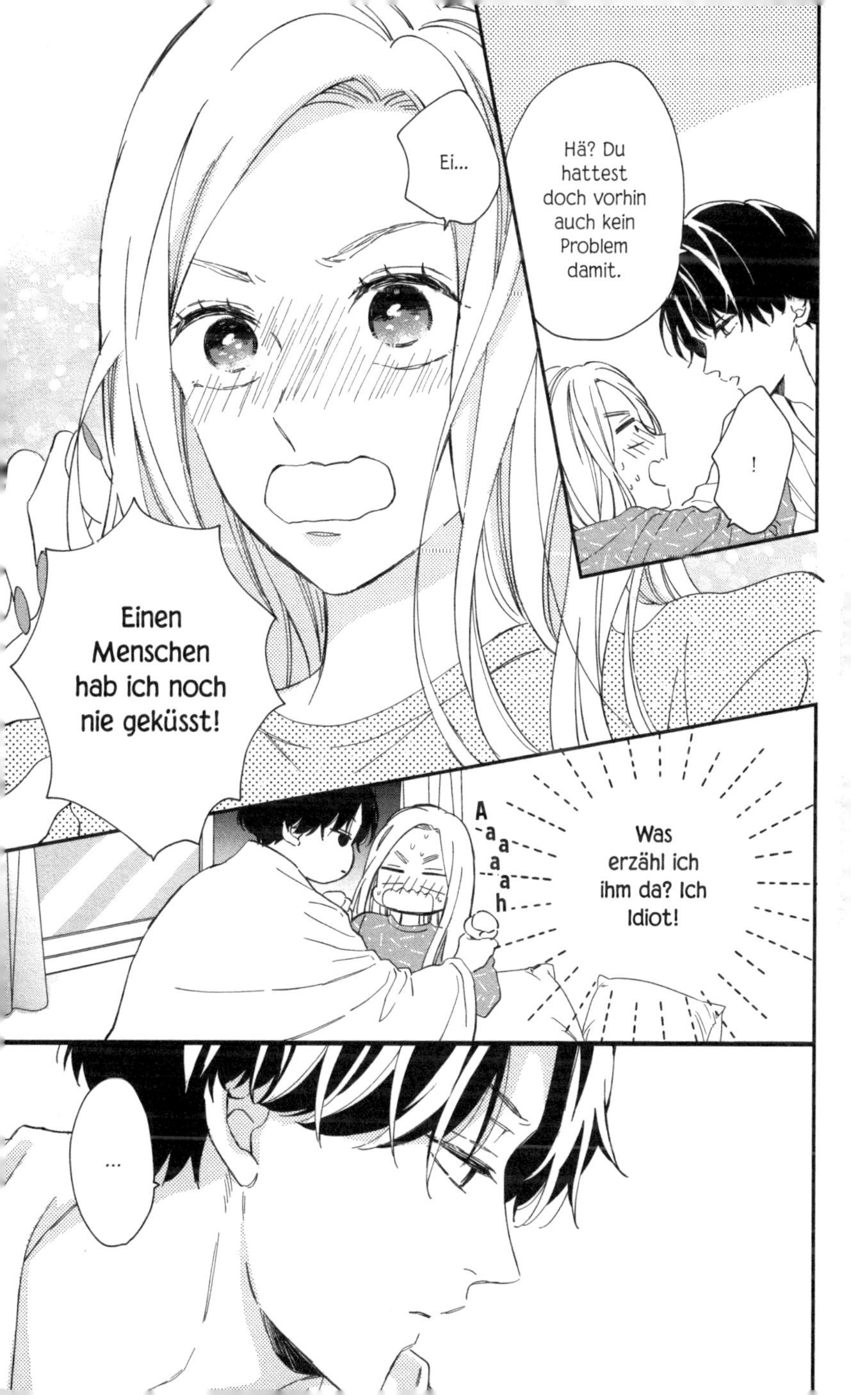

Hä? Du hattest doch vorhin auch kein Problem damit.
!
Ei...
Einen Menschen hab ich noch nie geküsst!
Was erzähl ich ihm da? Ich Idiot!
Aaaaah
...

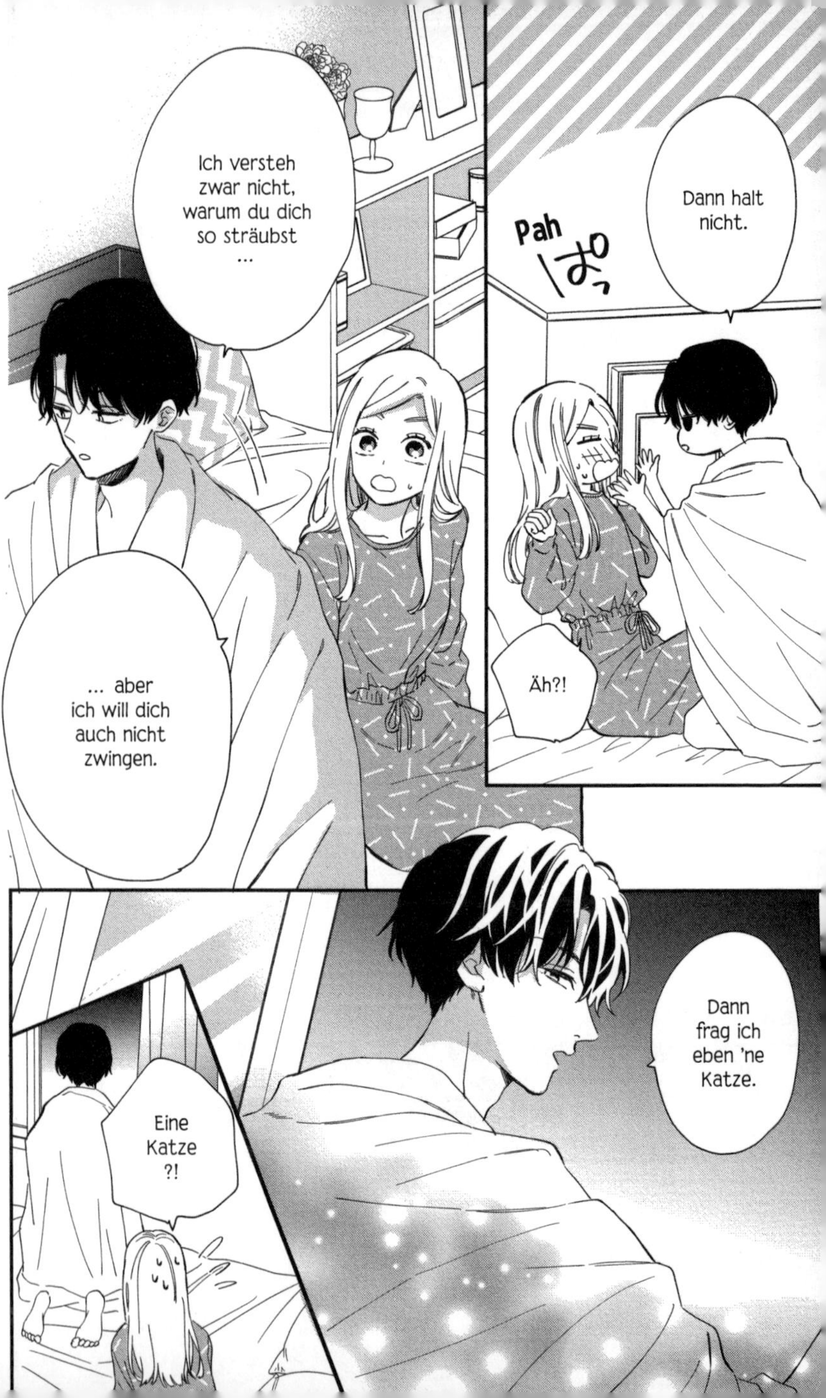
Dann halt nicht.
Pah
ぱっ
Äh?!
Ich versteh zwar nicht, warum du dich so sträubst ...
... aber ich will dich auch nicht zwingen.
Dann frag ich eben 'ne Katze.
Eine Katze ?!

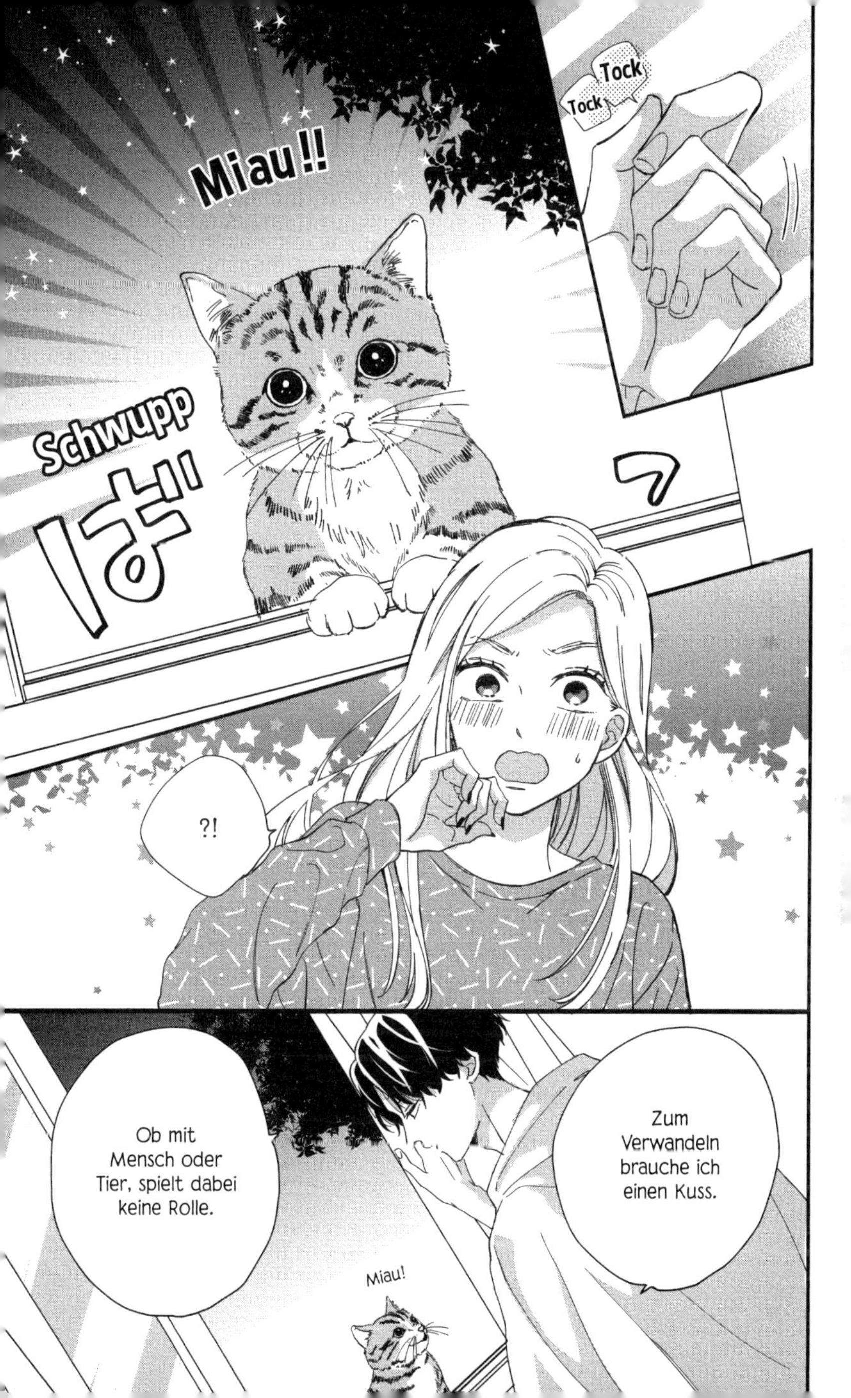

Tock
Tock
Miau!!
Schwupp
?!
Zum Verwandeln brauche ich einen Kuss.
Ob mit Mensch oder Tier, spielt dabei keine Rolle.
Miau!

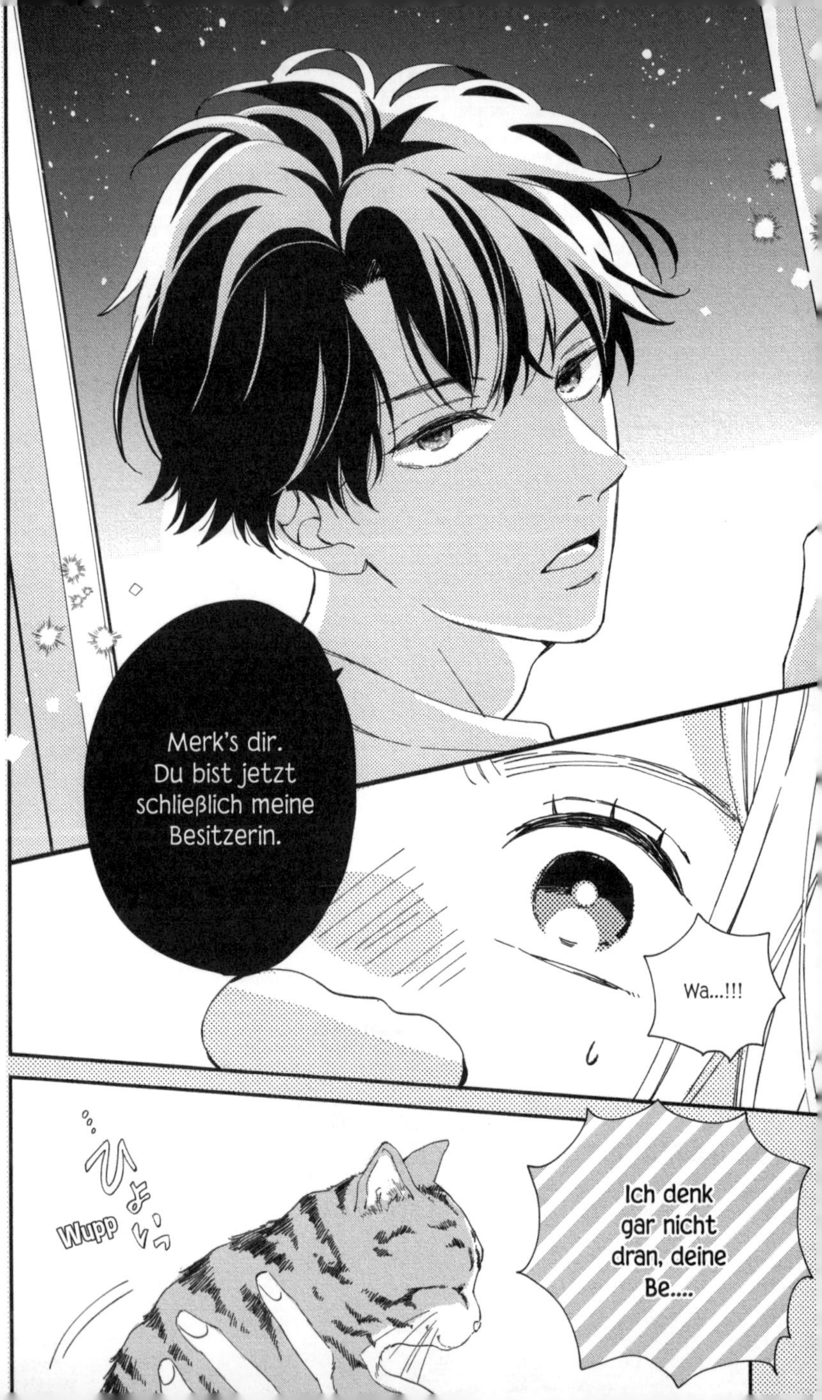
Merk's dir. Du bist jetzt schließlich meine Besitzerin.
Wa...!!!
Wupp
Ich denk gar nicht dran, deine Be....

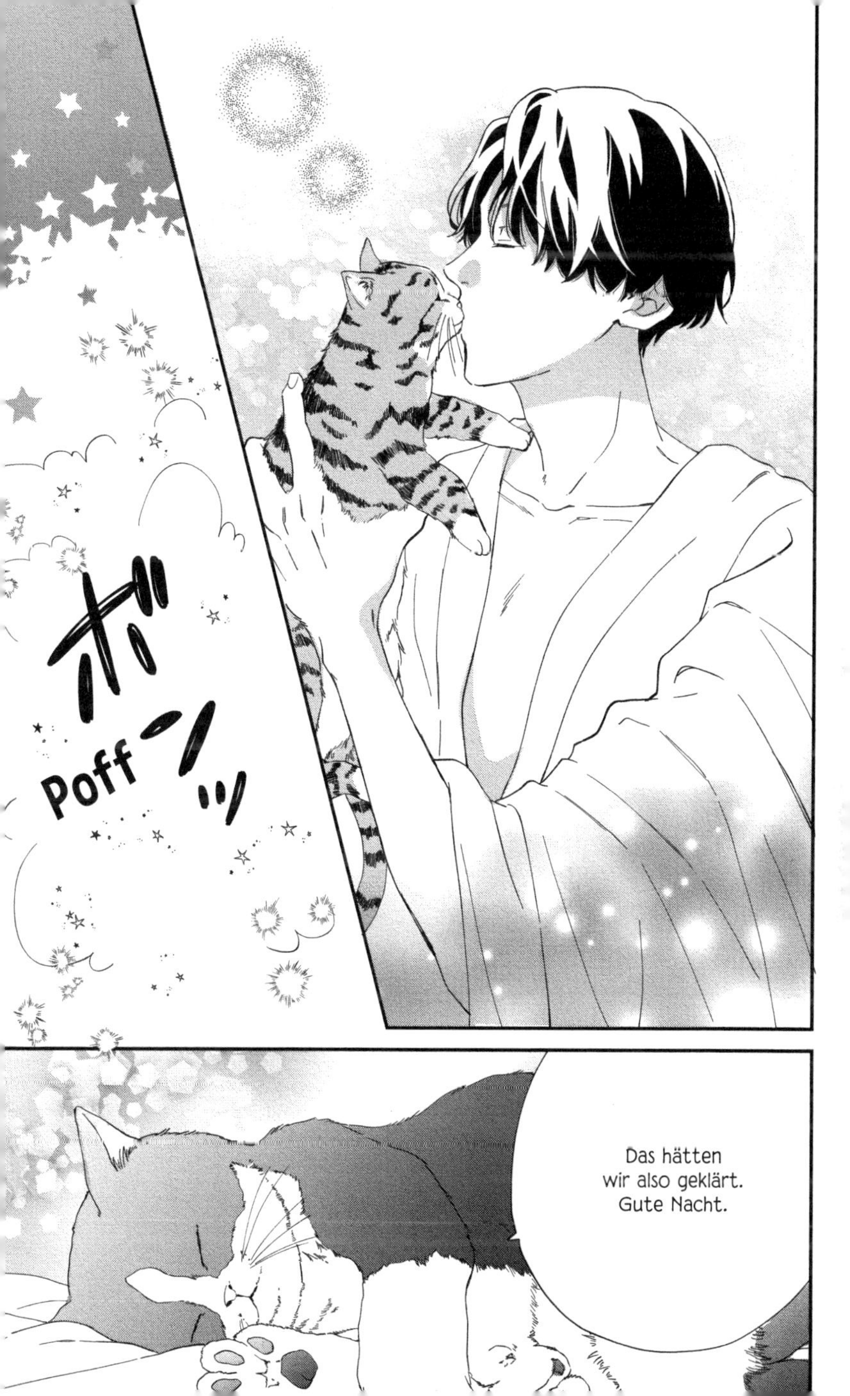
ボンッ
Poff
Das hätten
wir also geklärt.
Gute Nacht.

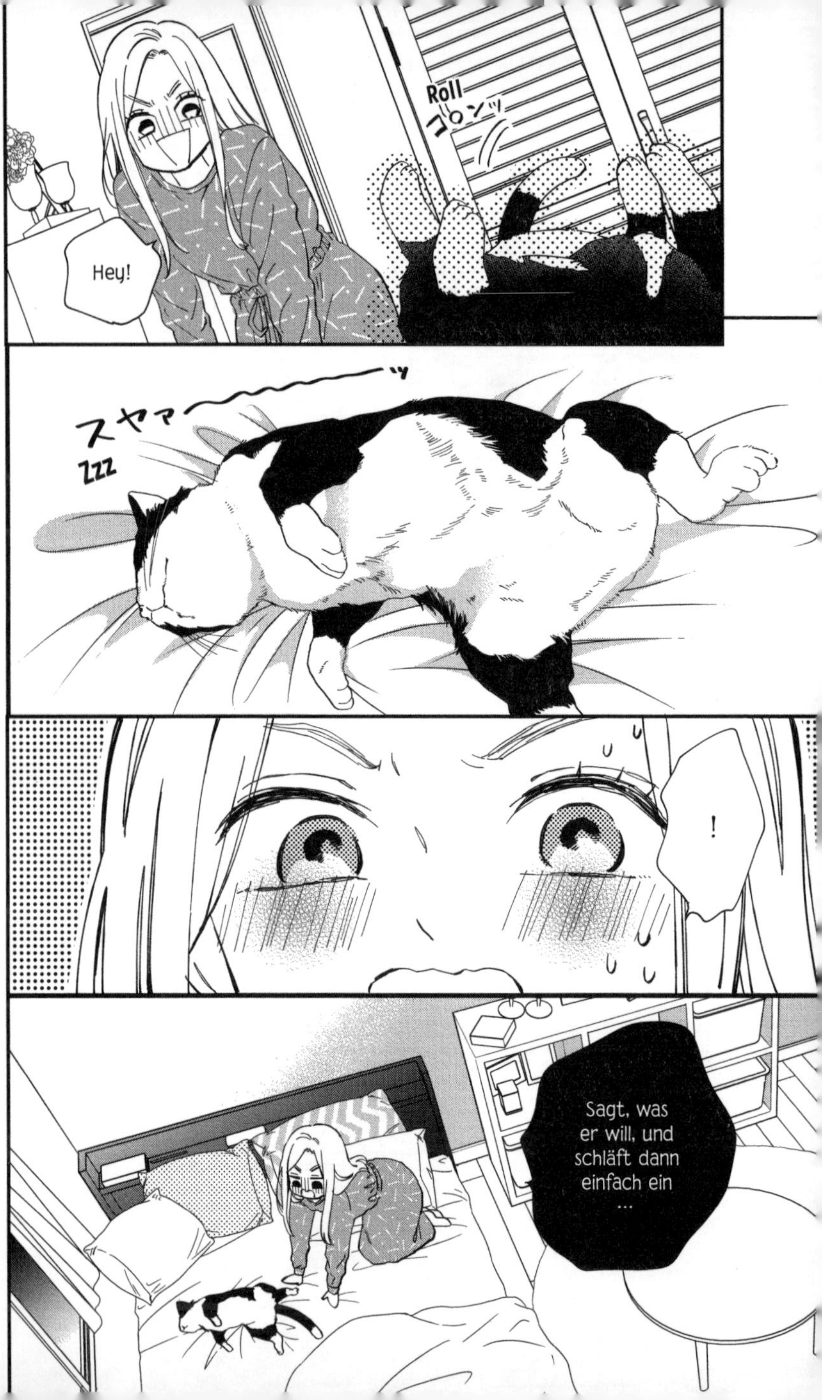
Roll
コロンッ
Hey!
スヤァーーーッ
ZZZ
!
Sagt, was er will, und schläft dann einfach ein …

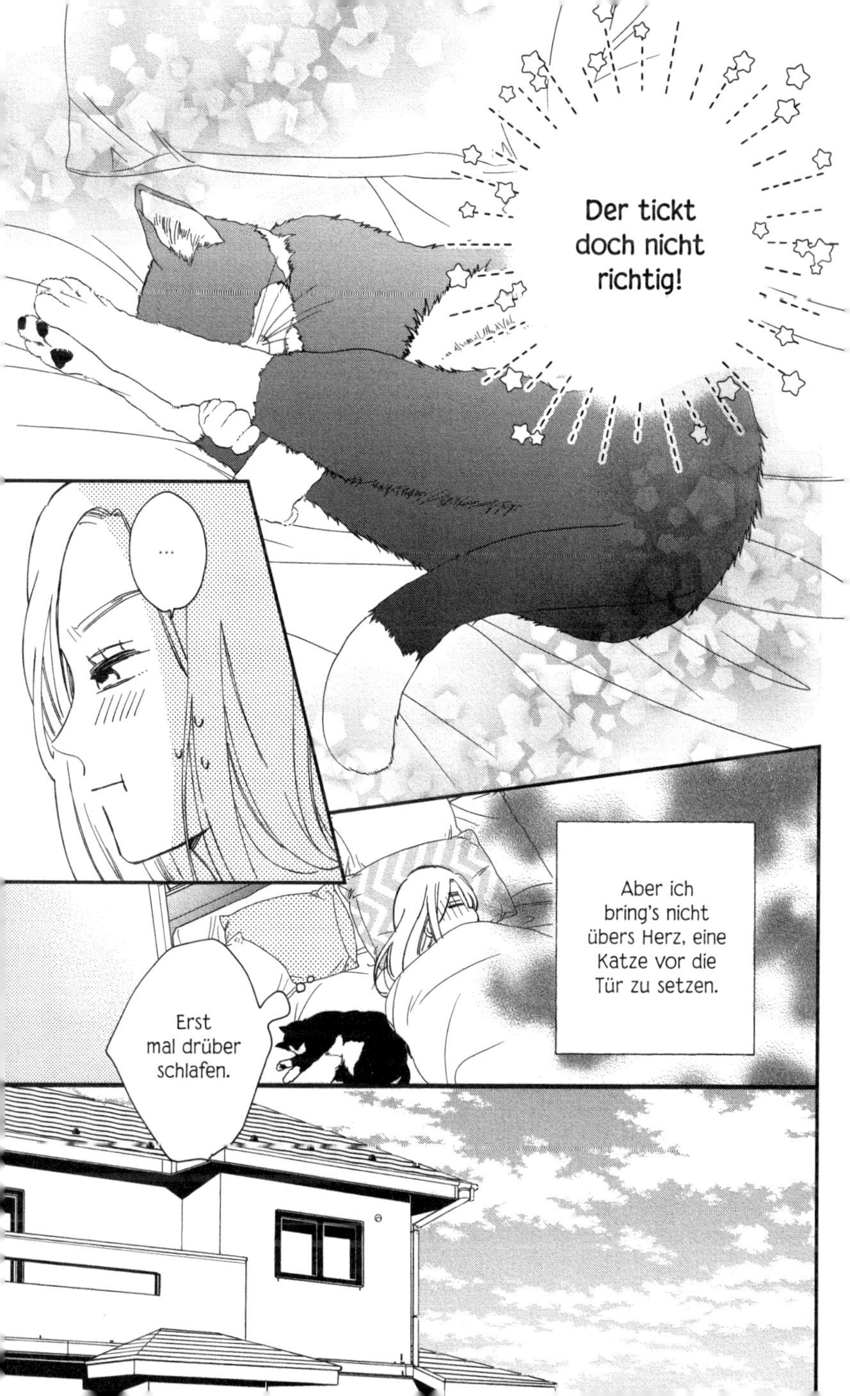
Der tickt doch nicht richtig!
...
Aber ich bring's nicht übers Herz, eine Katze vor die Tür zu setzen.
Erst mal drüber schlafen.

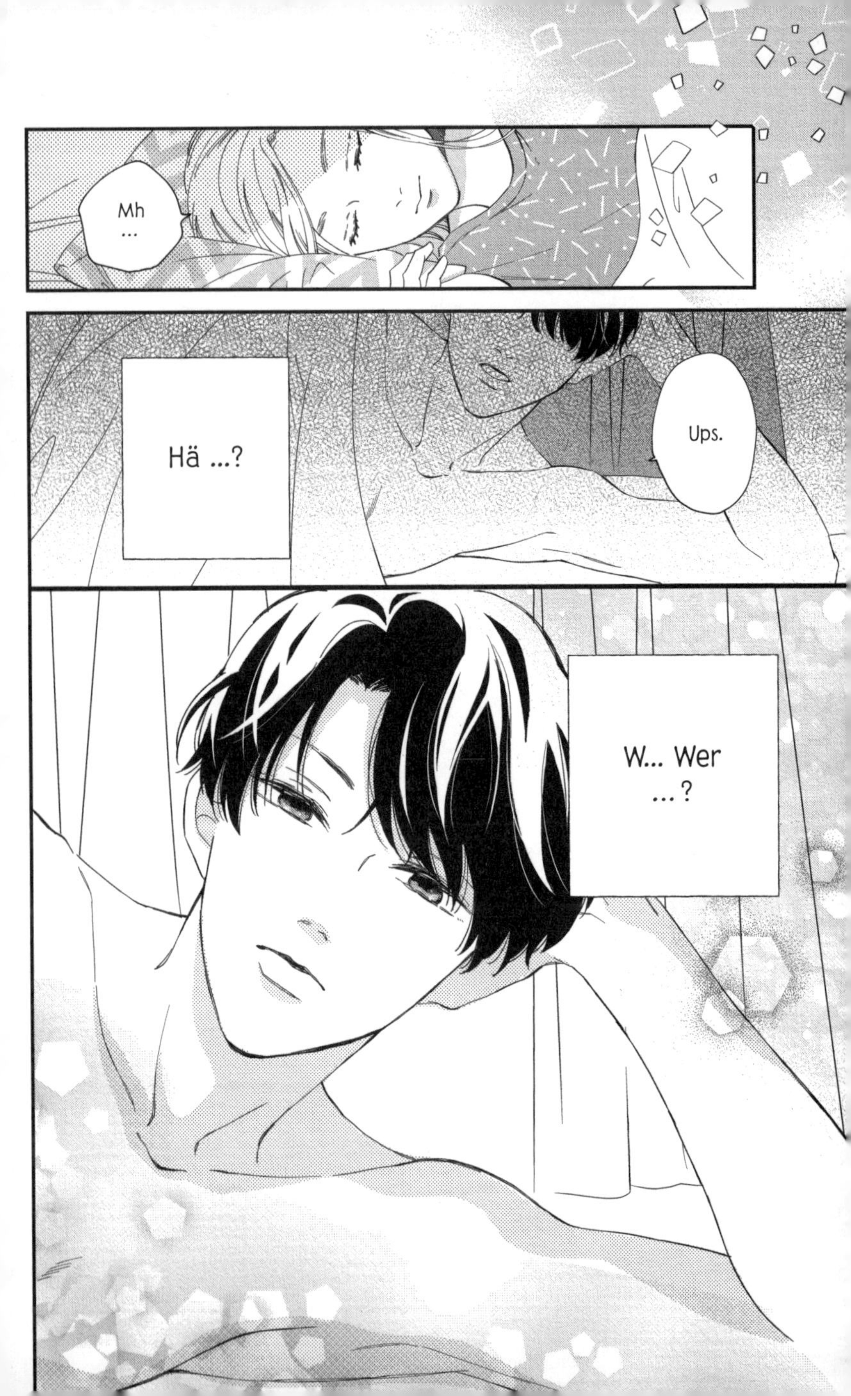
Mh
...
Ups.
Hä ...?
W... Wer
...?

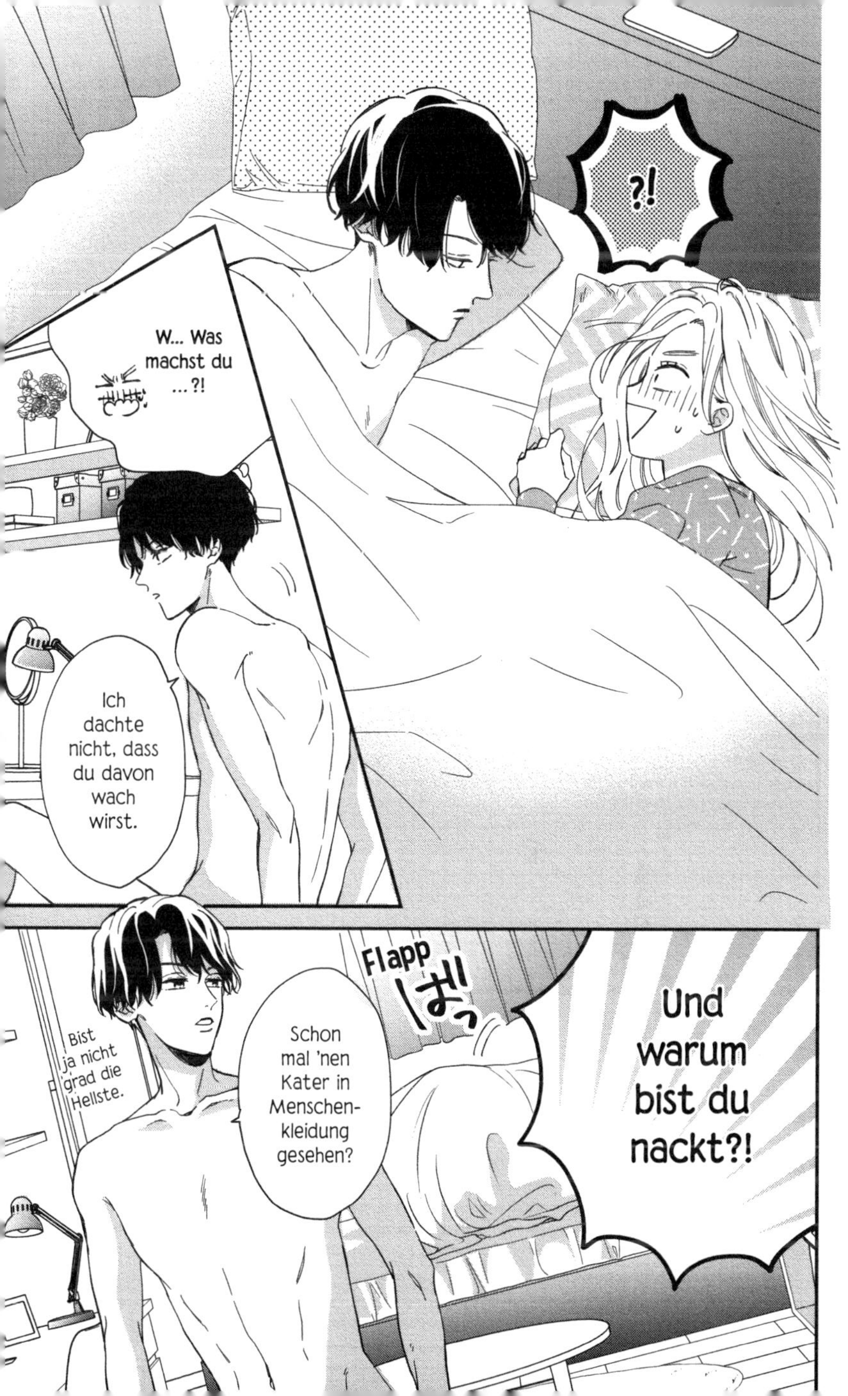
?!
W... Was machst du ...?!
Ich dachte nicht, dass du davon wach wirst.
Flapp
Und warum bist du nackt?!
Schon mal 'nen Kater in Menschen-kleidung gesehen?
Bist ja nicht grad die Hellste.

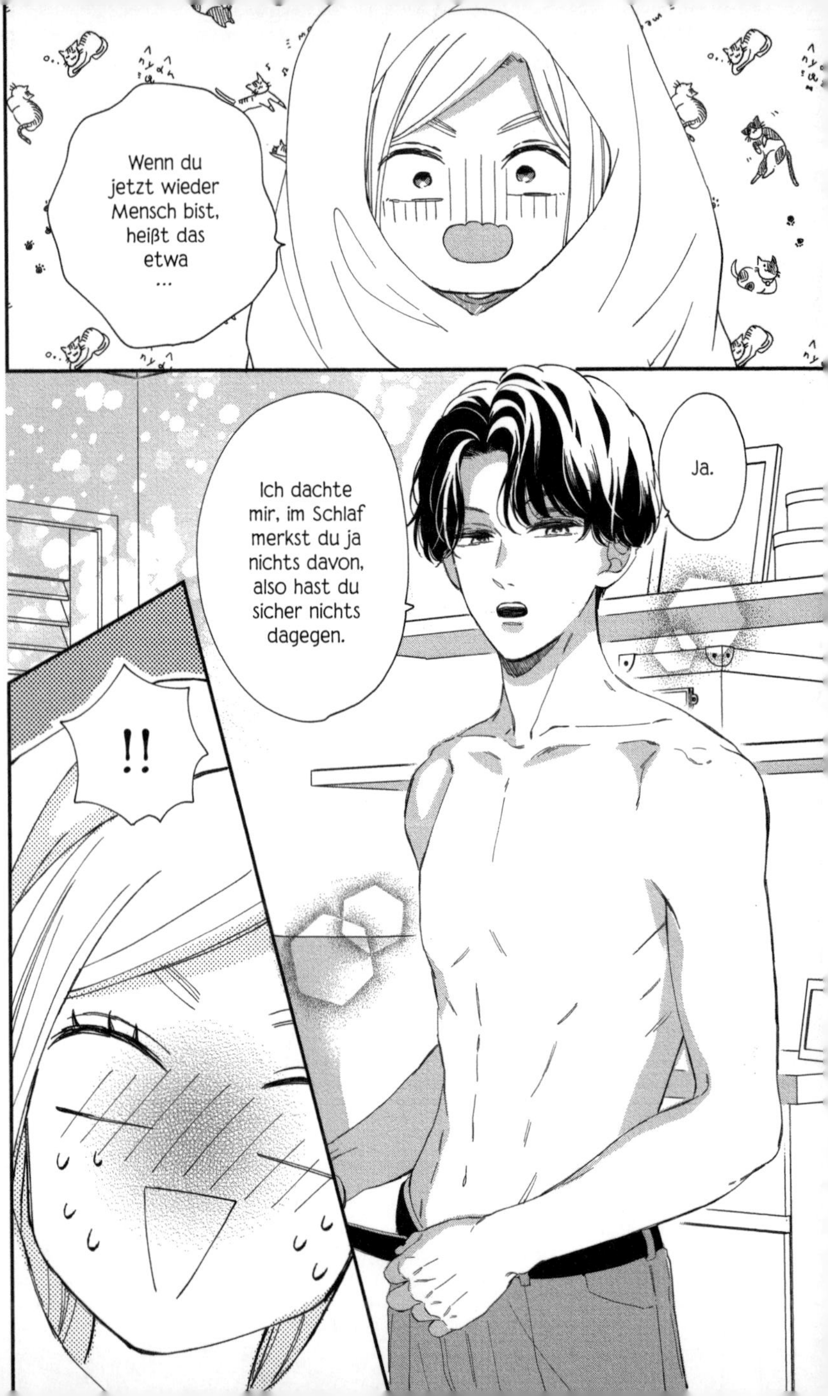
Wenn du jetzt wieder Mensch bist, heißt das etwa …
Ja.
Ich dachte mir, im Schlaf merkst du ja nichts davon, also hast du sicher nichts dagegen.
!!

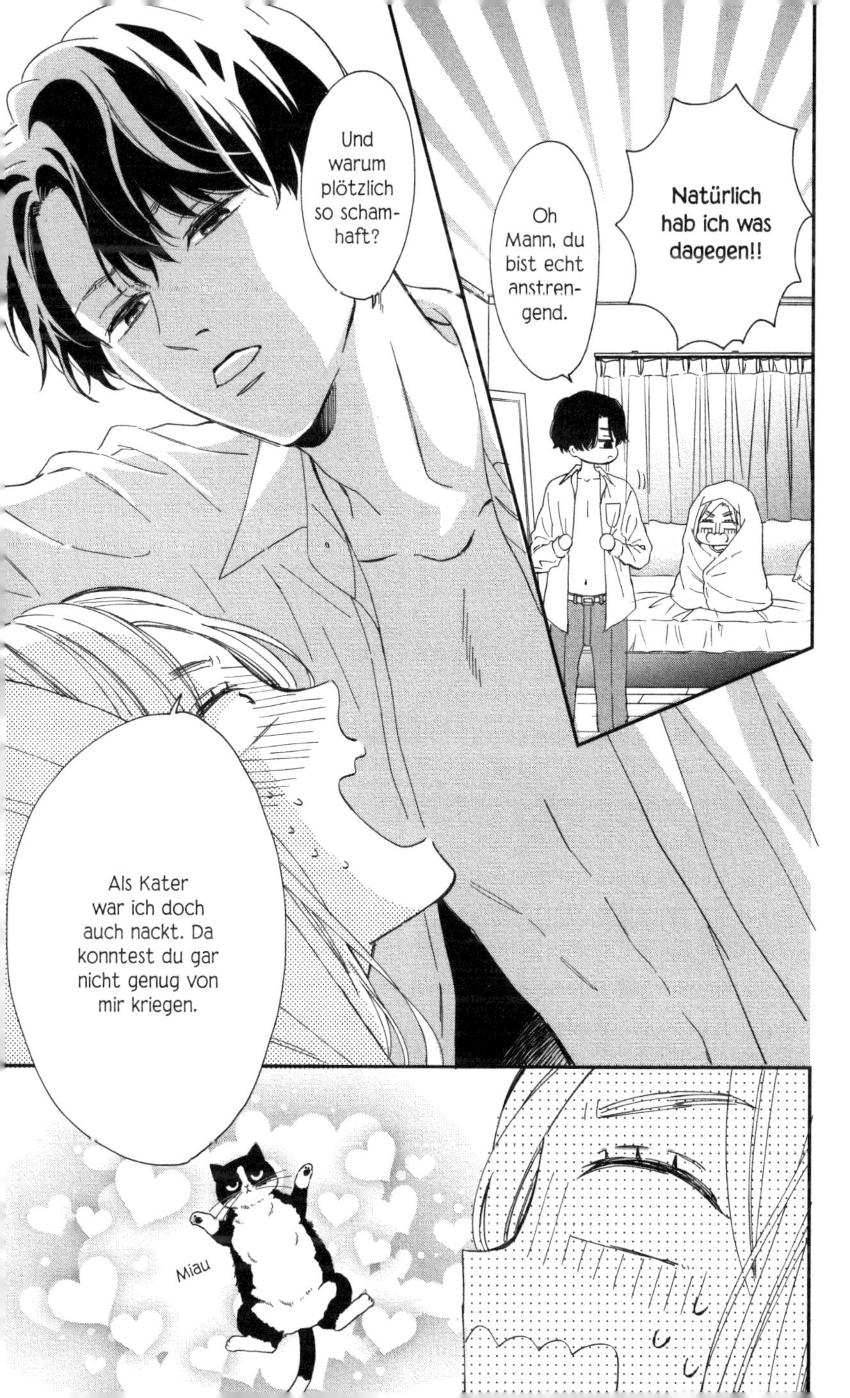

Natürlich hab ich was dagegen!!
Oh Mann, du bist echt anstrengend.
Und warum plötzlich so schamhaft?
Als Kater war ich doch auch nackt. Da konntest du gar nicht genug von mir kriegen.
Miau

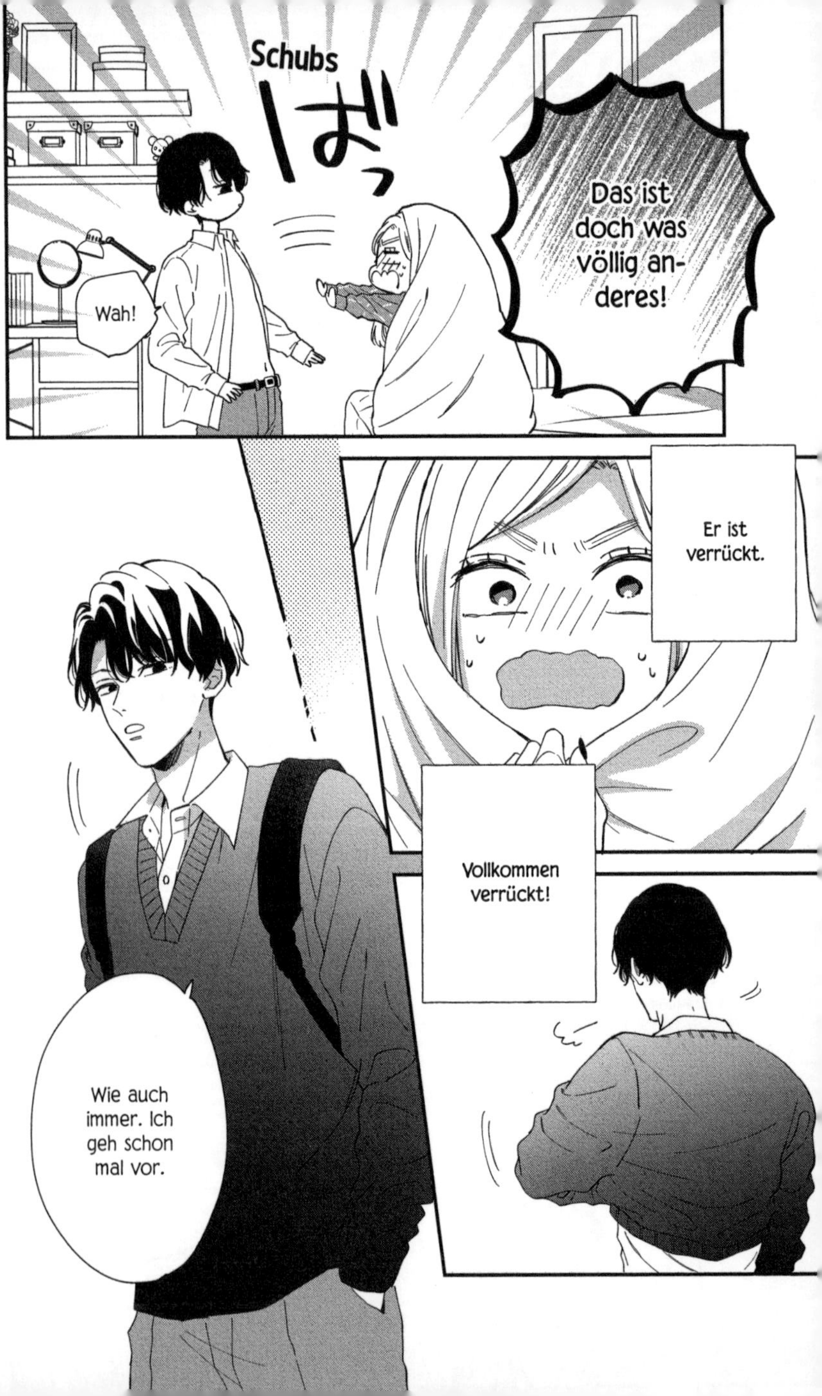
Das ist doch was völlig anderes!
Schubs
ぱっ
Wah!
Er ist verrückt.
Vollkommen verrückt!
Wie auch immer. Ich geh schon mal vor.

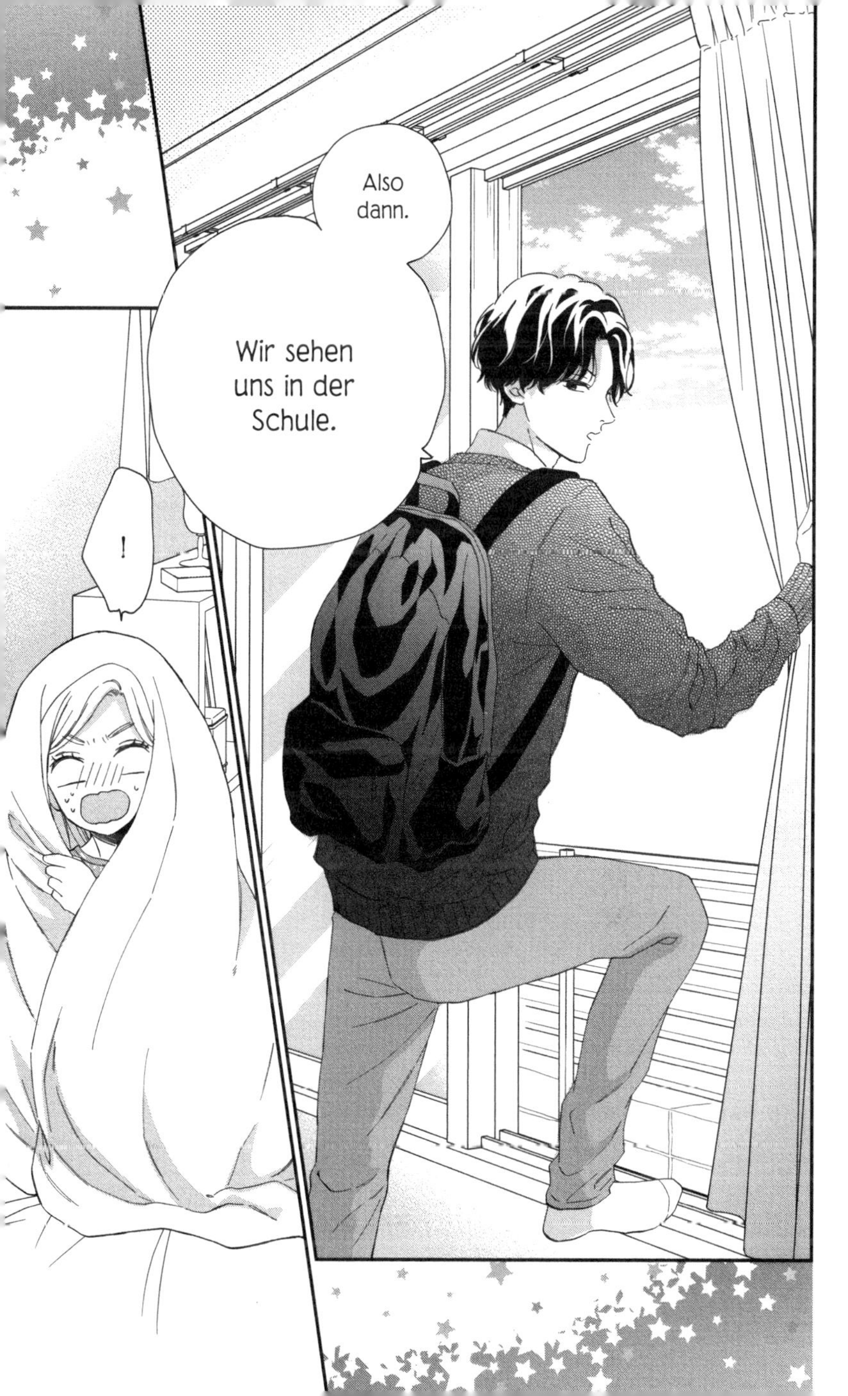
Also dann.
Wir sehen uns in der Schule.
!

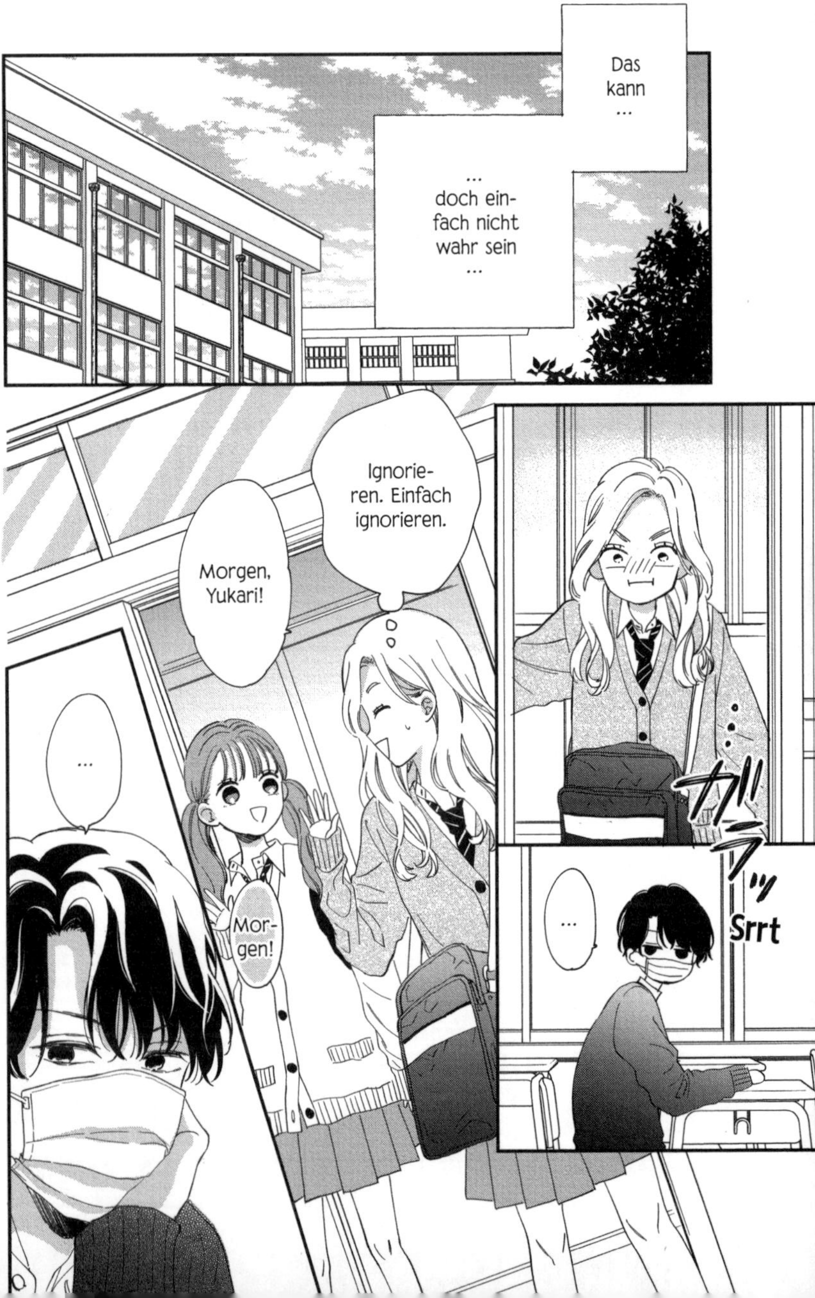

Das kann …
… doch einfach nicht wahr sein …
ガラッ
Srrt
…
Ignorieren. Einfach ignorieren.
Morgen, Yukari!
Morgen!
…

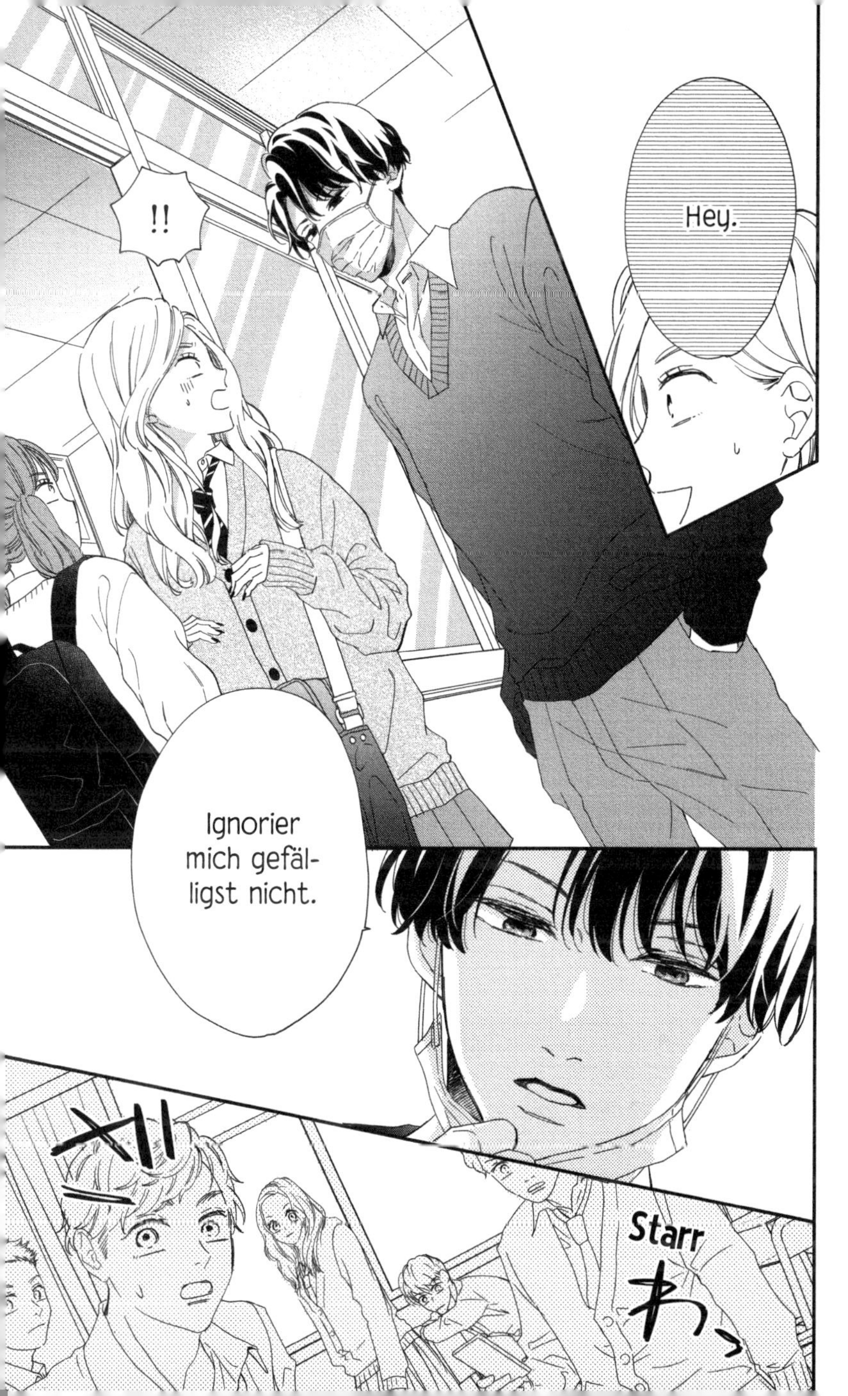
Hey.
!!
Ignorier mich gefälligst nicht.
Starr

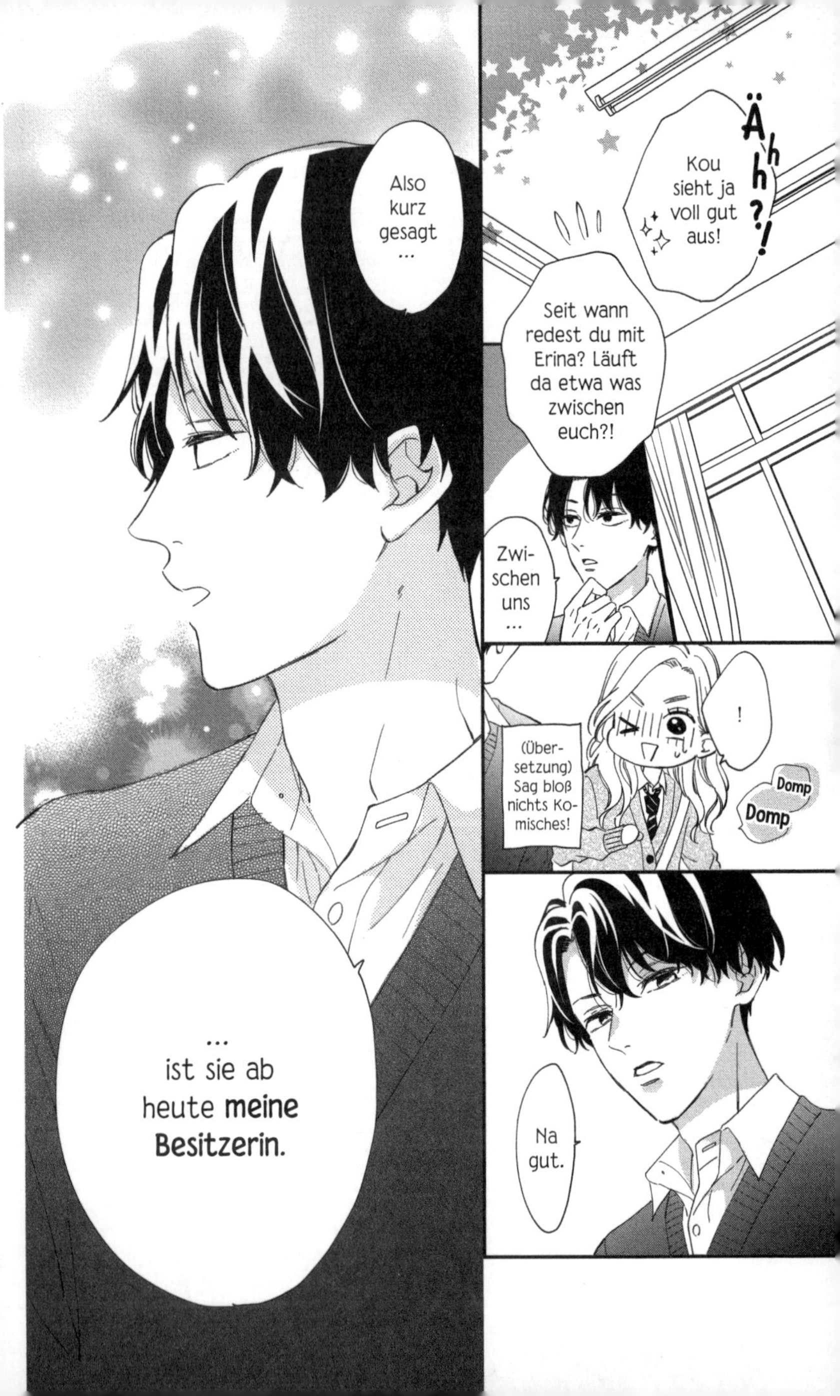
Kou sieht ja voll gut aus!
Ähh?!
Seit wann redest du mit Erina? Läuft da etwa was zwischen euch?!
Zwischen uns ...
!
(Übersetzung) Sag bloß nichts Komisches!
Domp
Domp
Na gut.
Also kurz gesagt ...
... ist sie ab heute **meine Besitzerin.**

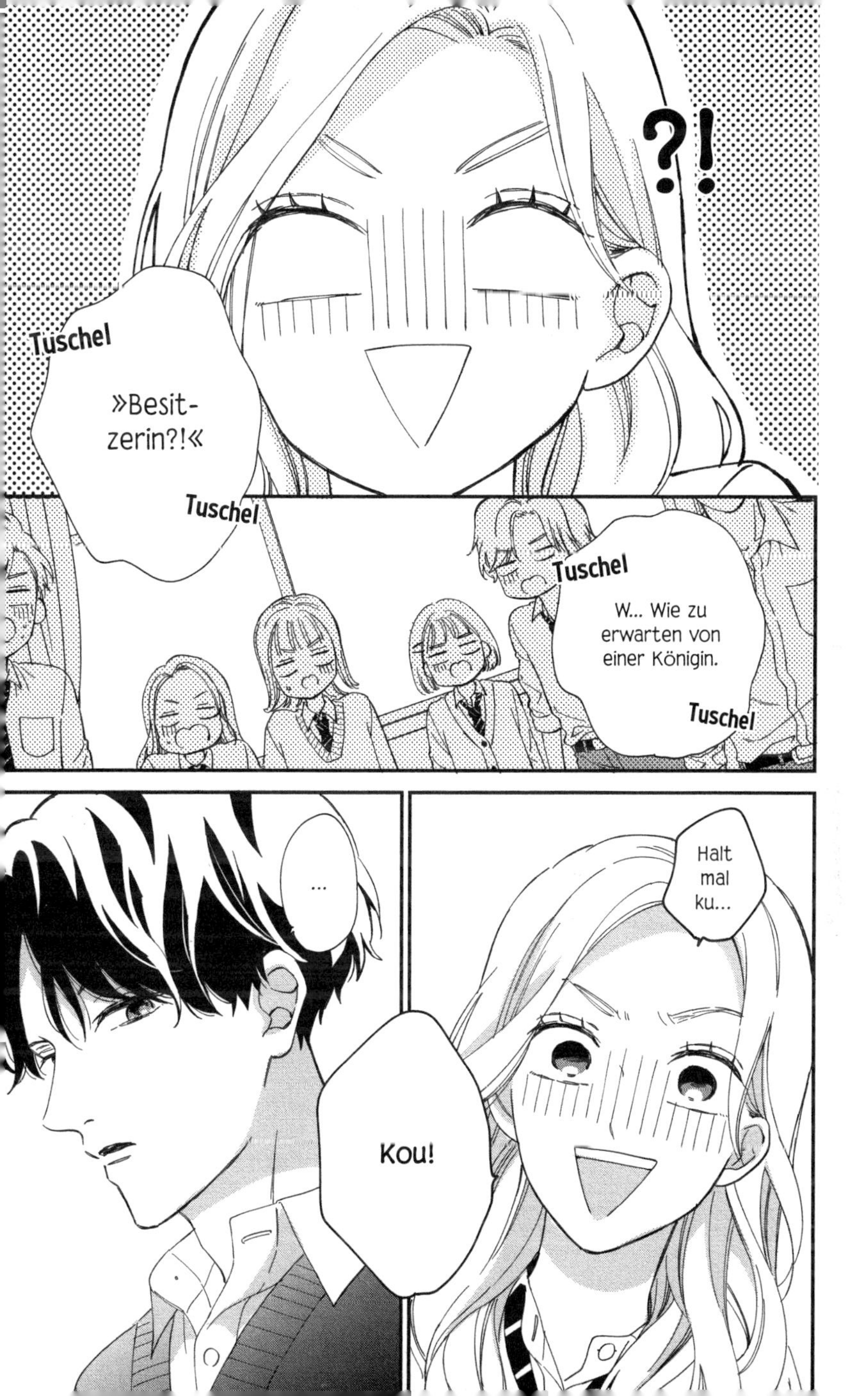
?!
Tuschel
»Besit-
zerin?!«
Tuschel
Tuschel
W... Wie zu erwarten von einer Königin.
Tuschel
Halt mal ku...
Kou!
...

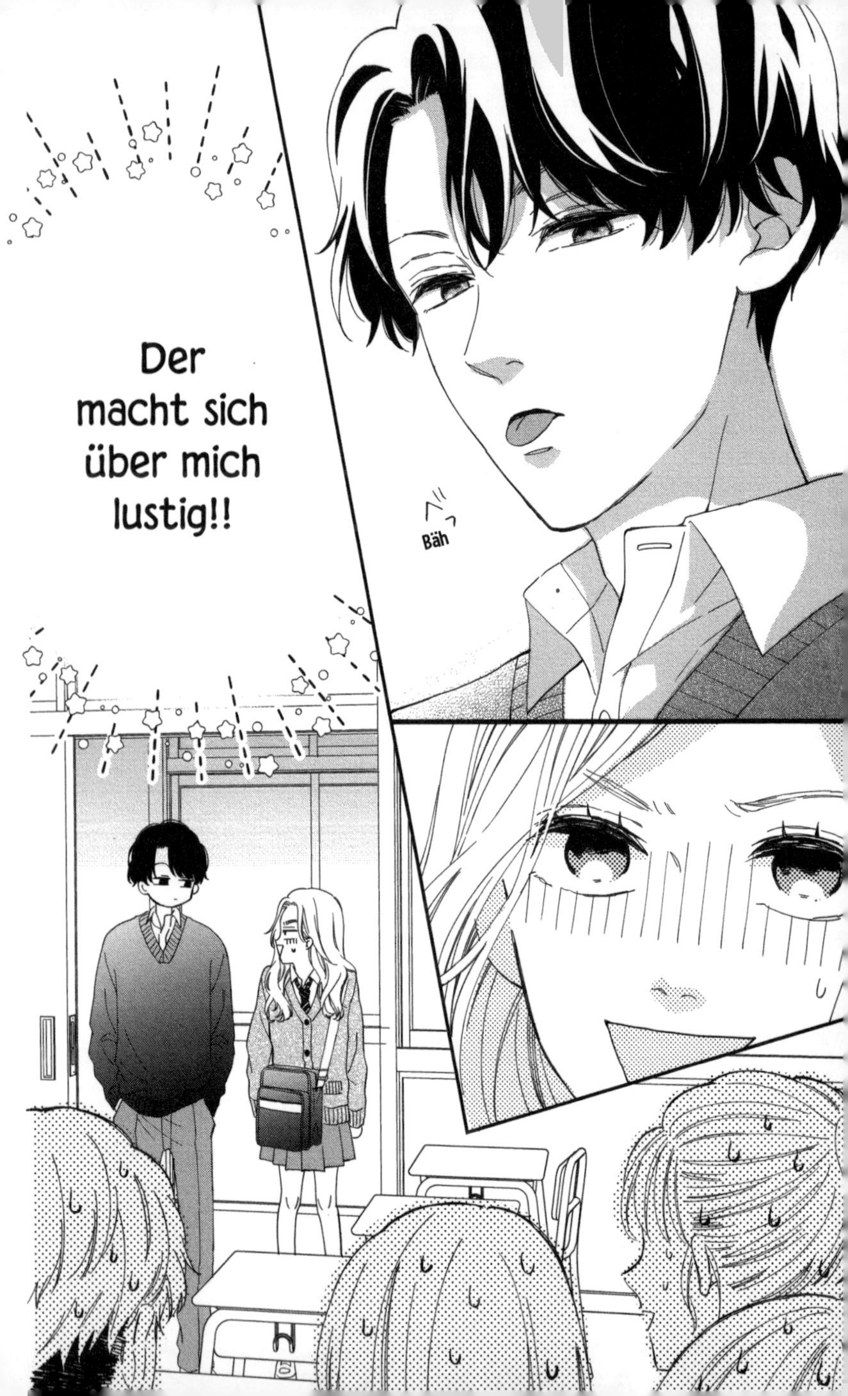
Der macht sich über mich lustig!!
Bäh

Küss den Kater!

Küss den Kater!

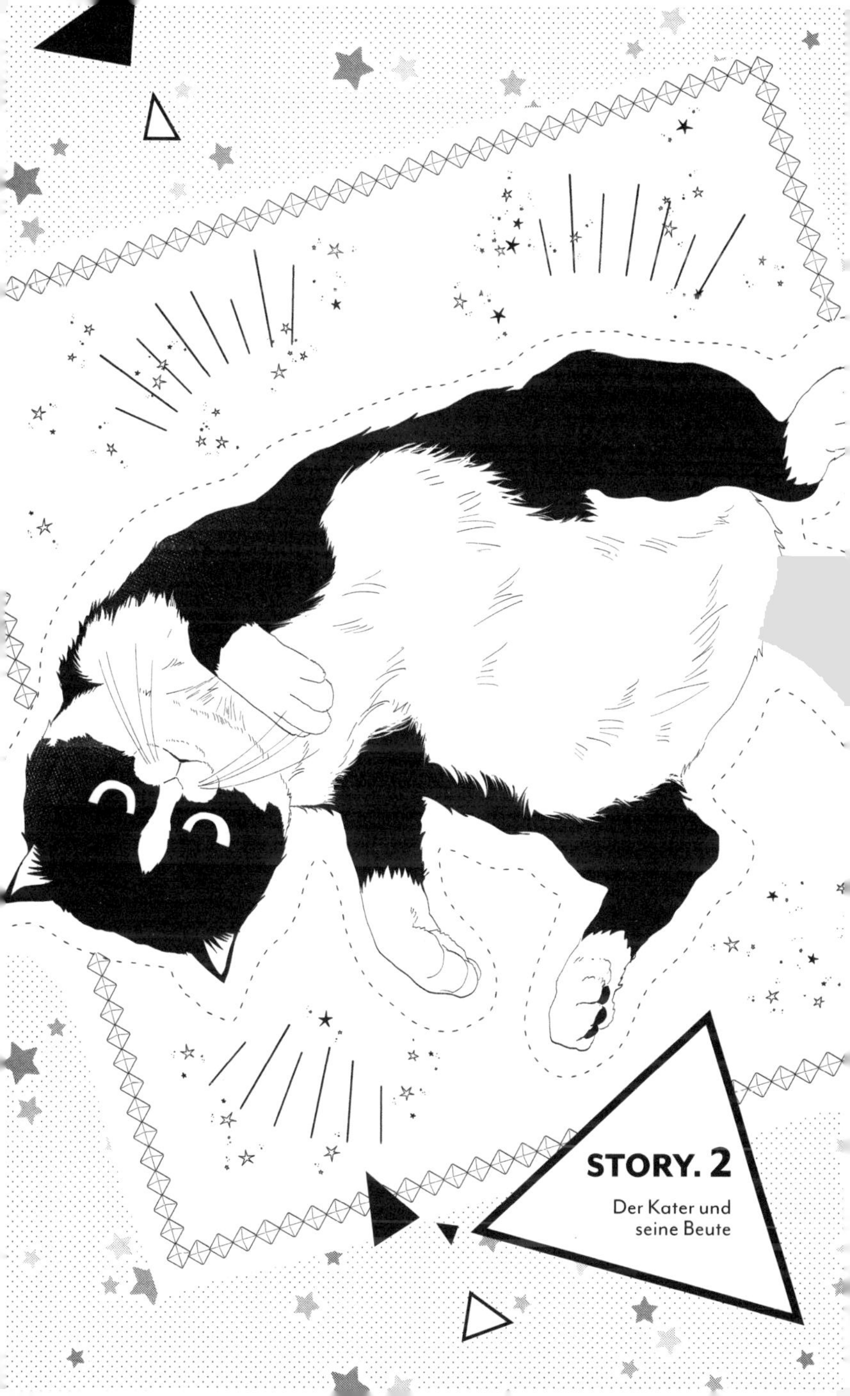
STORY. 2
Der Kater und
seine Beute

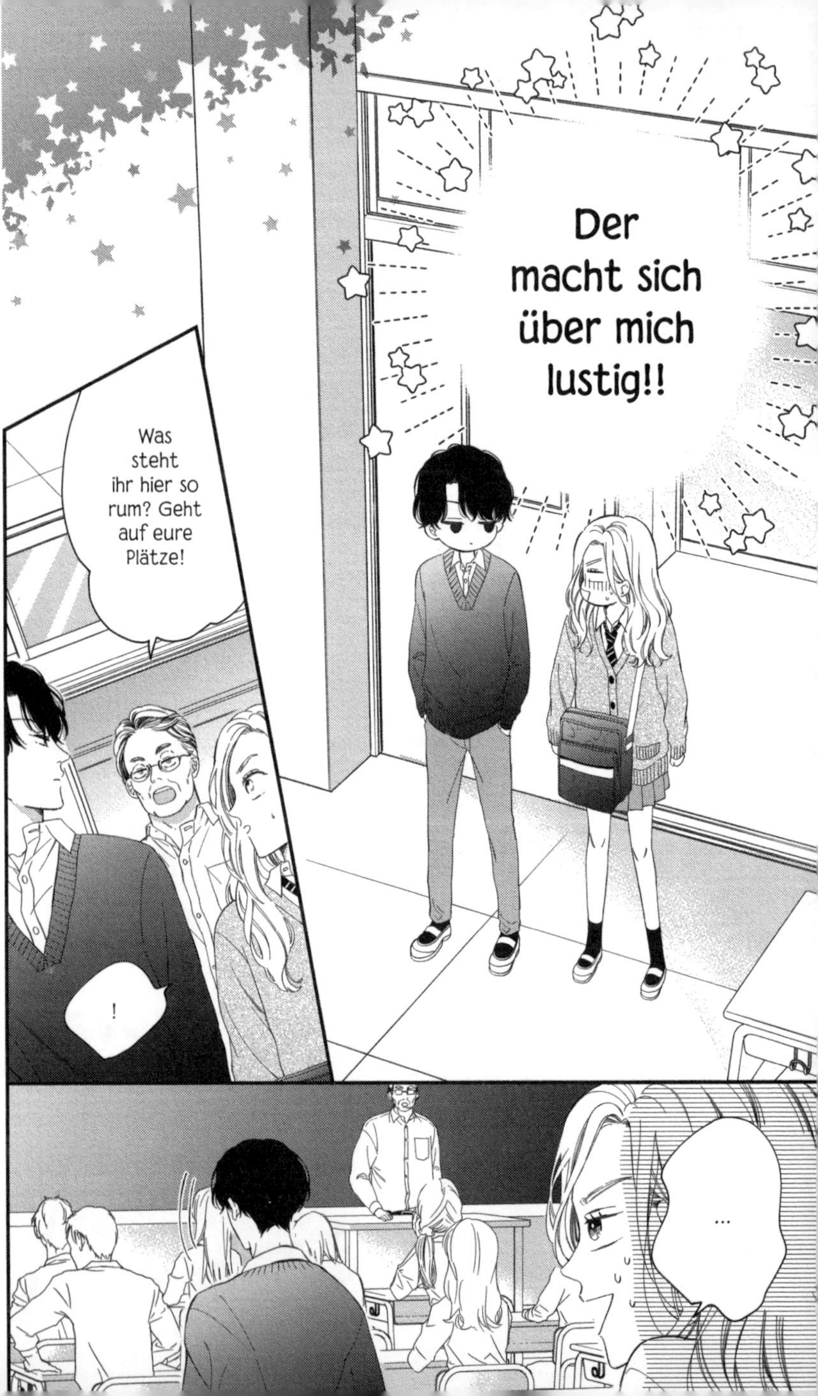
Der macht sich über mich lustig!!
Was steht ihr hier so rum? Geht auf eure Plätze!
!
...

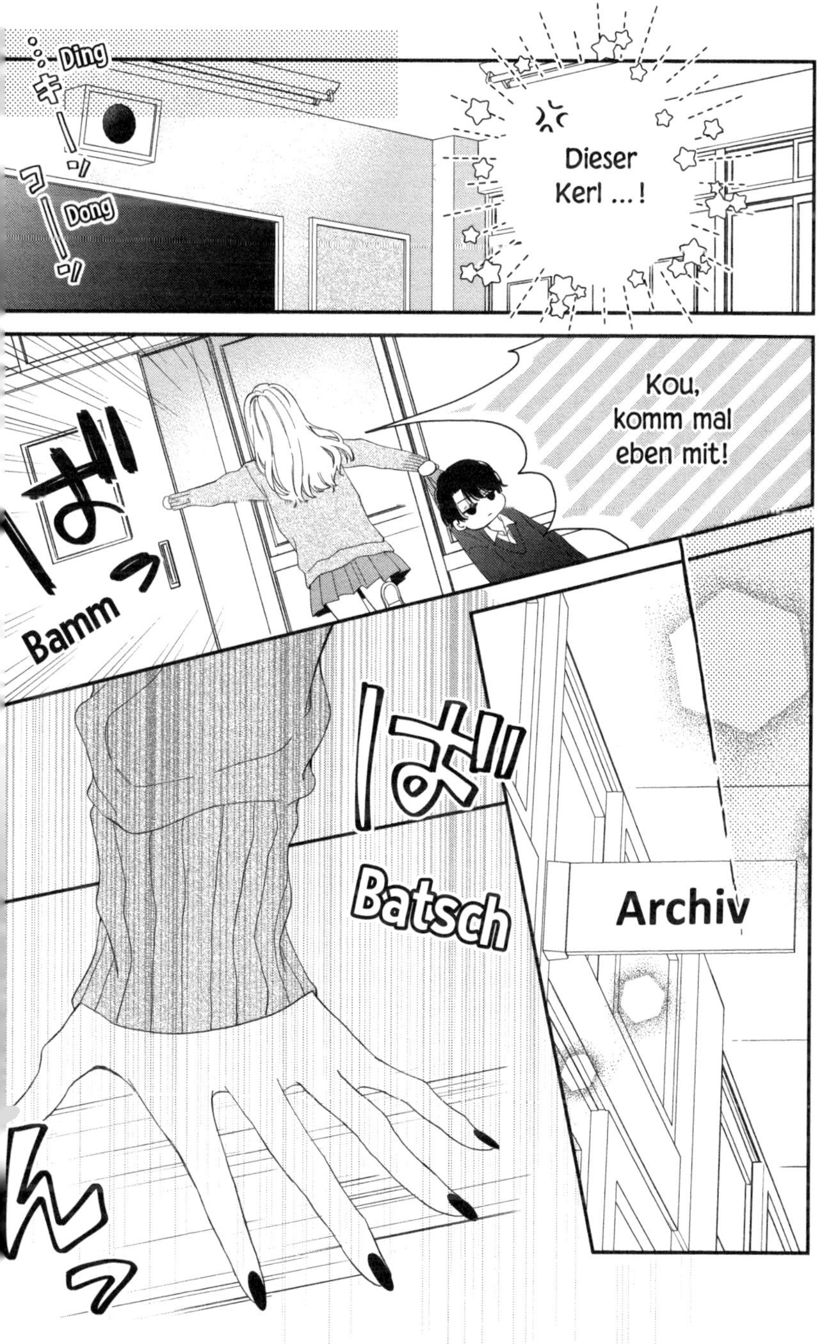
Dieser Kerl ...!
Ding
キーンッ
Dong
コーンッ
Kou, komm mal eben mit!
ばっ
Bamm
ばっ
Batsch
Archiv
んっ

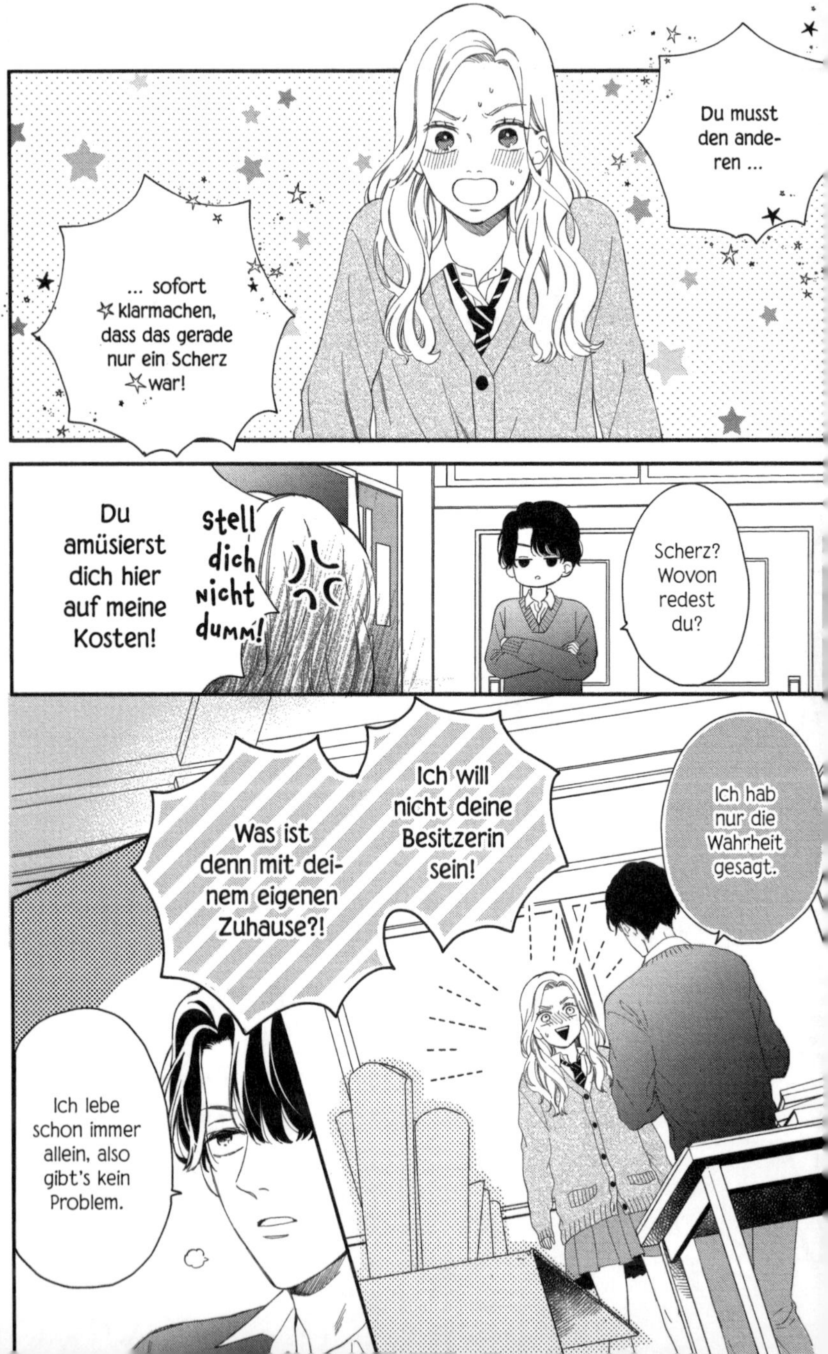
Du musst den ande- ren ...
... sofort klarmachen, dass das gerade nur ein Scherz war!
Scherz? Wovon redest du?
stell dich nicht dumm!
Du amüsierst dich hier auf meine Kosten!
Ich hab nur die Wahrheit gesagt.
Ich will nicht deine Besitzerin sein!
Was ist denn mit dei- nem eigenen Zuhause?!
Ich lebe schon immer allein, also gibt's kein Problem.

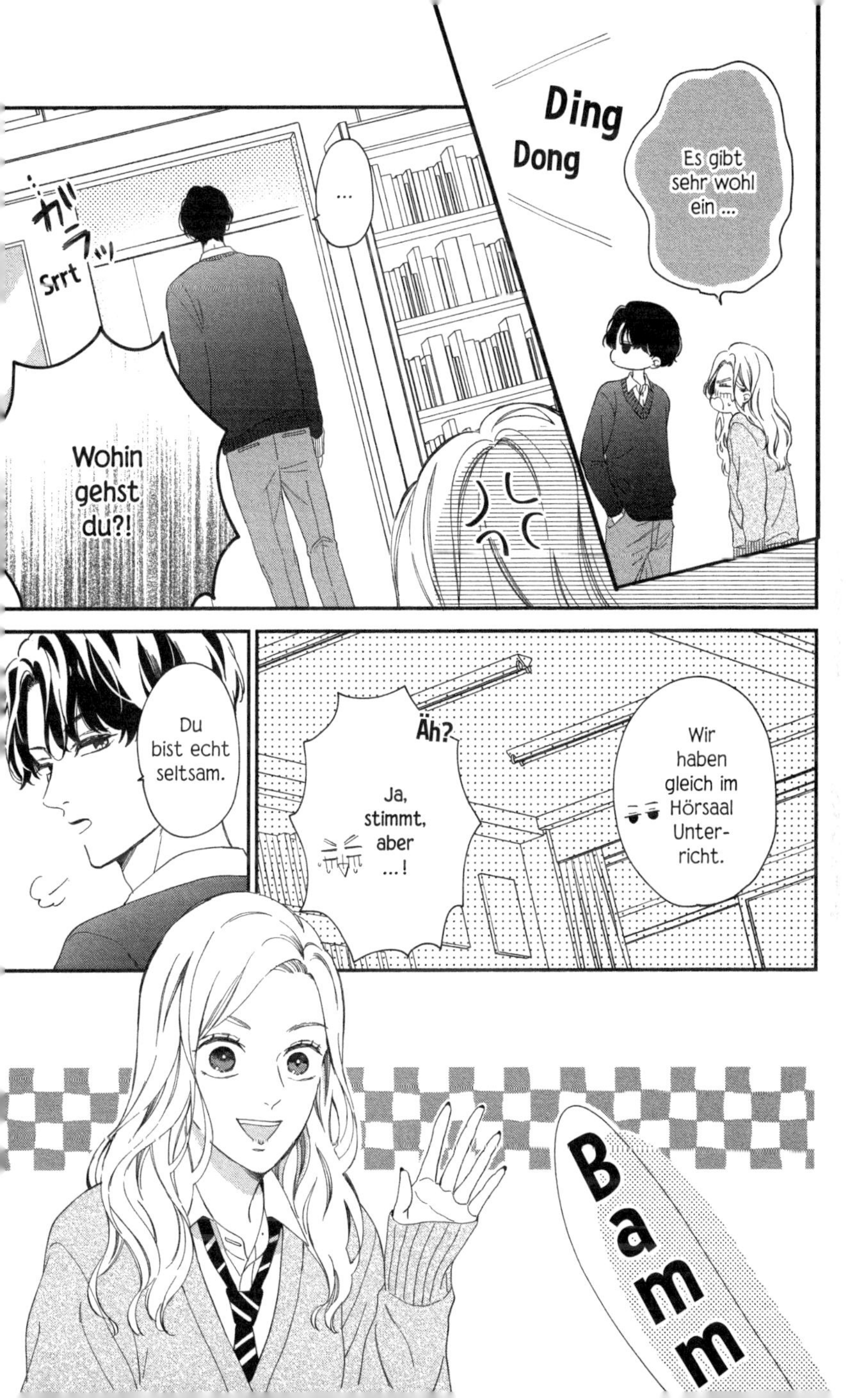
Ding
Dong
Es gibt sehr wohl ein ...
...
ガラッ
Srrt
Wohin gehst du?!
Wir haben gleich im Hörsaal Unterricht.
Äh?
Ja, stimmt, aber ...!
Du bist echt seltsam.
Bamm

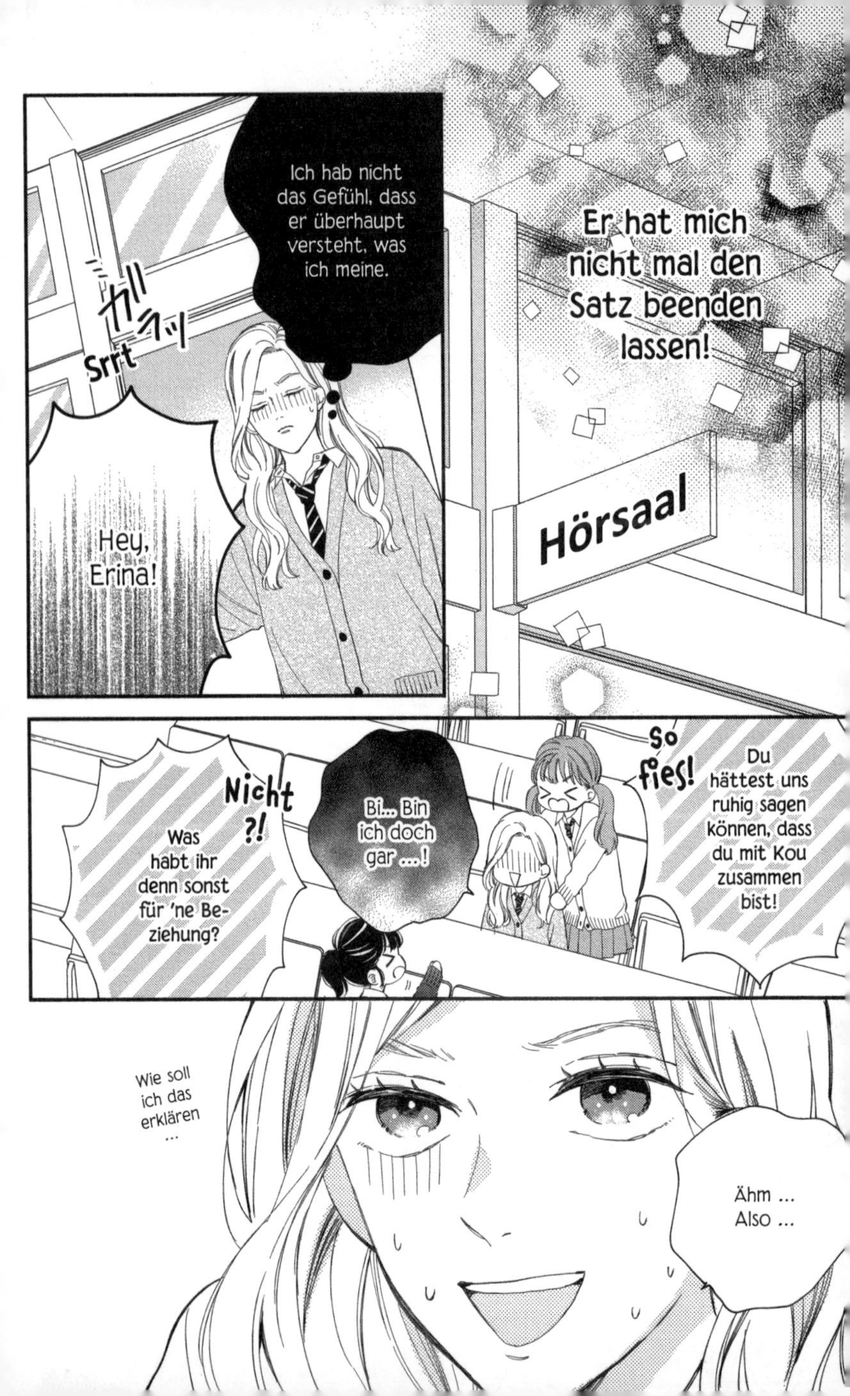
Er hat mich nicht mal den Satz beenden lassen!
Hörsaal
Ich hab nicht das Gefühl, dass er überhaupt versteht, was ich meine.
ガラッ
Srrt
Hey, Erina!
So fies!
Du hättest uns ruhig sagen können, dass du mit Kou zusammen bist!
Bi... Bin ich doch gar ...!
Nicht ?!
Was habt ihr denn sonst für 'ne Beziehung?
Ähm ... Also ...
Wie soll ich das erklären ...

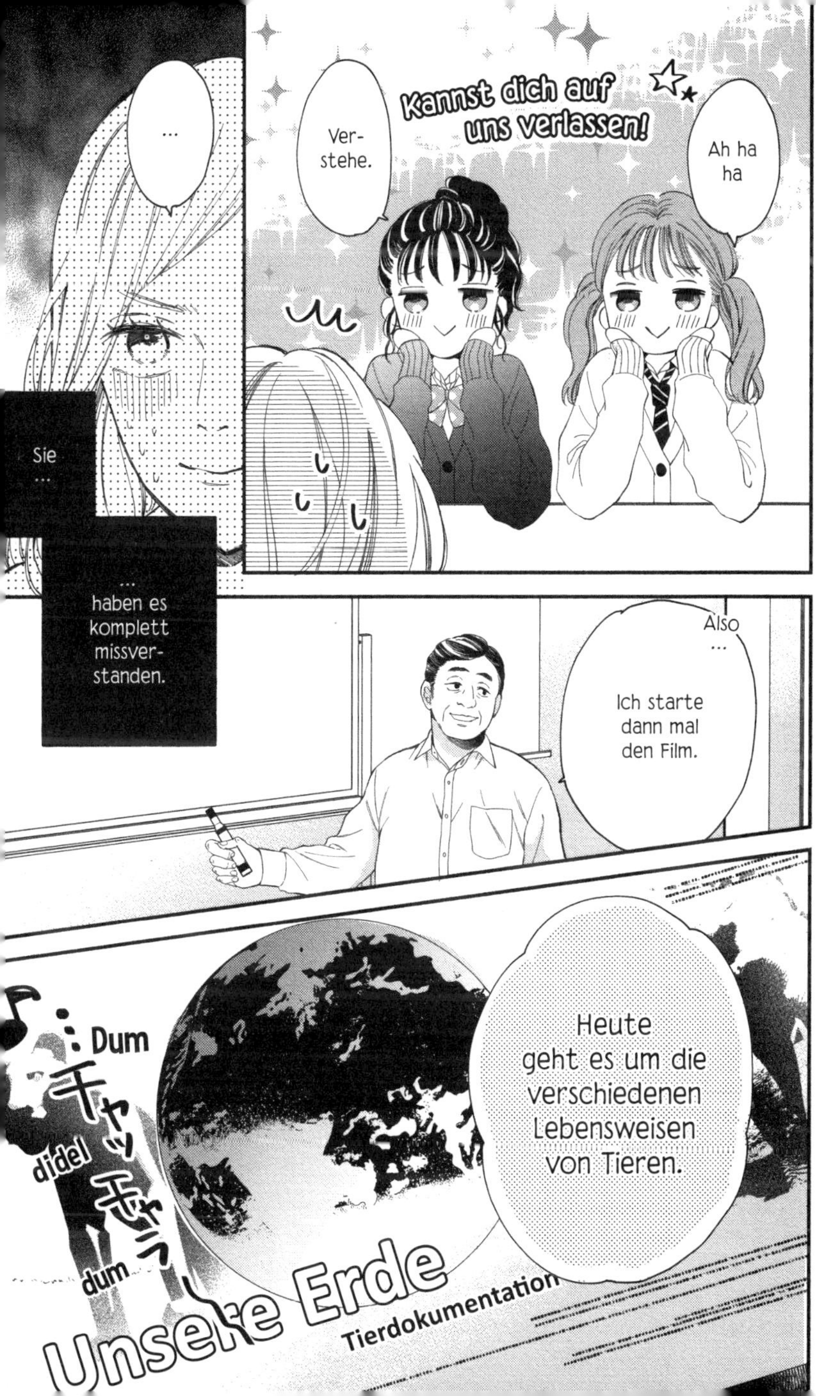

Ah ha ha
Kannst dich auf uns verlassen!
Ver-stehe.
...
Sie ...
... haben es komplett missver-standen.
Also ...
Ich starte dann mal den Film.
Heute geht es um die verschiedenen Lebensweisen von Tieren.
Dum
チャッチャラ
didel
dum
Unsere Erde
Tierdokumentation

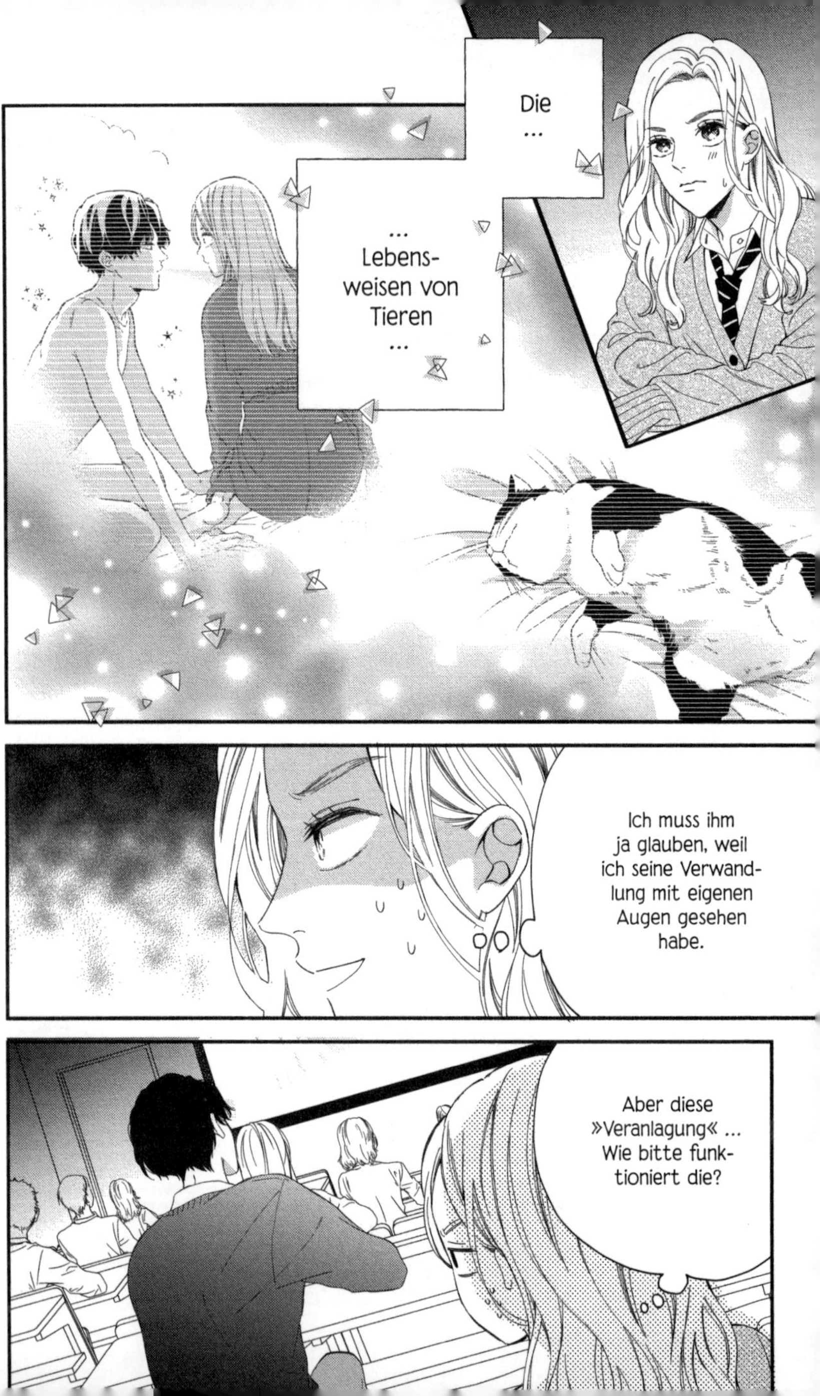
Die …
… Lebensweisen von Tieren …
Ich muss ihm ja glauben, weil ich seine Verwandlung mit eigenen Augen gesehen habe.
Aber diese »Veranlagung« … Wie bitte funktioniert die?

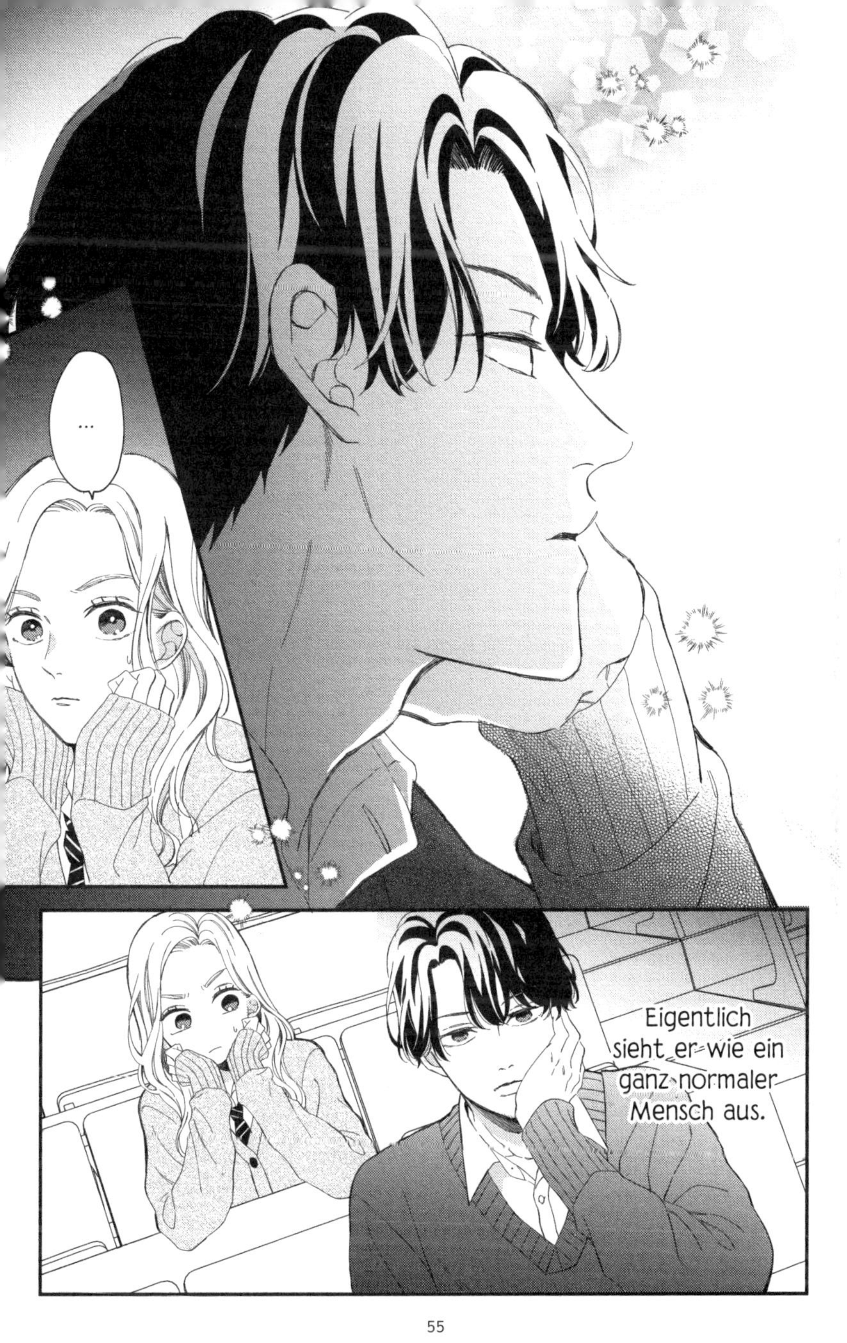
...
Eigentlich sieht er wie ein ganz normaler Mensch aus.

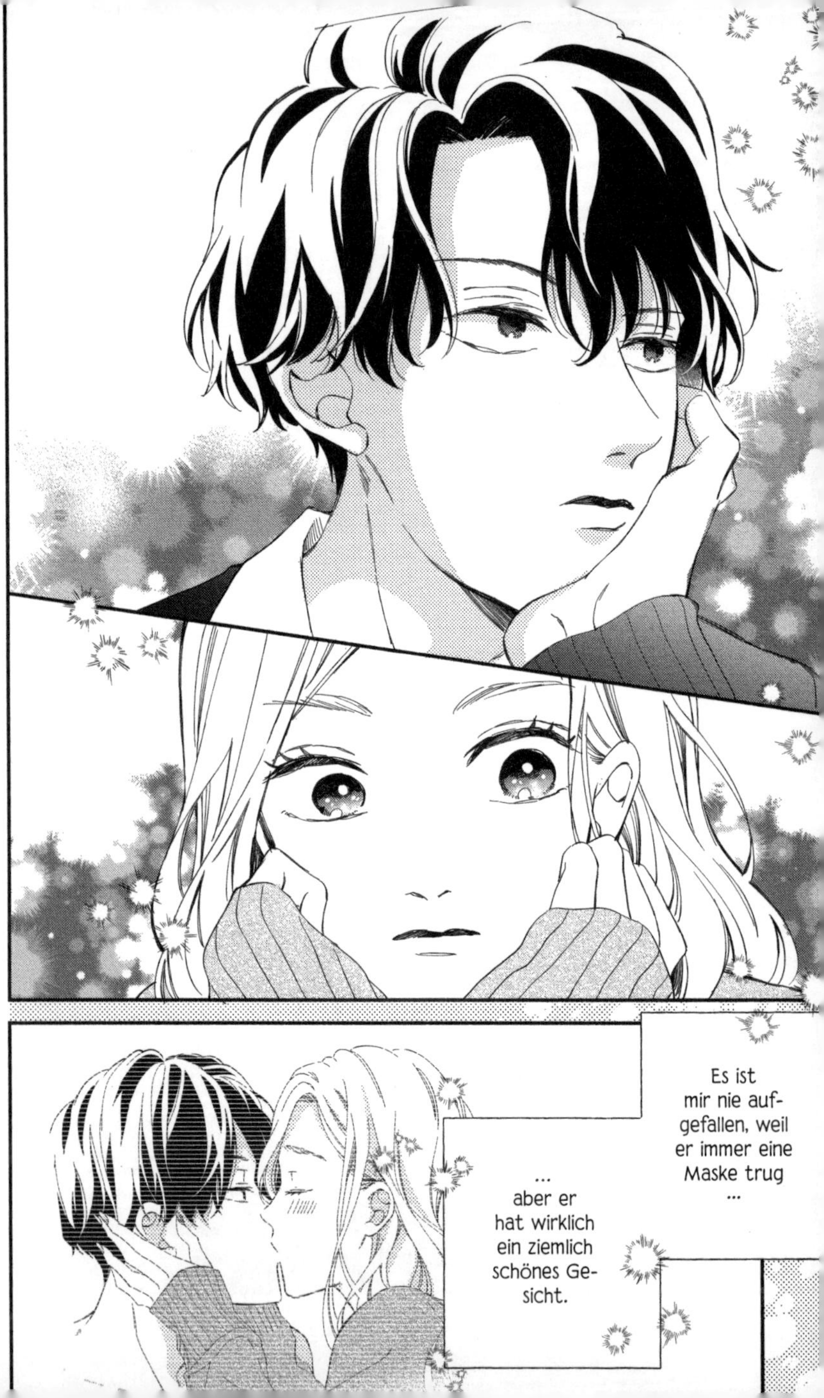
Es ist mir nie aufgefallen, weil er immer eine Maske trug ...
... aber er hat wirklich ein ziemlich schönes Gesicht.

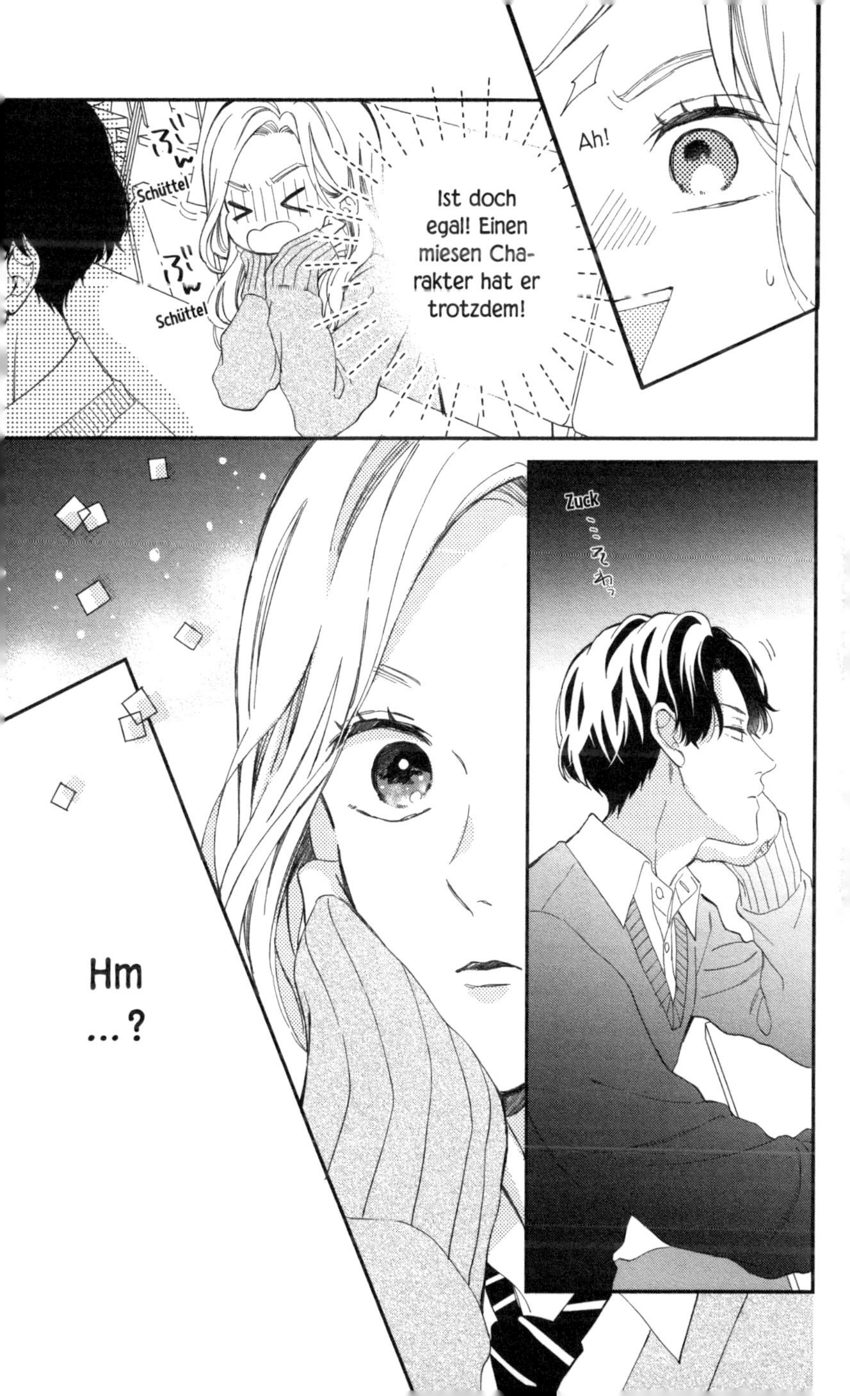
Ah!
Ist doch egal! Einen miesen Charakter hat er trotzdem!
Schüttel
Schüttel
Zuck
Hm ...?

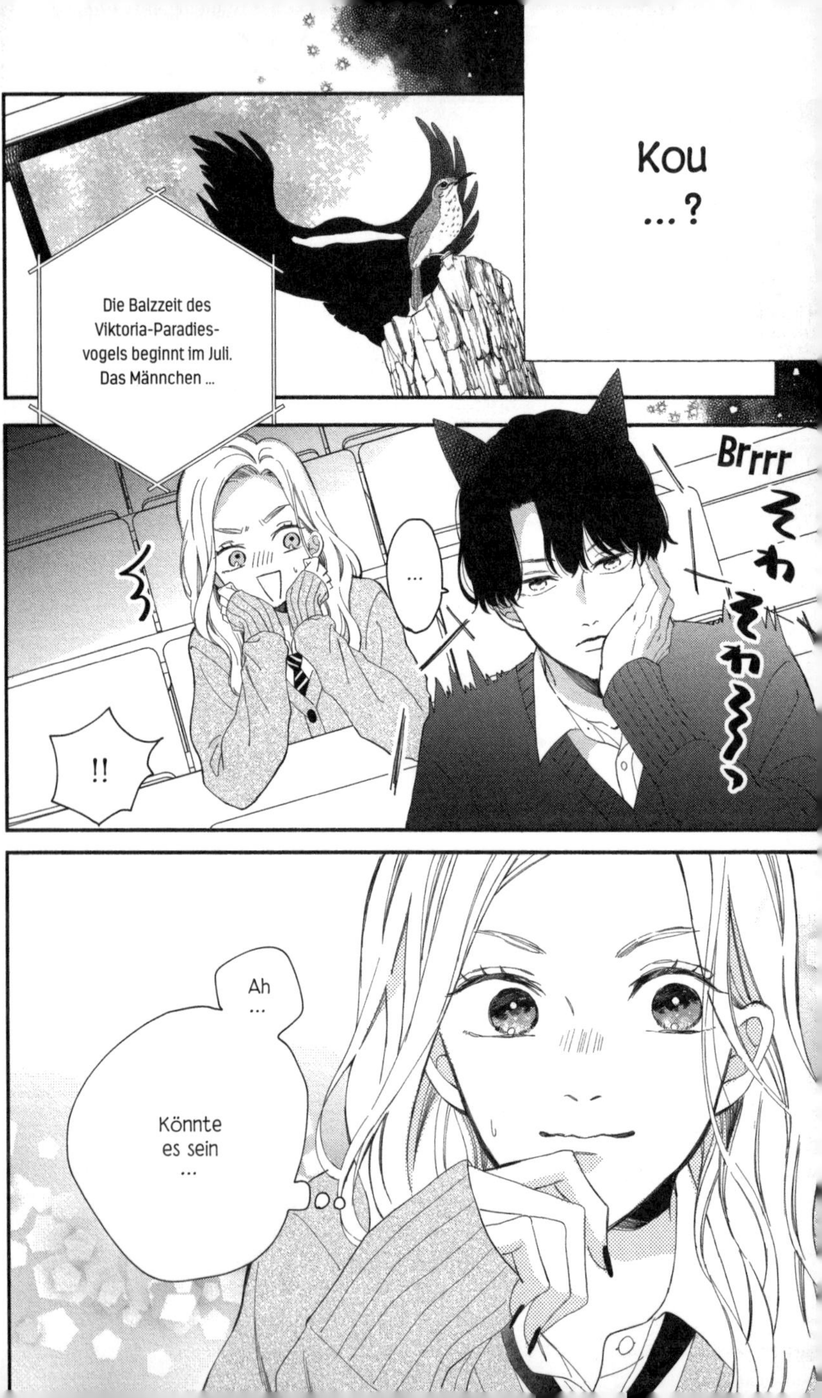
Kou ...?
Die Balzzeit des Viktoria-Paradies-vogels beginnt im Juli. Das Männchen ...
Brrrr
そわそわ～～
...
くっ
!!
Ah ...
Könnte es sein ...

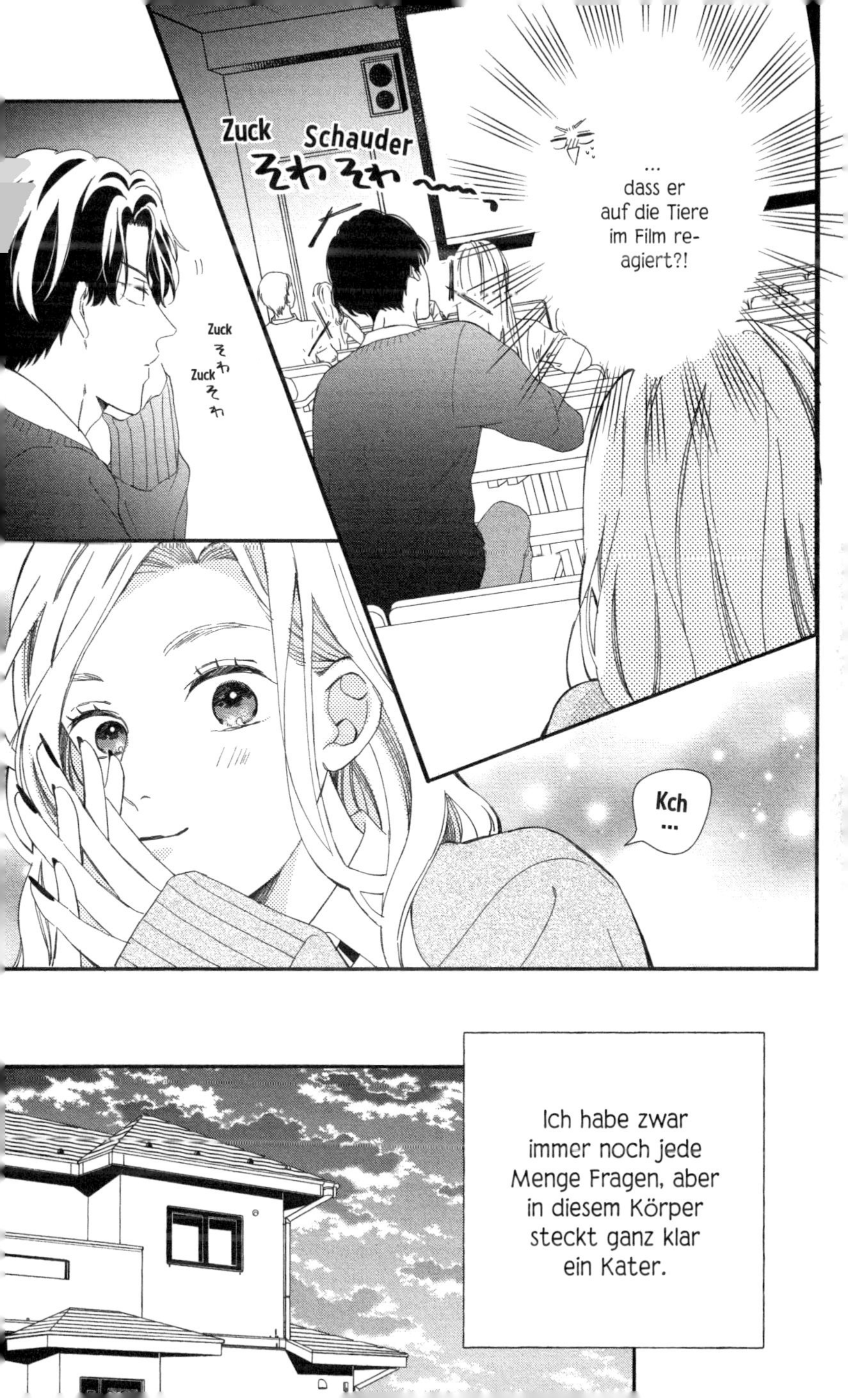
... dass er auf die Tiere im Film re- agiert?!
Zuck
Schauder
そわそわ
Zuck
そわ
Zuck
そわ
Kch ...
Ich habe zwar immer noch jede Menge Fragen, aber in diesem Körper steckt ganz klar ein Kater.

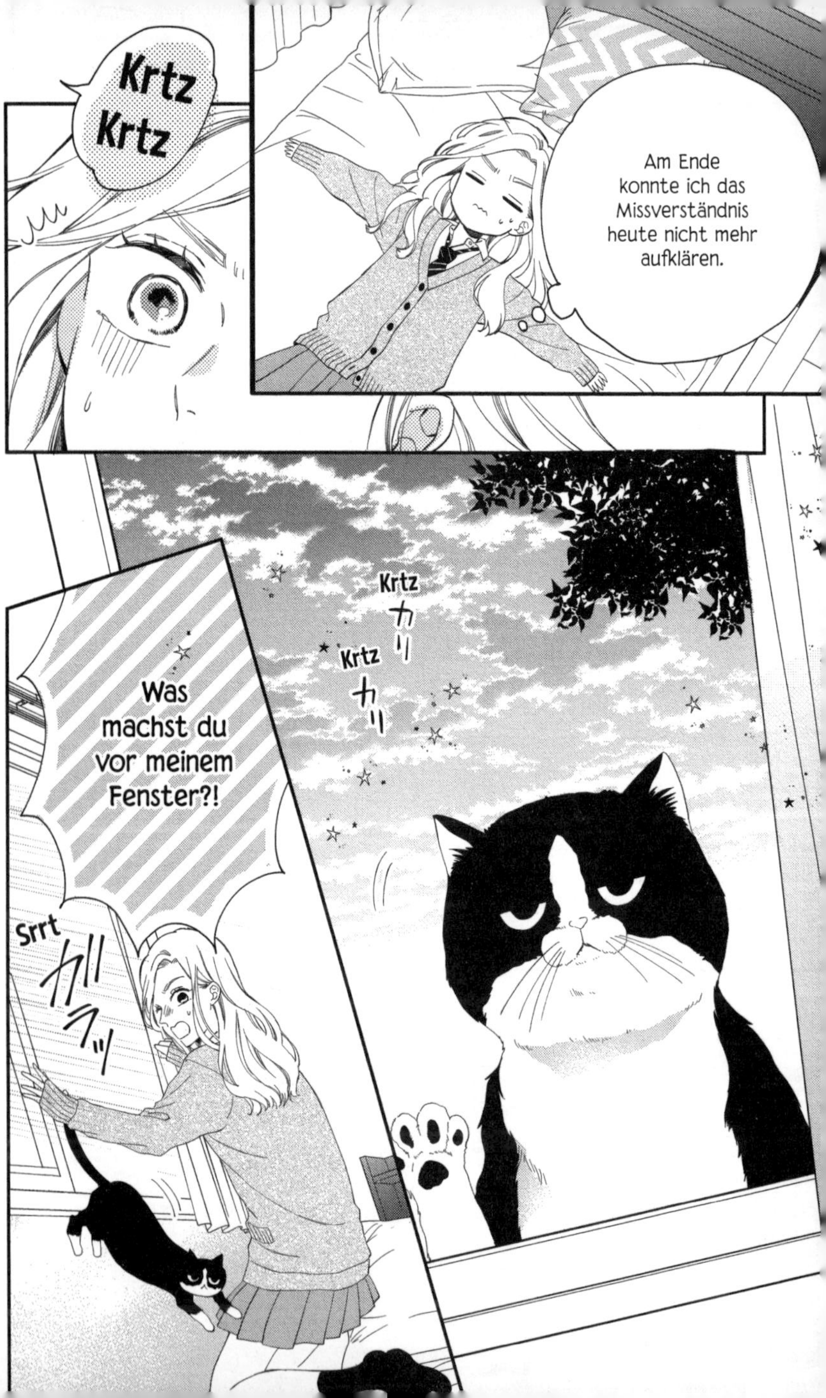
Am Ende konnte ich das Missverständnis heute nicht mehr aufklären.
Krtz Krtz
Krtz
カリ
Krtz
カリ
Was machst du vor meinem Fenster?!
Srrt
ガラッ

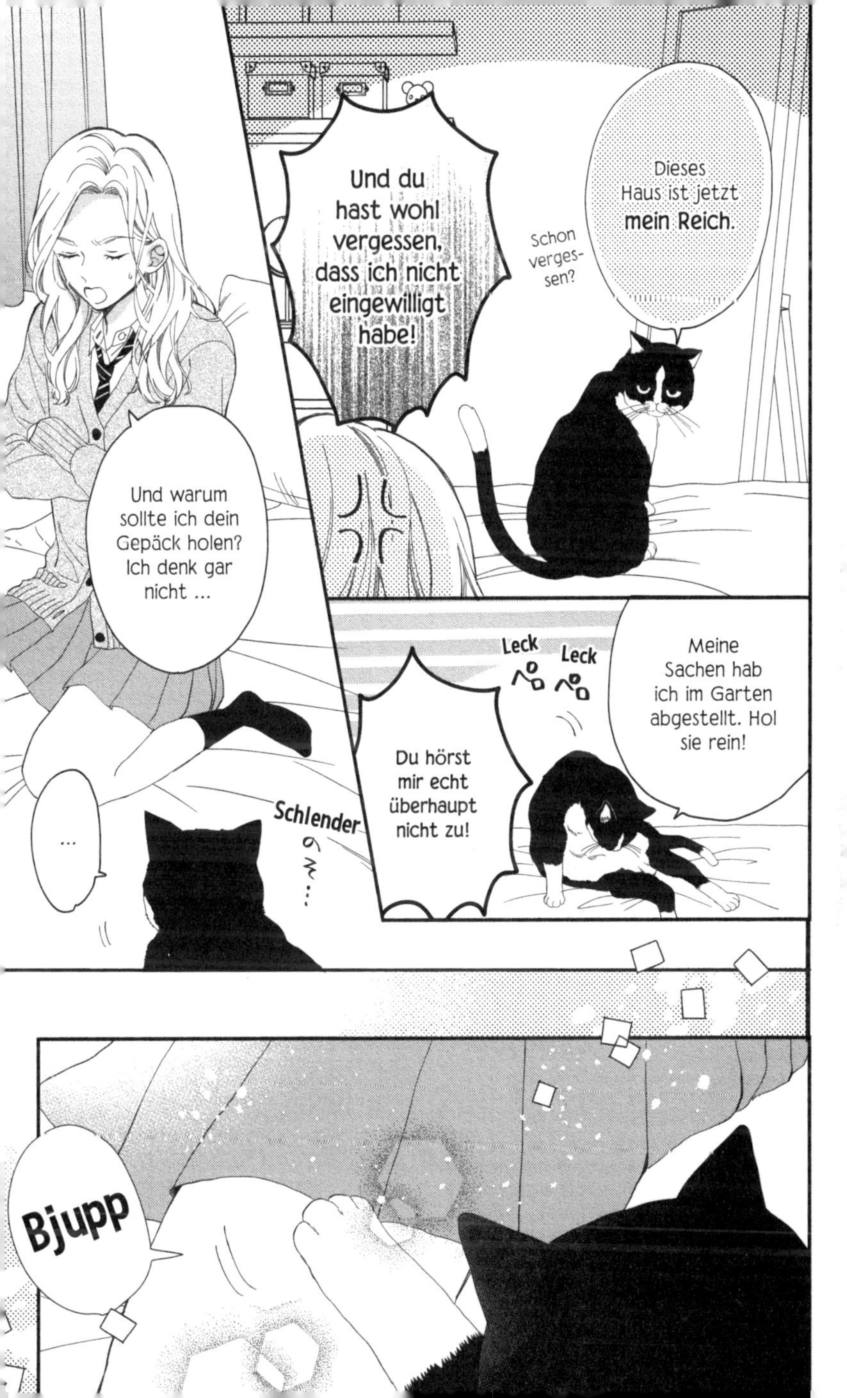

Dieses Haus ist jetzt mein Reich.
Schon verges-sen?
Und du hast wohl vergessen, dass ich nicht eingewilligt habe!
Meine Sachen hab ich im Garten abgestellt. Hol sie rein!
Leck
Leck
Du hörst mir echt überhaupt nicht zu!
Und warum sollte ich dein Gepäck holen? Ich denk gar nicht ...
Schlender
...
Bjupp

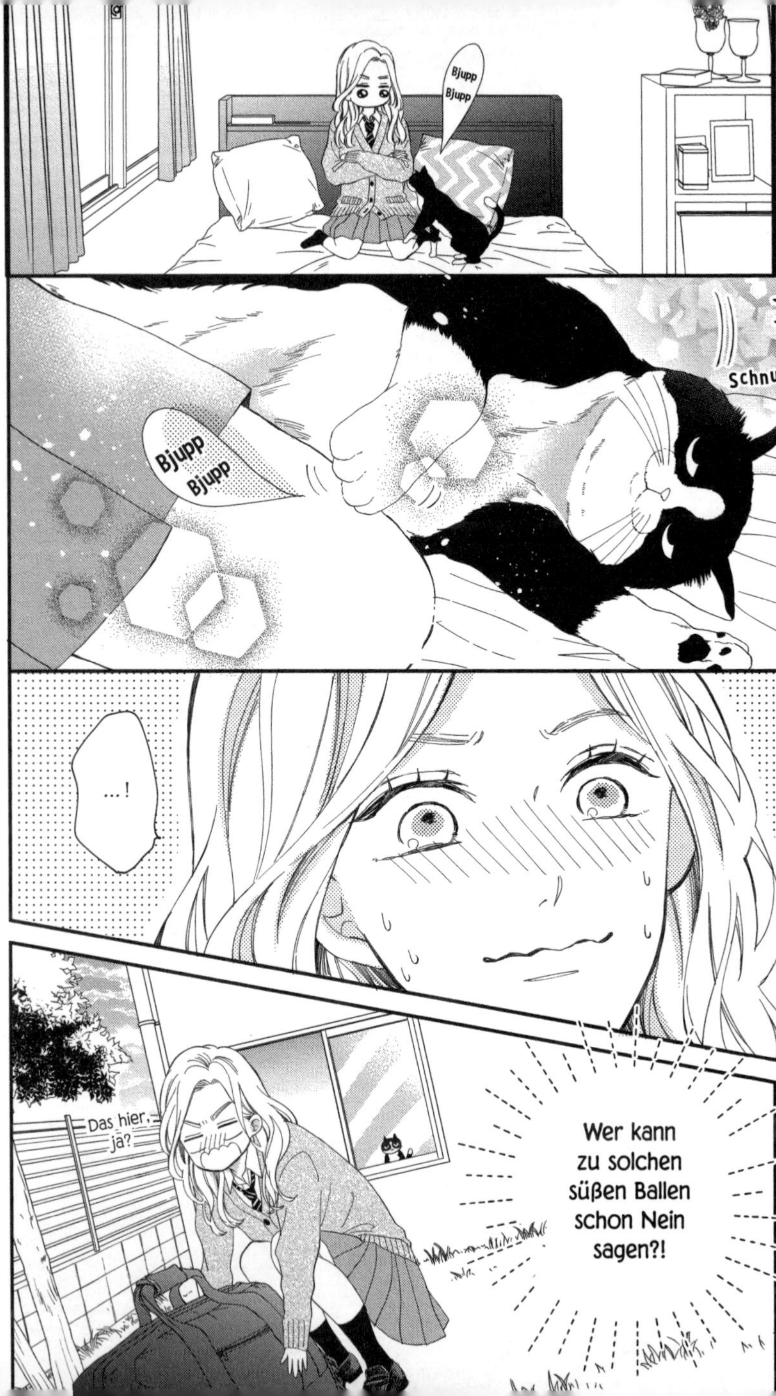

Bjupp
Bjupp
ゴロ
Schnurr
Bjupp
Bjupp
...!
Wer kann zu solchen süßen Ballen schon Nein sagen?!
Das hier, ja?

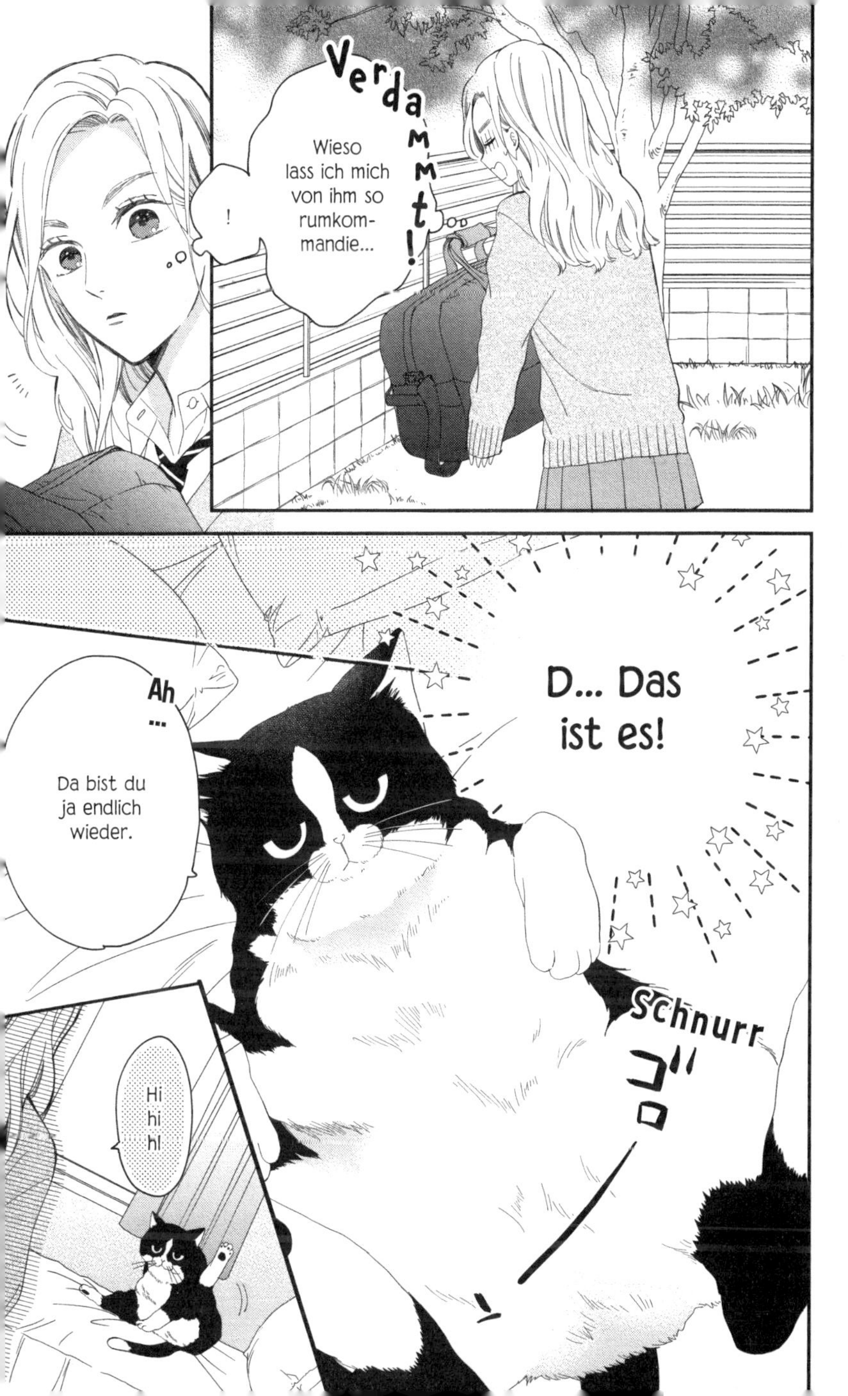

Verdammt!
Wieso lass ich mich von ihm so rumkommandie...
!
D... Das ist es!
Ah ...
Da bist du ja endlich wieder.
Schnurr
ゴロ
Hi hi hi

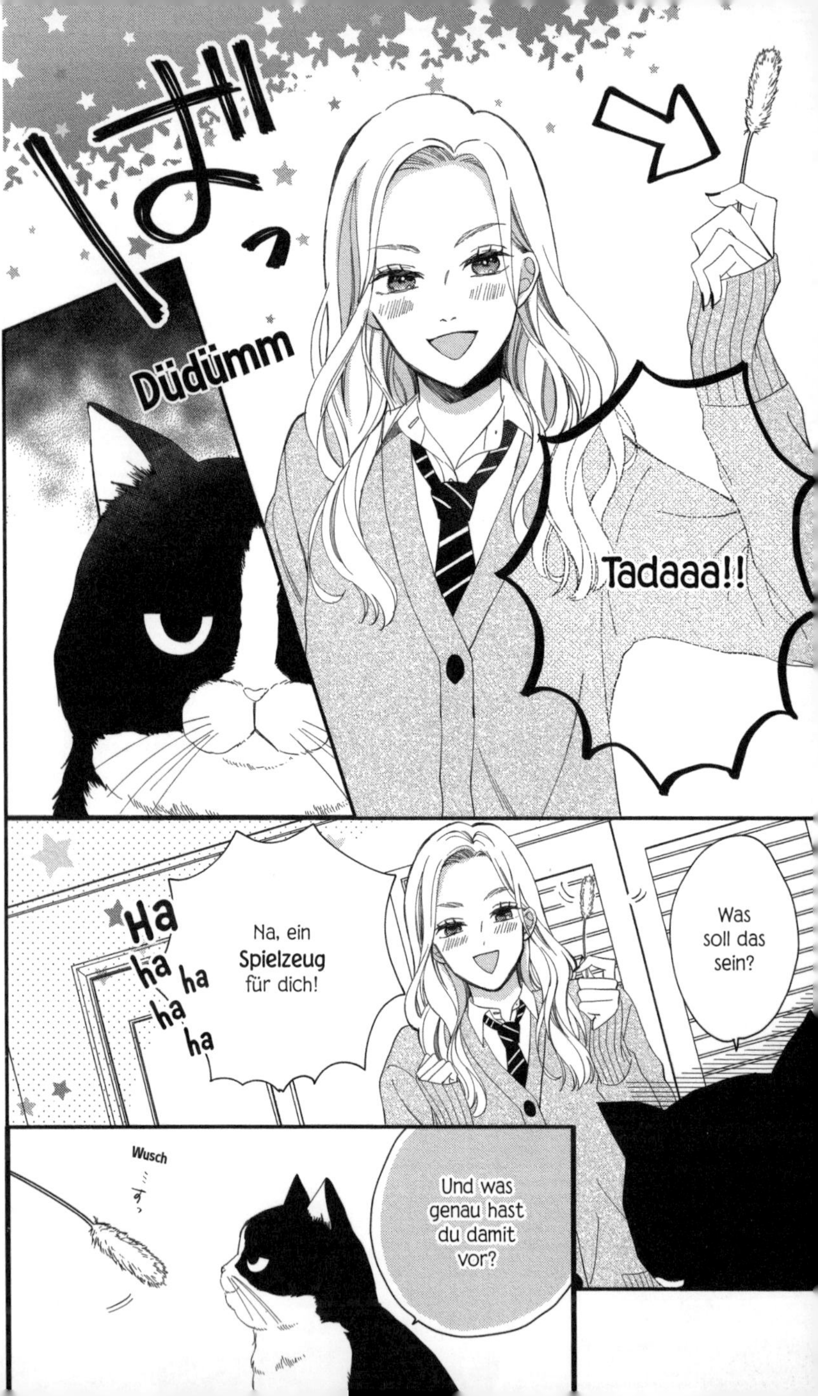
Tadaaa!!
はっ
Düdümm
Was soll das sein?
Na, ein Spielzeug für dich!
Ha ha ha ha ha
Und was genau hast du damit vor?
Wusch
すっ

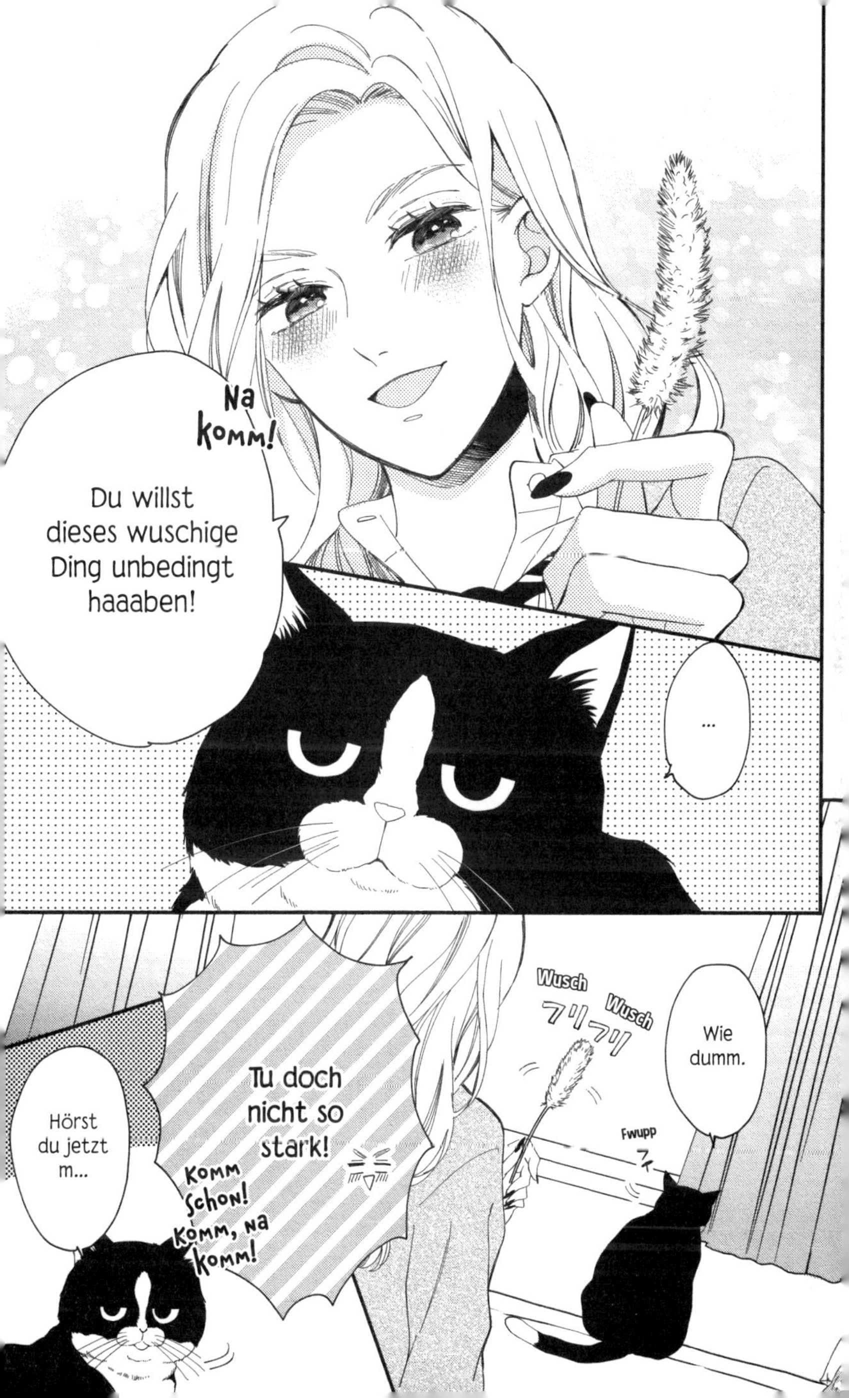
Na komm!
Du willst dieses wuschige Ding unbedingt haaaben!
...
Wusch Wusch
フリフリ
Wie dumm.
Fwupp
Tu doch nicht so stark!
Komm schon! Komm, na komm!
Hörst du jetzt m...

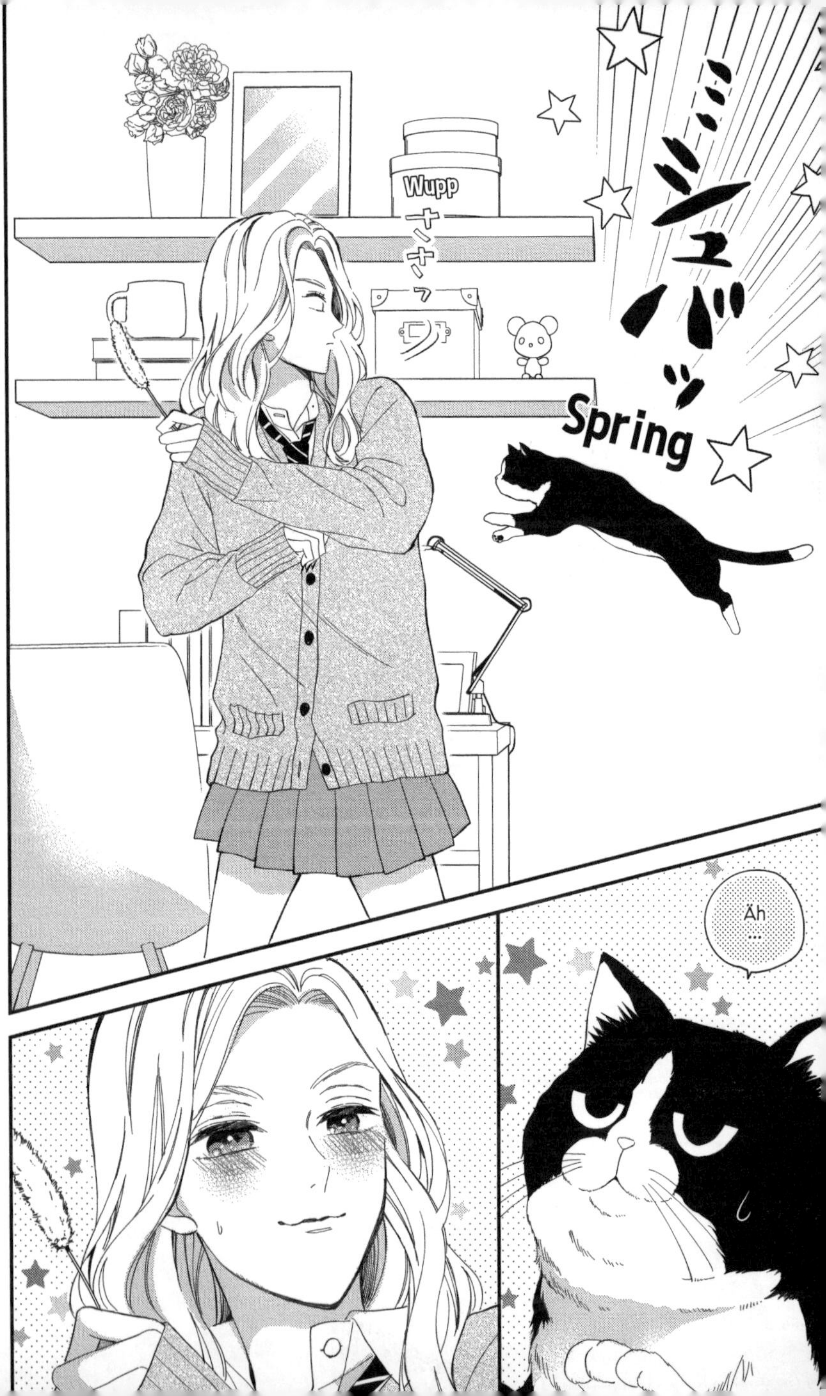
シュバッ
Spring
Wupp
ささっ
Äh ...

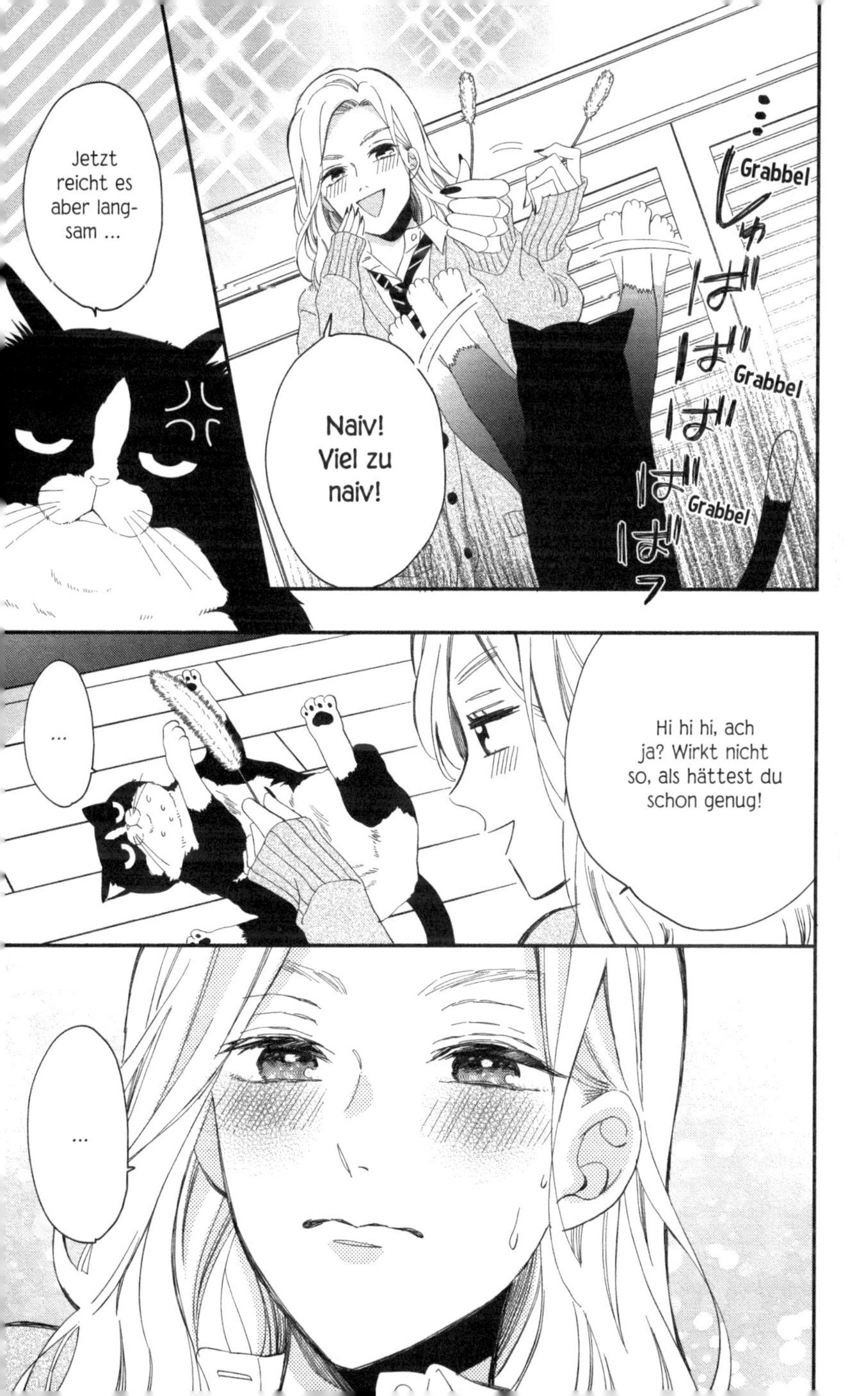
...
Grabbel
Grabbel
Grabbel
Naiv! Viel zu naiv!
Jetzt reicht es aber lang-sam ...
Hi hi hi, ach ja? Wirkt nicht so, als hättest du schon genug!
...
...

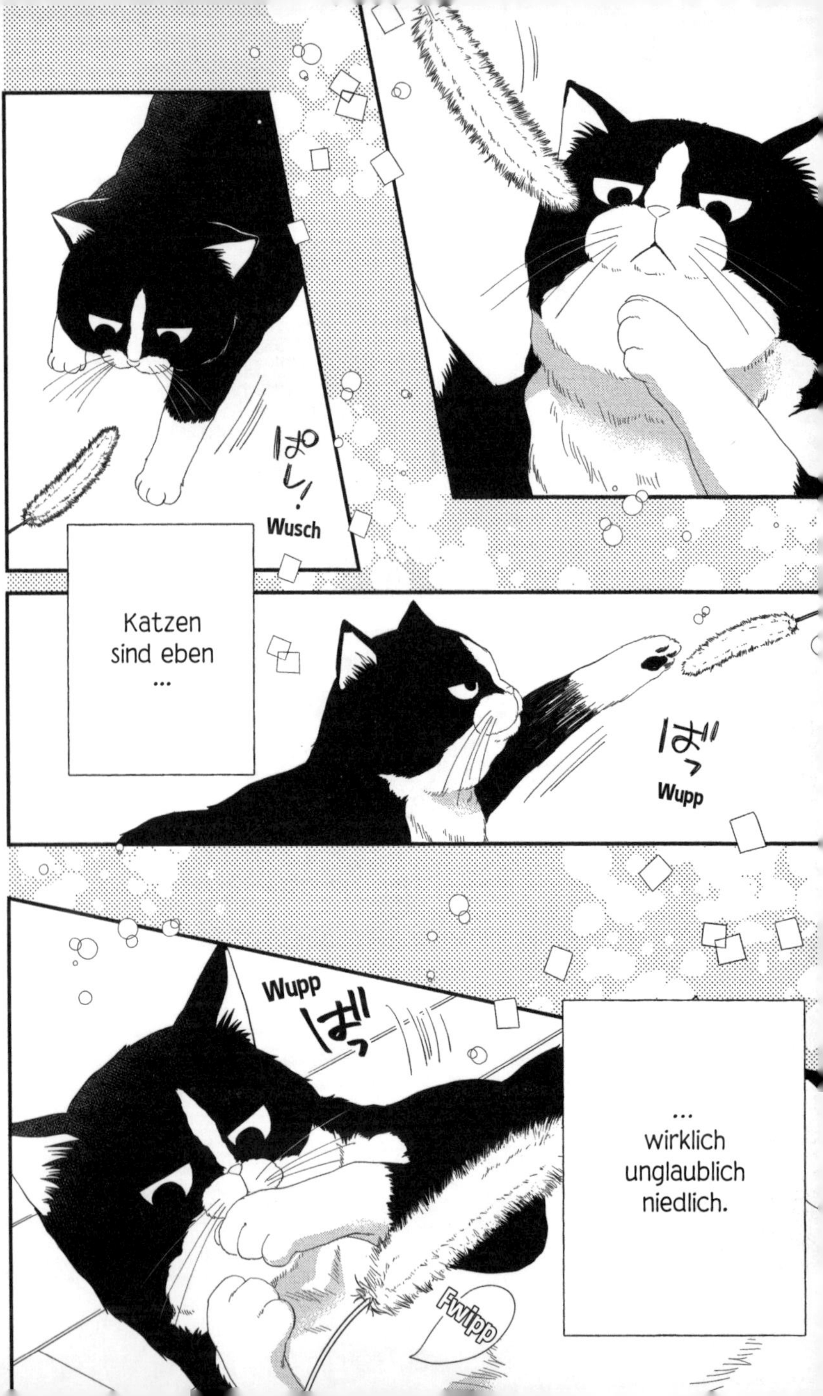
ぱし!
Wusch
Katzen sind eben ...
ぱっ
Wupp
Wupp
ぱっ
... wirklich unglaublich niedlich.
Fwipp

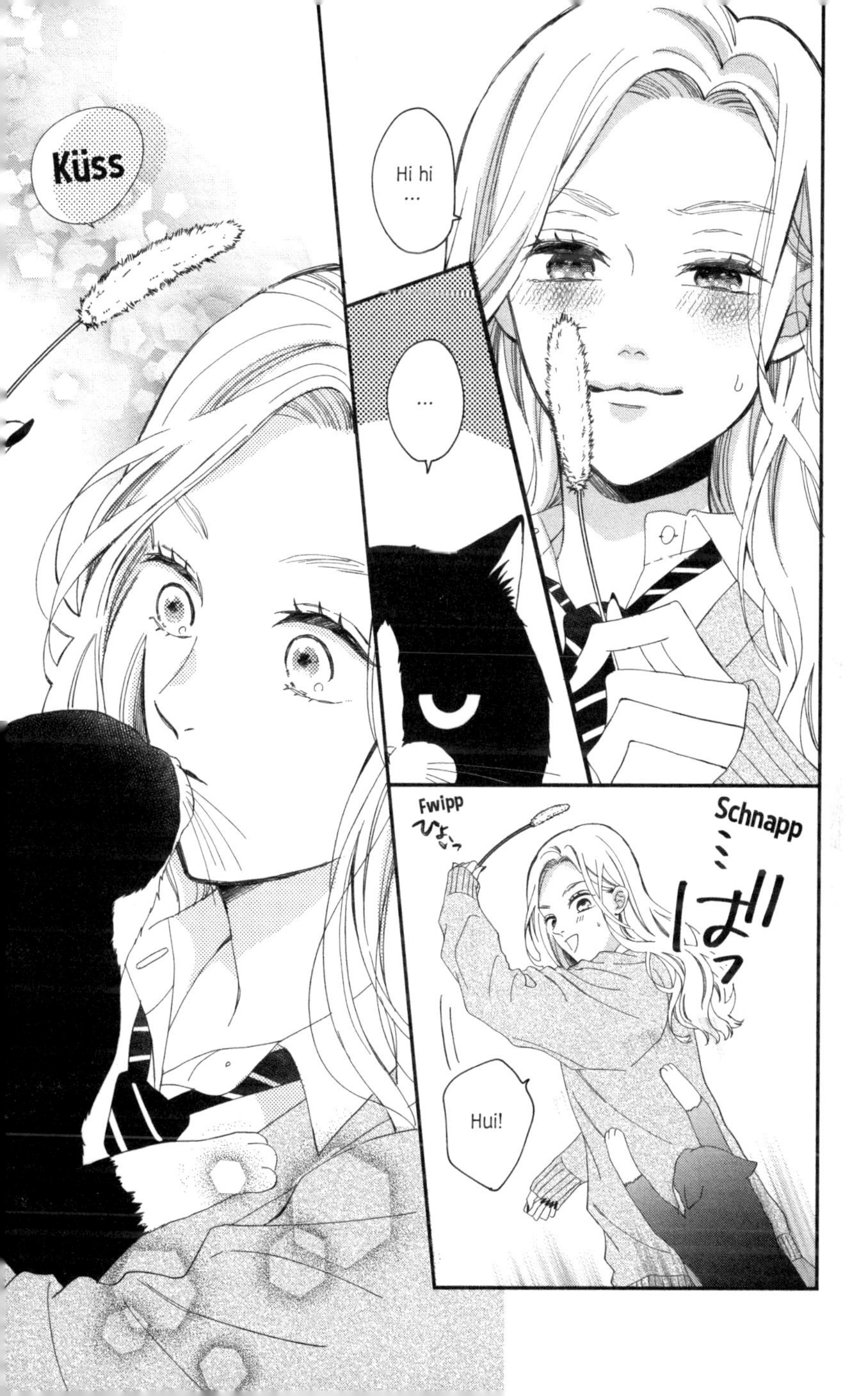
Hi hi
...
...
Fwipp
ひょいっ
Schnapp
ぱっ
Hui!
Küss

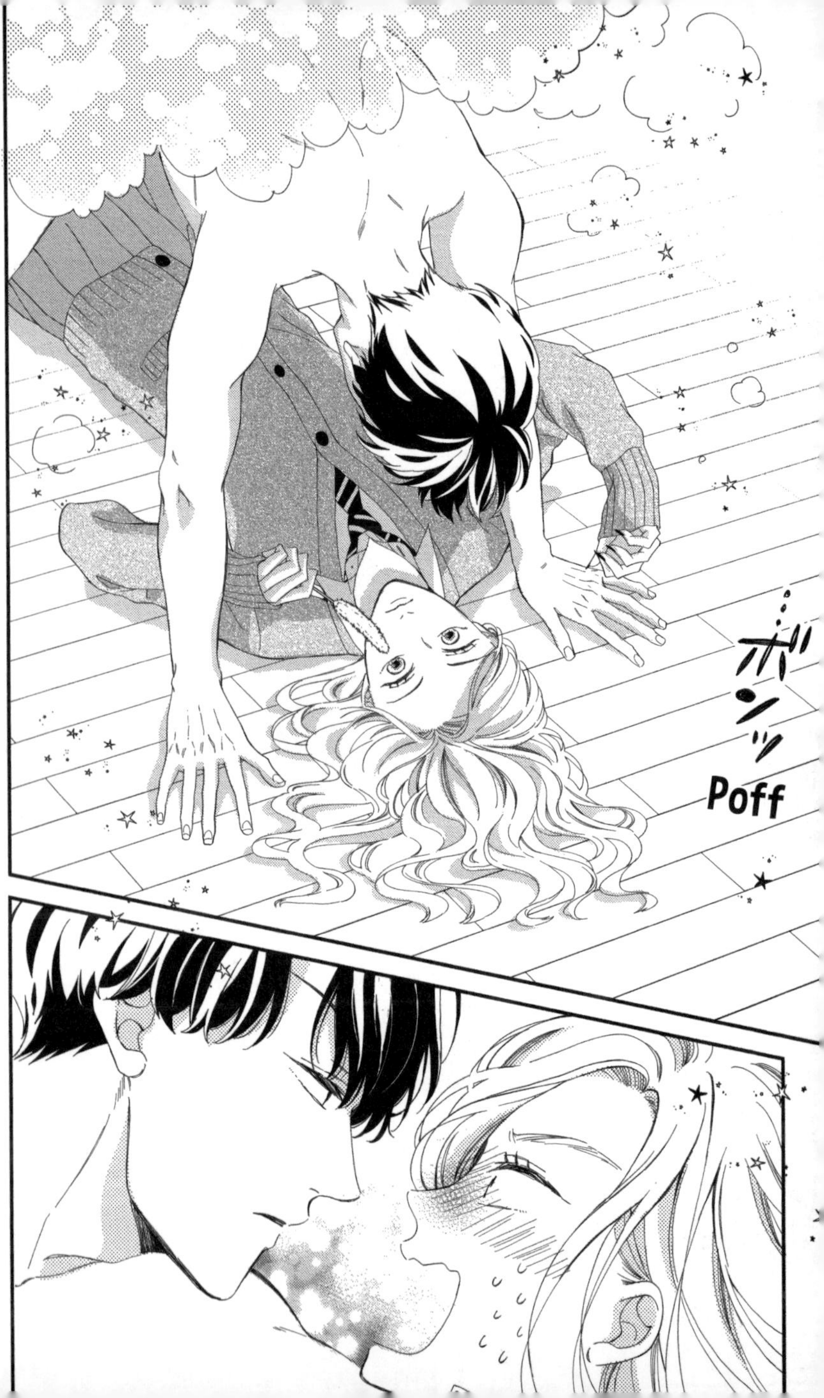
ポンッ
Poff

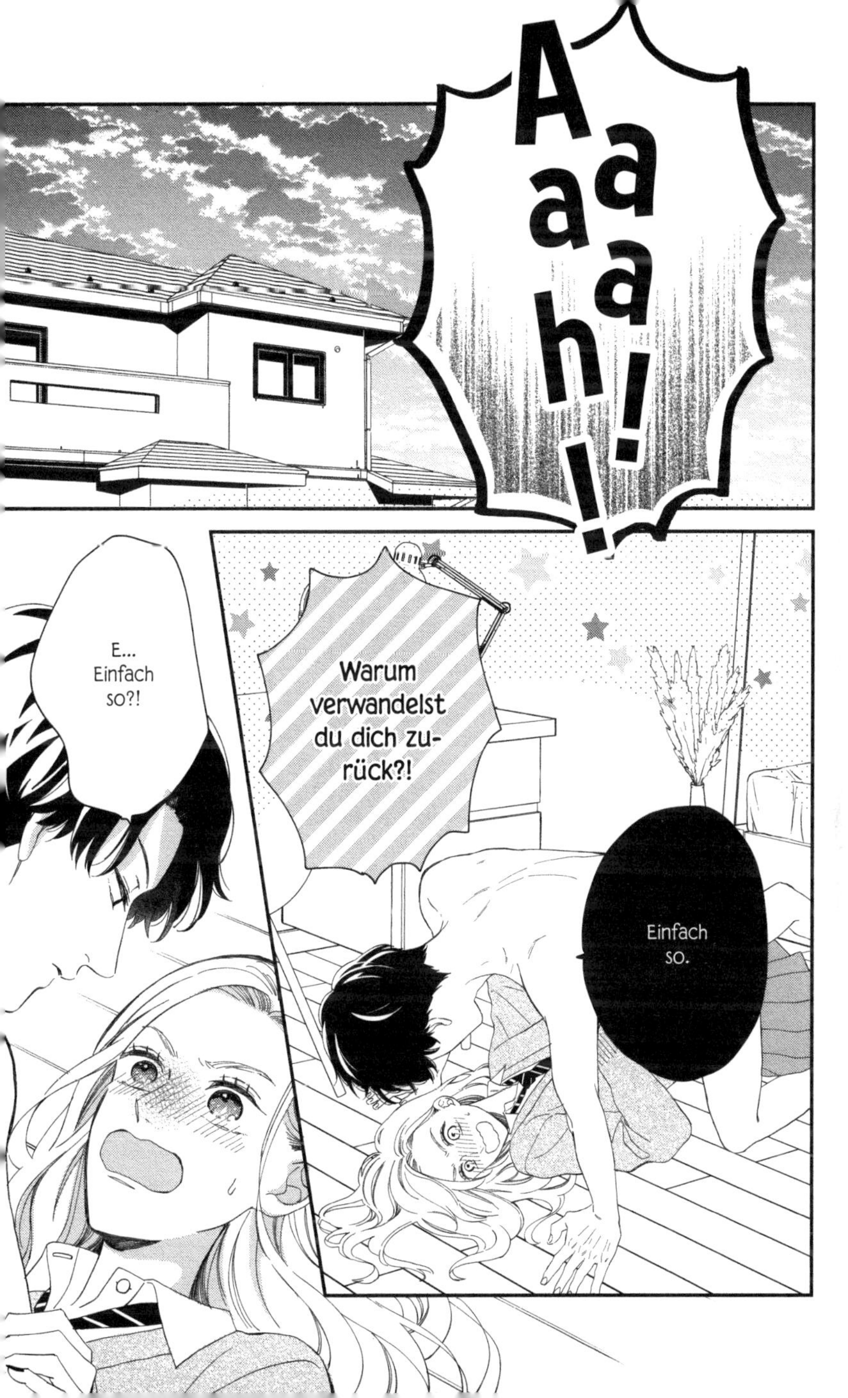
Aaaah!!!
Warum verwandelst du dich zurück?!
Einfach so.
E... Einfach so?!

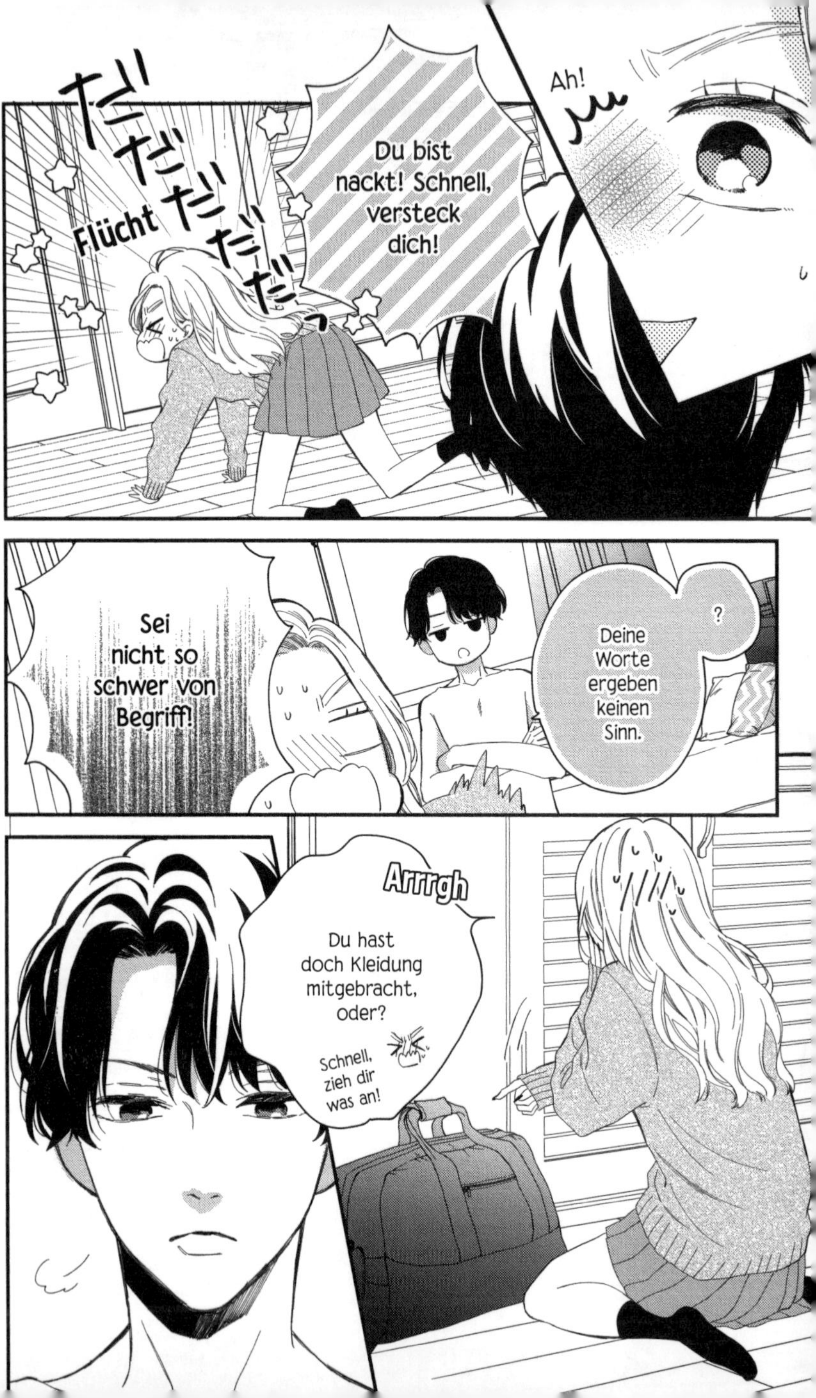
Ah!
Du bist nackt! Schnell, versteck dich!
Flücht
?
Deine Worte ergeben keinen Sinn.
Sei nicht so schwer von Begriff!
Arrrgh
Du hast doch Kleidung mitgebracht, oder?
Schnell, zieh dir was an!

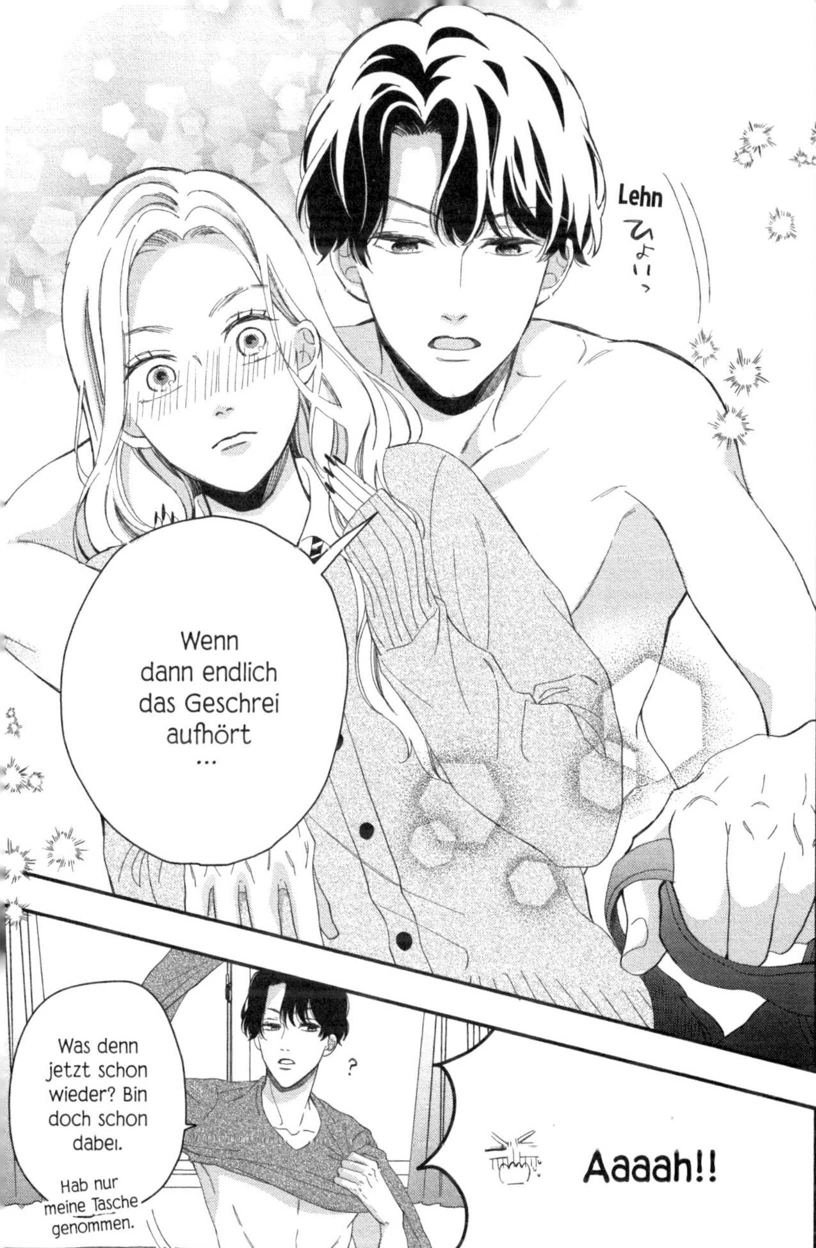
Lehn
ひょいっ
Wenn dann endlich das Geschrei aufhört ...
Aaaah!!
?
Was denn jetzt schon wieder? Bin doch schon dabei.
Hab nur meine Tasche genommen.

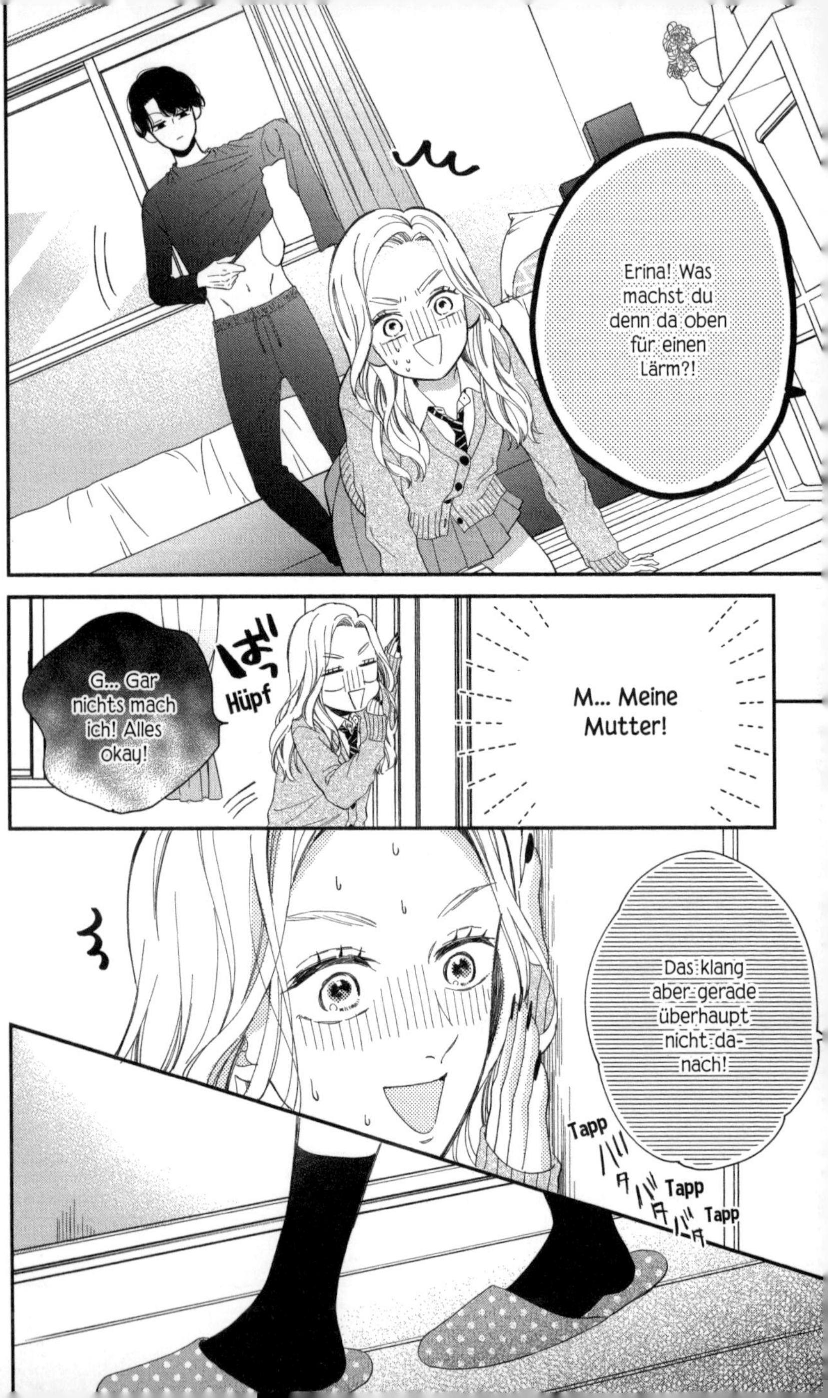
Erina! Was machst du denn da oben für einen Lärm?!
M... Meine Mutter!
ぱっ
Hüpf
G... Gar nichts mach ich! Alles okay!
Das klang aber gerade überhaupt nicht da-nach!
Tapp
バタバタバタ
Tapp
Tapp

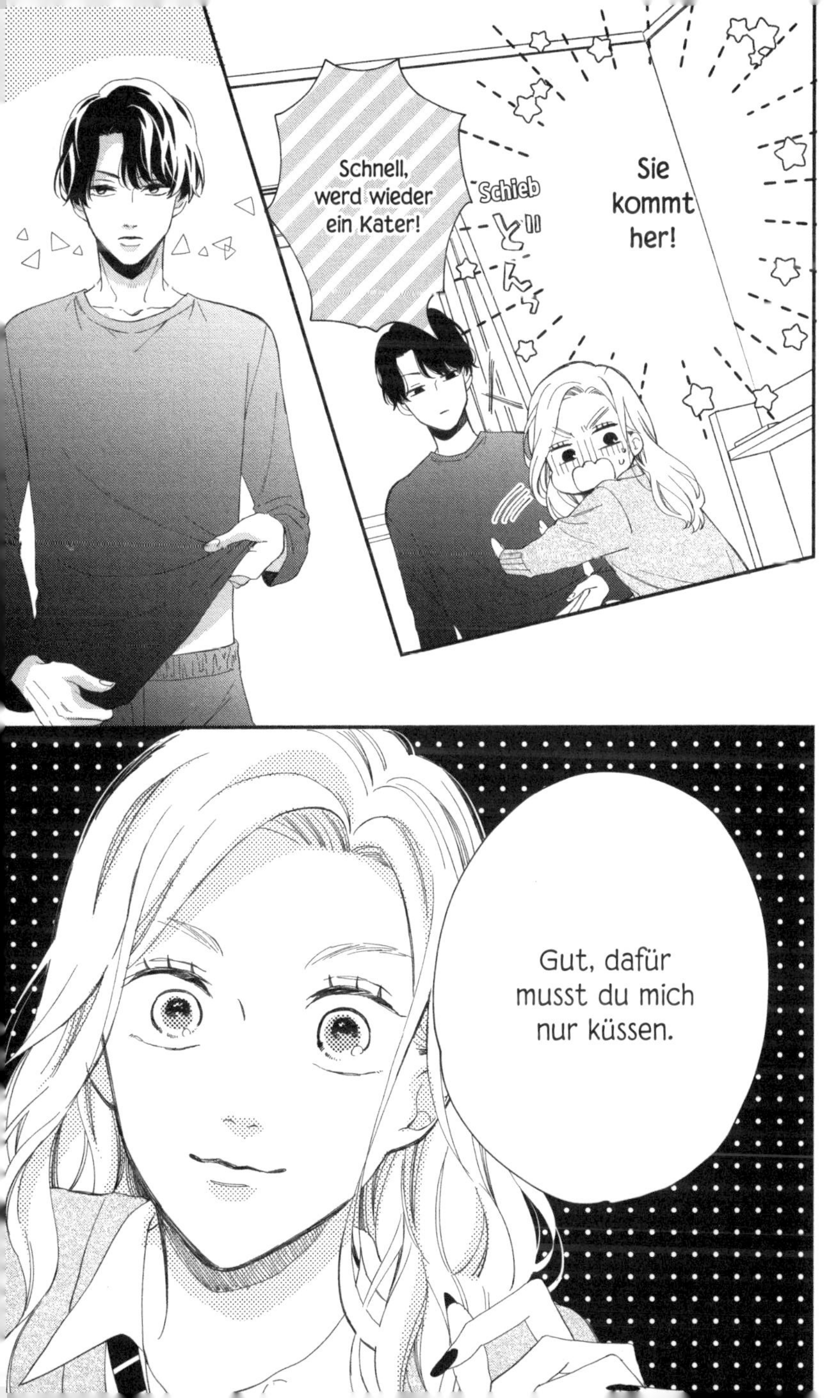
Sie kommt her!
Schieb
Schnell, werd wieder ein Kater!
Gut, dafür musst du mich nur küssen.

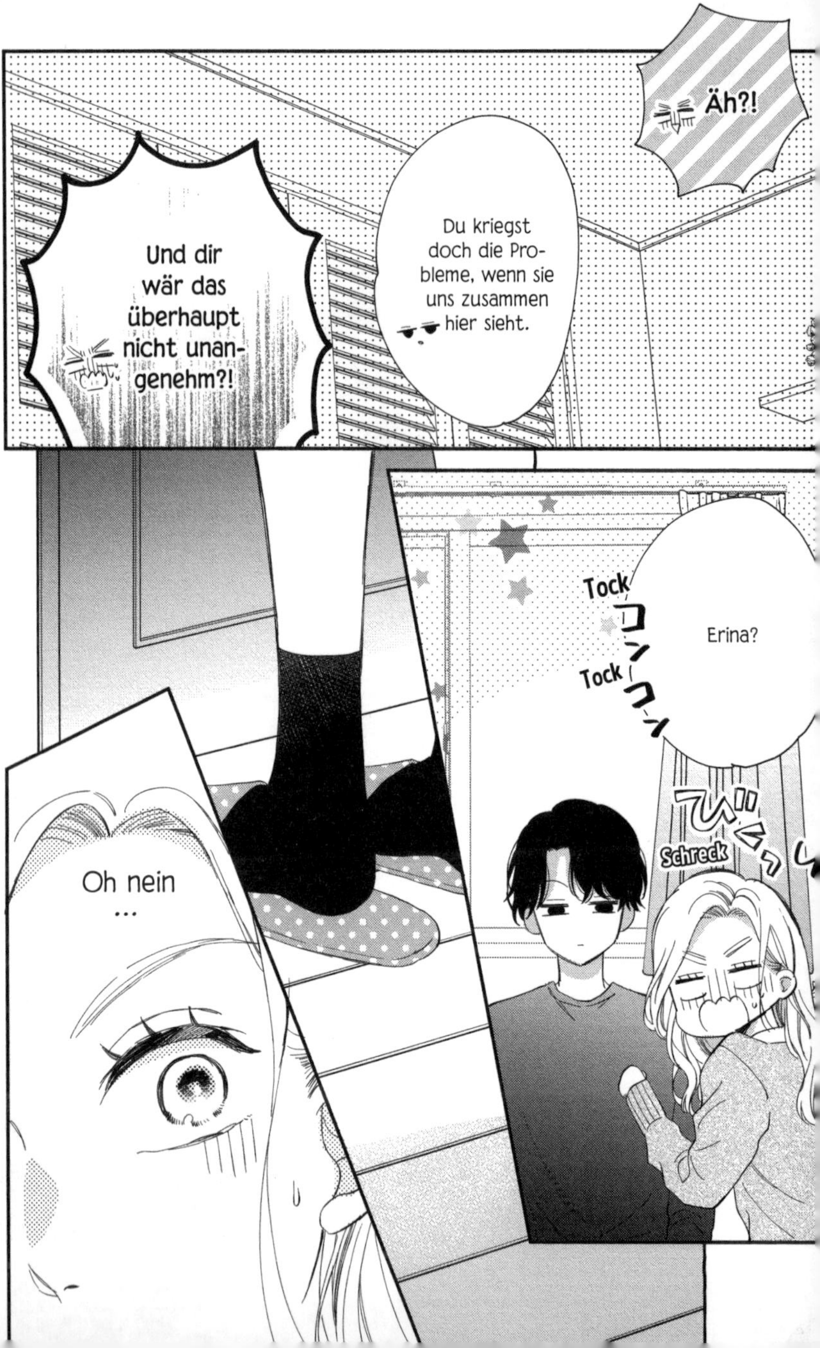
Äh?!
Du kriegst doch die Probleme, wenn sie uns zusammen hier sieht.
Und dir wär das überhaupt nicht unangenehm?!
Erina?
Tock
Tock
Schreck
Oh nein ...

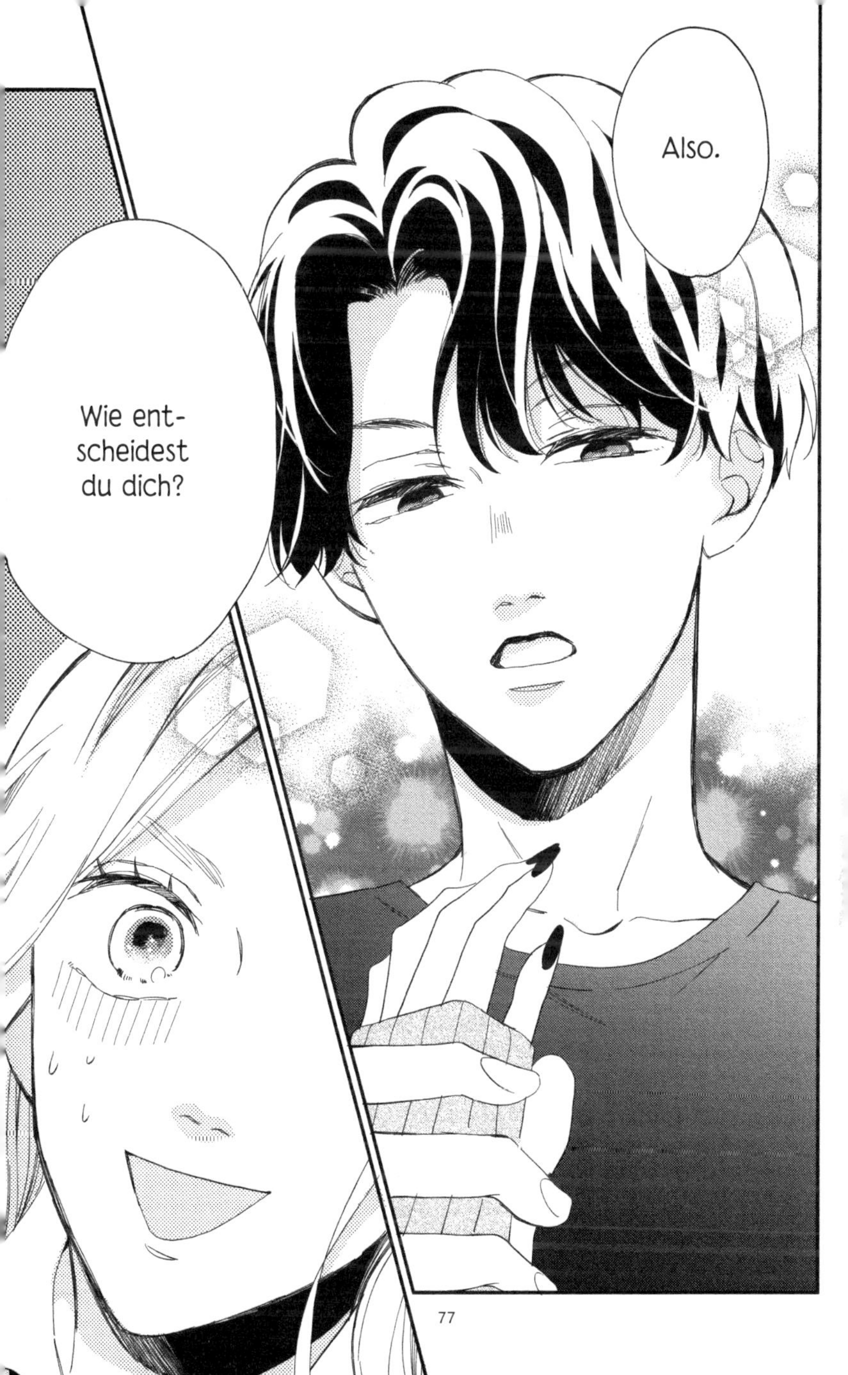

Also.
Wie ent-
scheidest
du dich?

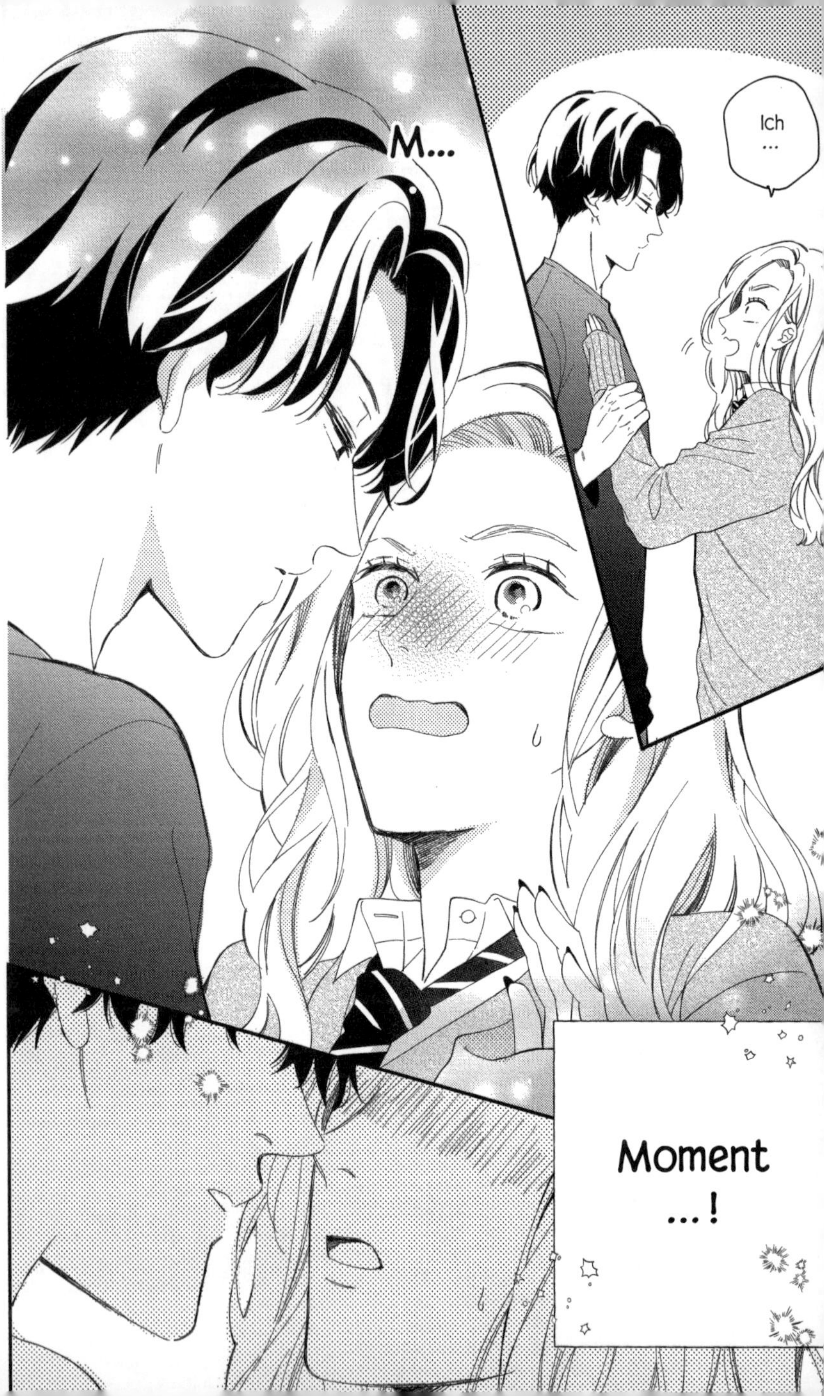
Ich ...
M...
Moment ...!

Küss den Kater!

Küss den Kater!

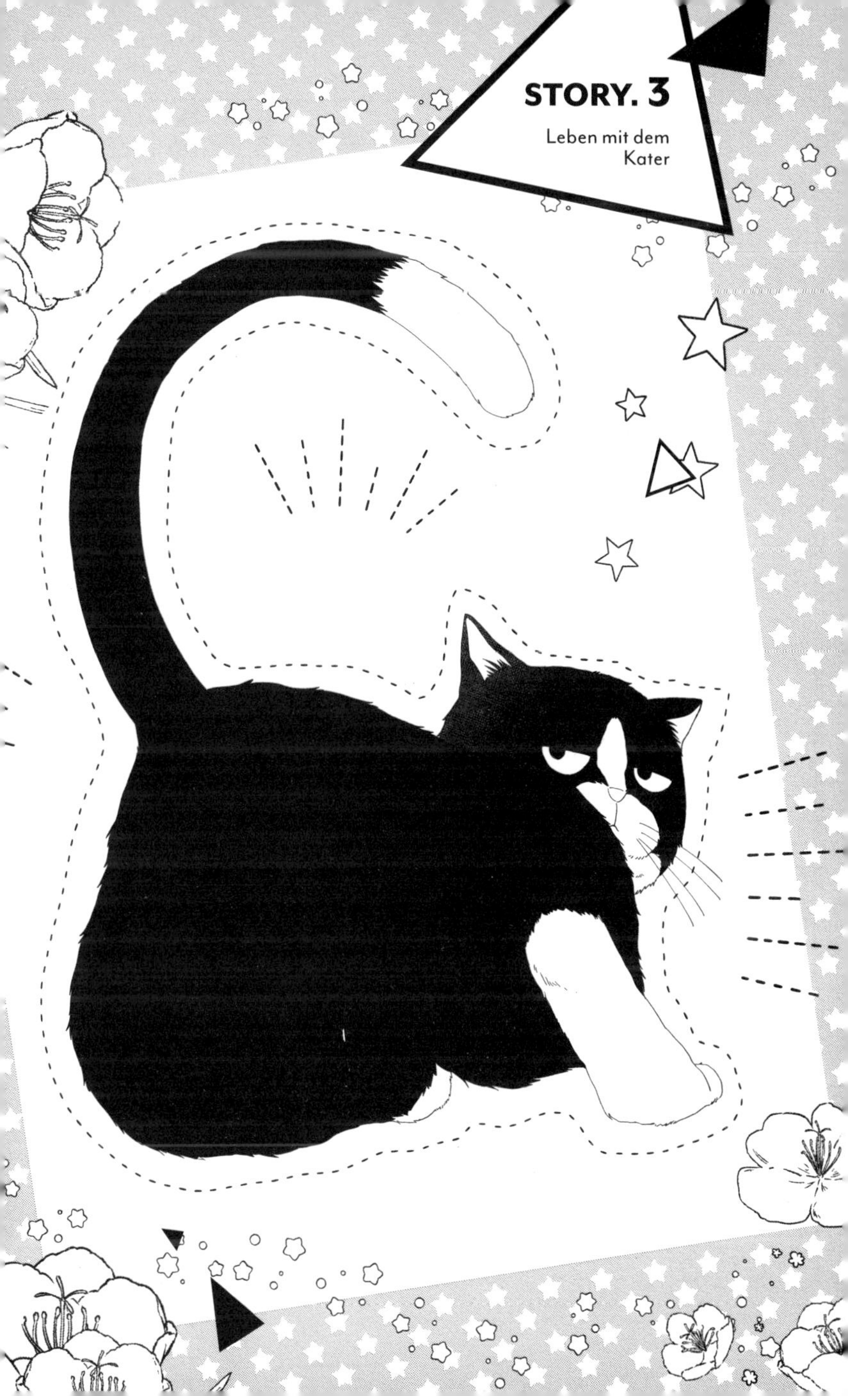
STORY. 3
Leben mit dem Kater

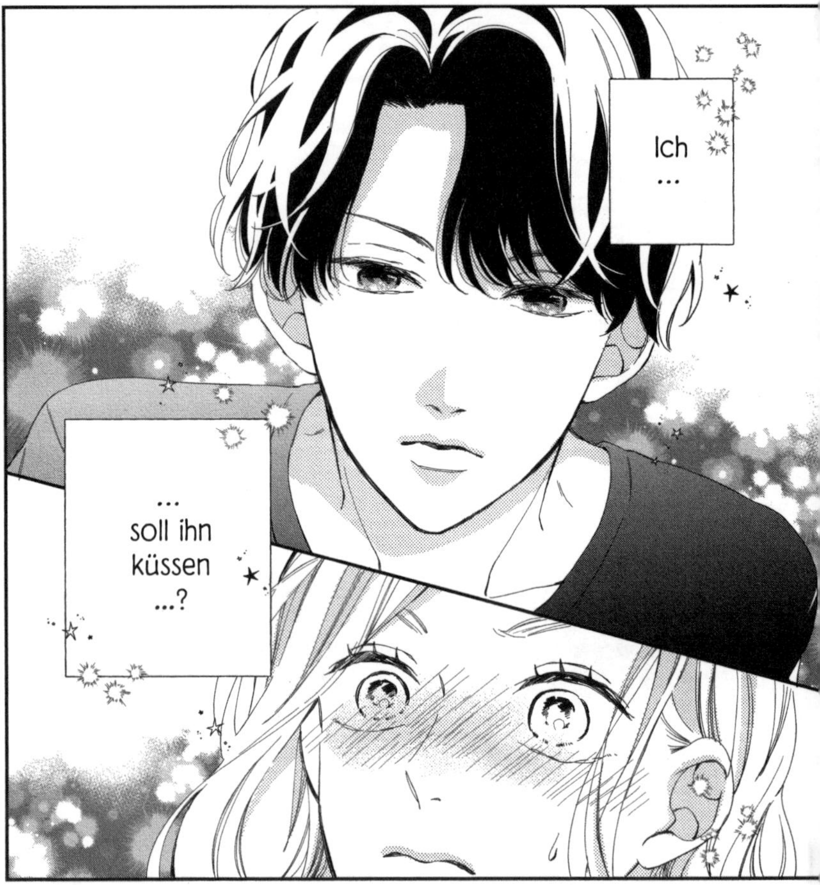
Ich
...
...
soll ihn
küssen
...?

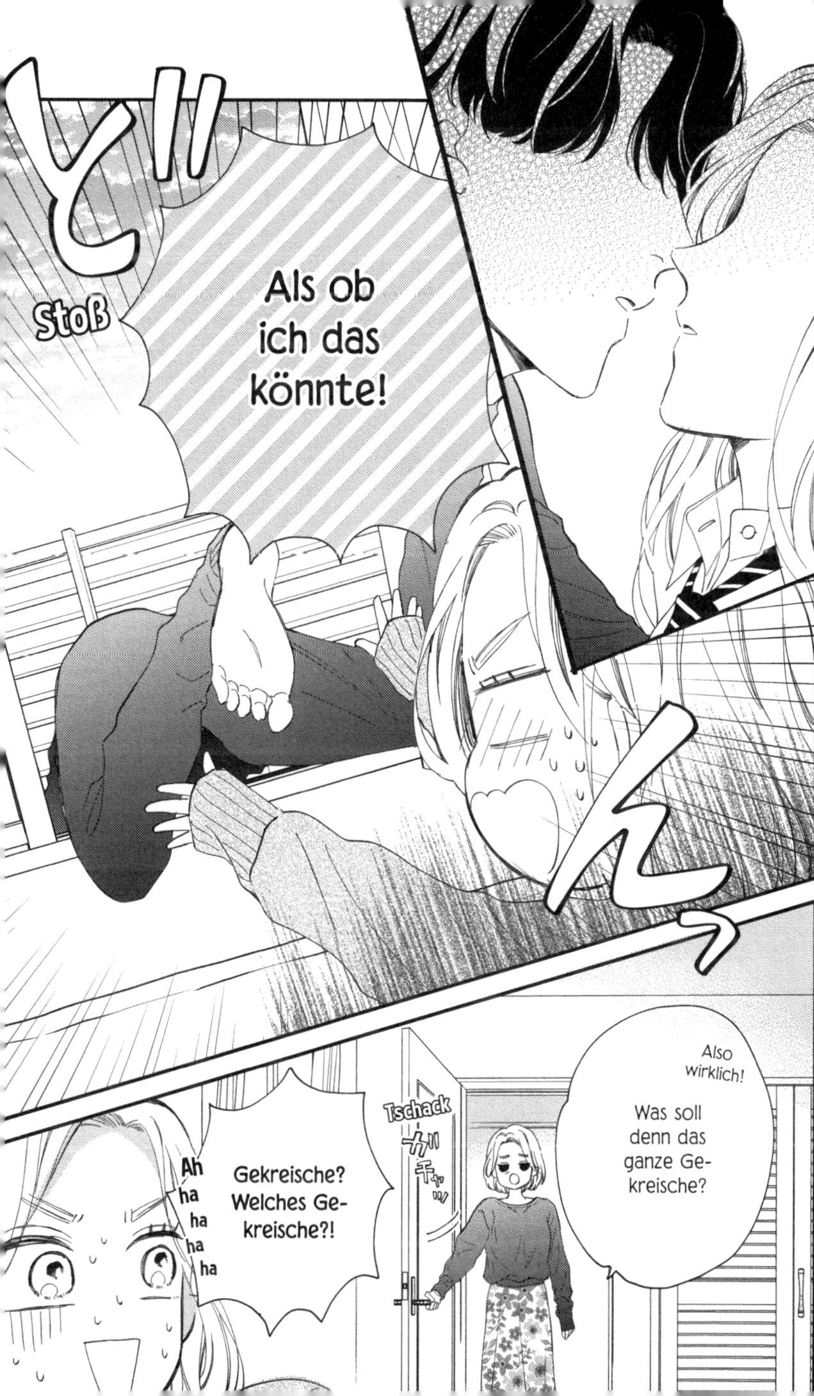
Stoß
Als ob ich das könnte!
Also wirklich!
Was soll denn das ganze Gekreische?
Tschack
Gekreische? Welches Gekreische?!
Ah ha ha ha ha

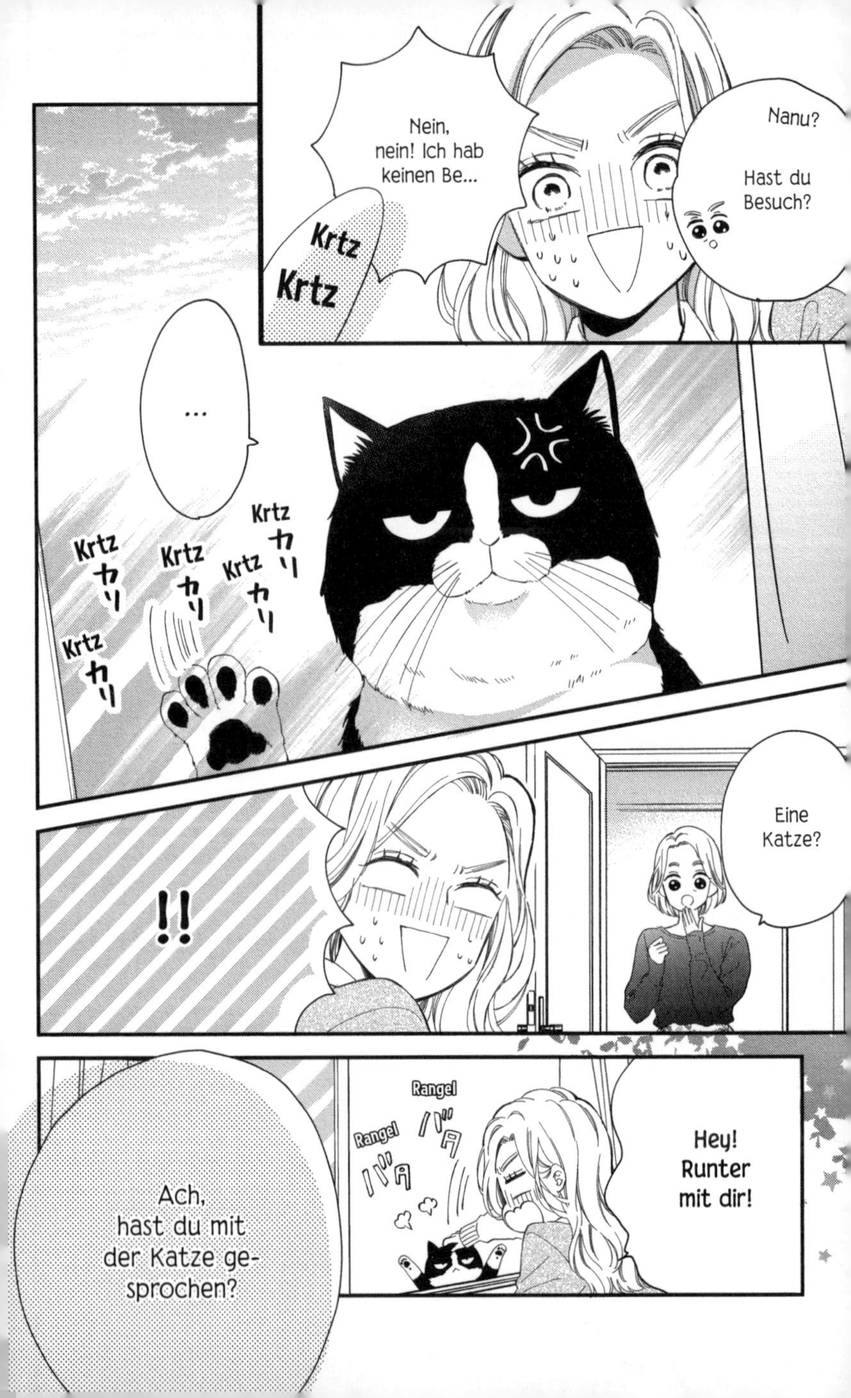

Nanu? Hast du Besuch?
Nein, nein! Ich hab keinen Be...
Krtz Krtz
...
Krtz カリ
Krtz カリ
Krtz カリ
Krtz カリ
Krtz カリ
Eine Katze?
!!
Hey! Runter mit dir!
Rangel バタ
Rangel バタ
Ach, hast du mit der Katze gesprochen?

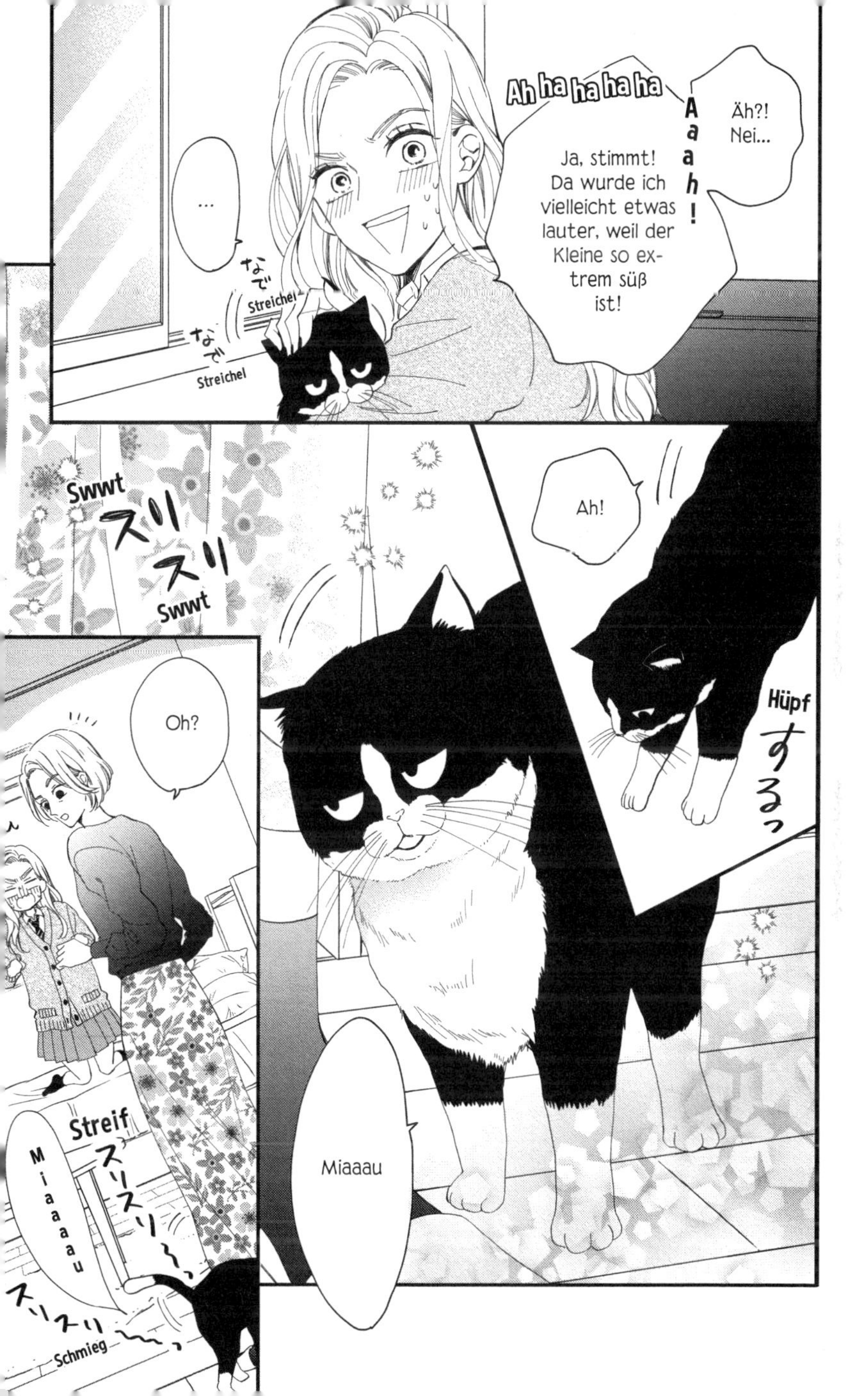
Äh?! Nei...
Aaah!
Ja, stimmt! Da wurde ich vielleicht etwas lauter, weil der Kleine so ex-trem süß ist!
Ah ha ha ha ha
...
なで Streichel
なで Streichel
Ah!
Hüpf するっ
Swwt スリ
スリ Swwt
Oh?
Miaaau
Streif スリスリ
Miaaaau
スリスリ Schmieg

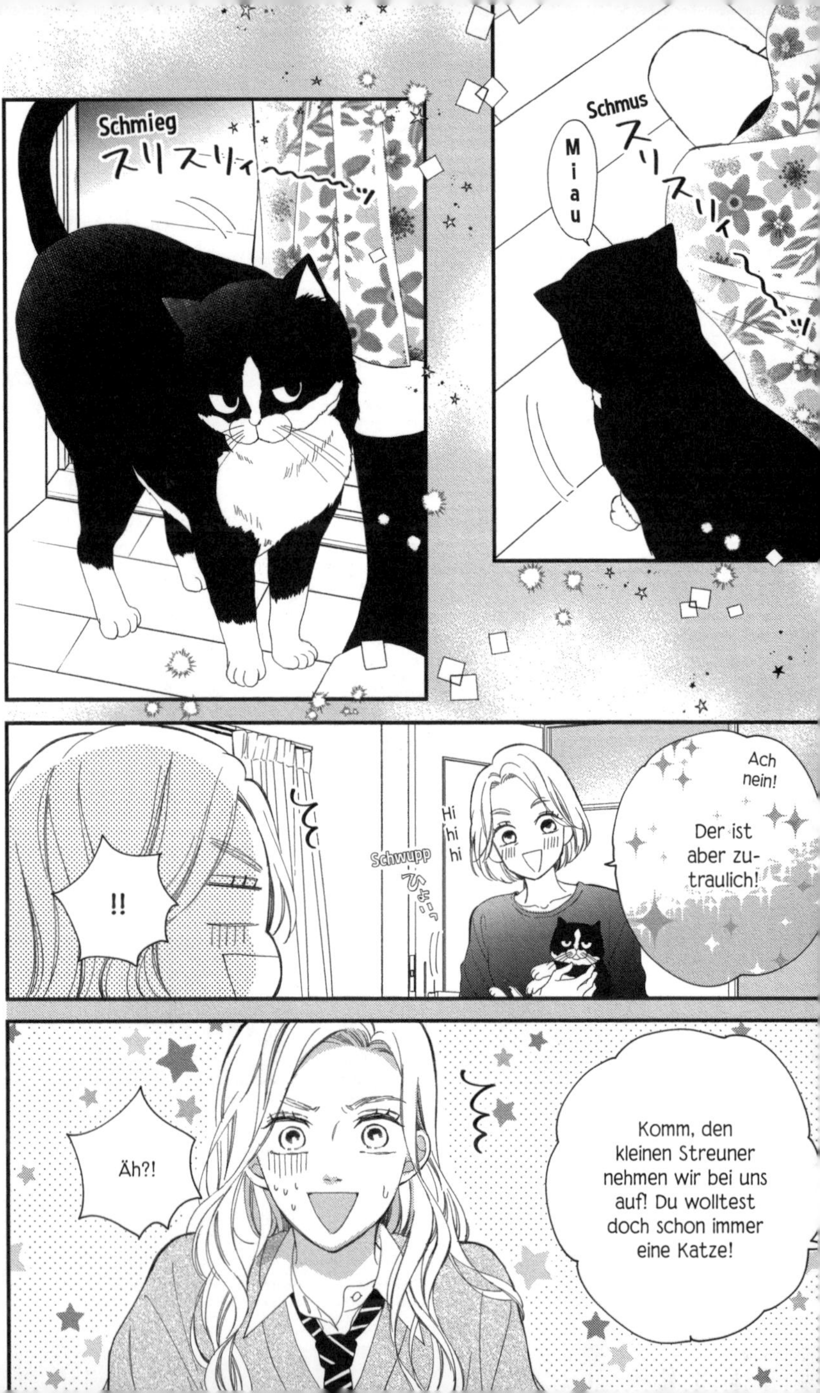
Schmus
スリスリィ〜〜ッ
Miau
Schmieg
スリスリィ〜〜ッ
Ach nein!
Der ist aber zutraulich!
Hi hi hi
Schwupp
ひょいっ
!!
Komm, den kleinen Streuner nehmen wir bei uns auf! Du wolltest doch schon immer eine Katze!
Äh?!

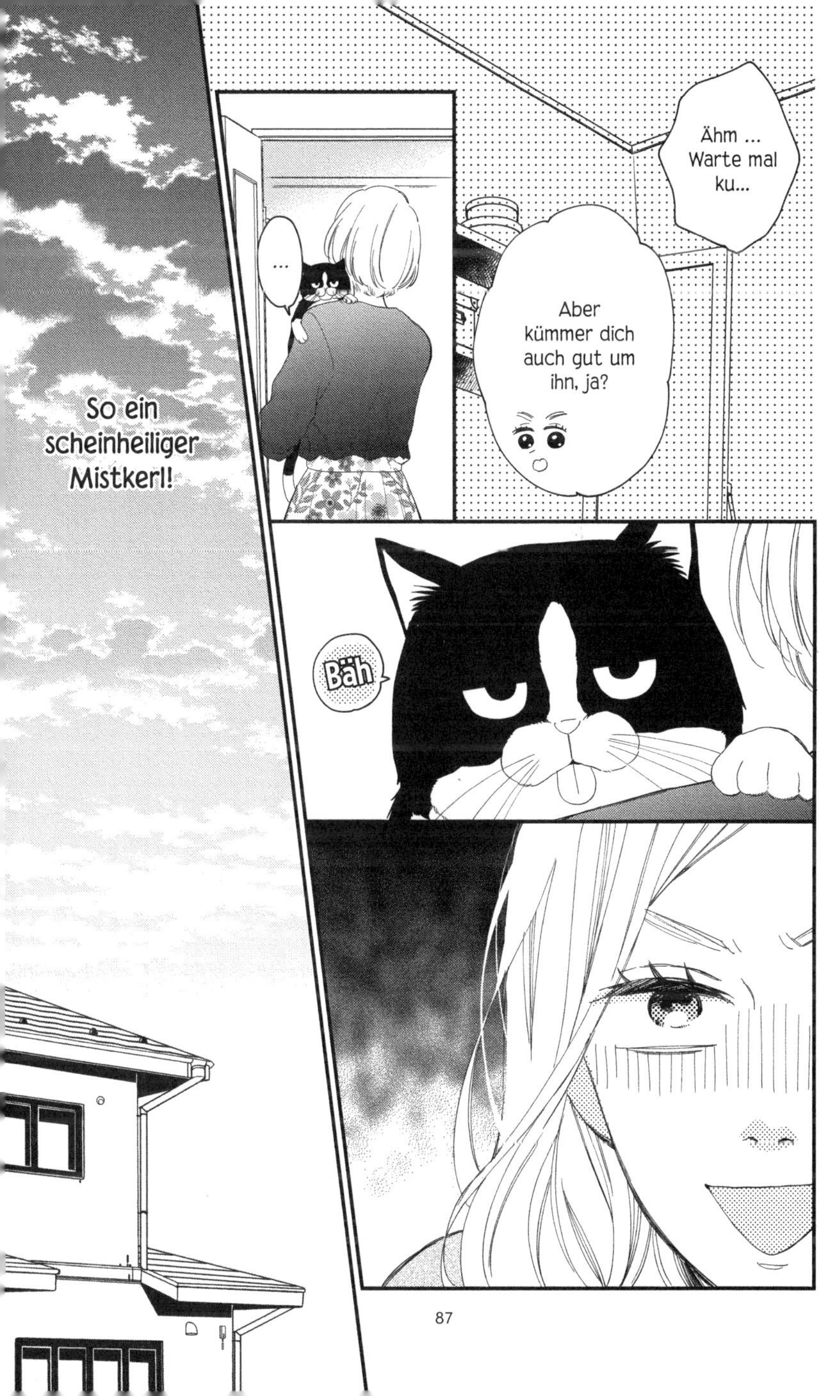
Ähm ...
Warte mal
ku...
Aber
kümmer dich
auch gut um
ihn, ja?
...
Bäh
So ein
scheinheiliger
Mistkerl!

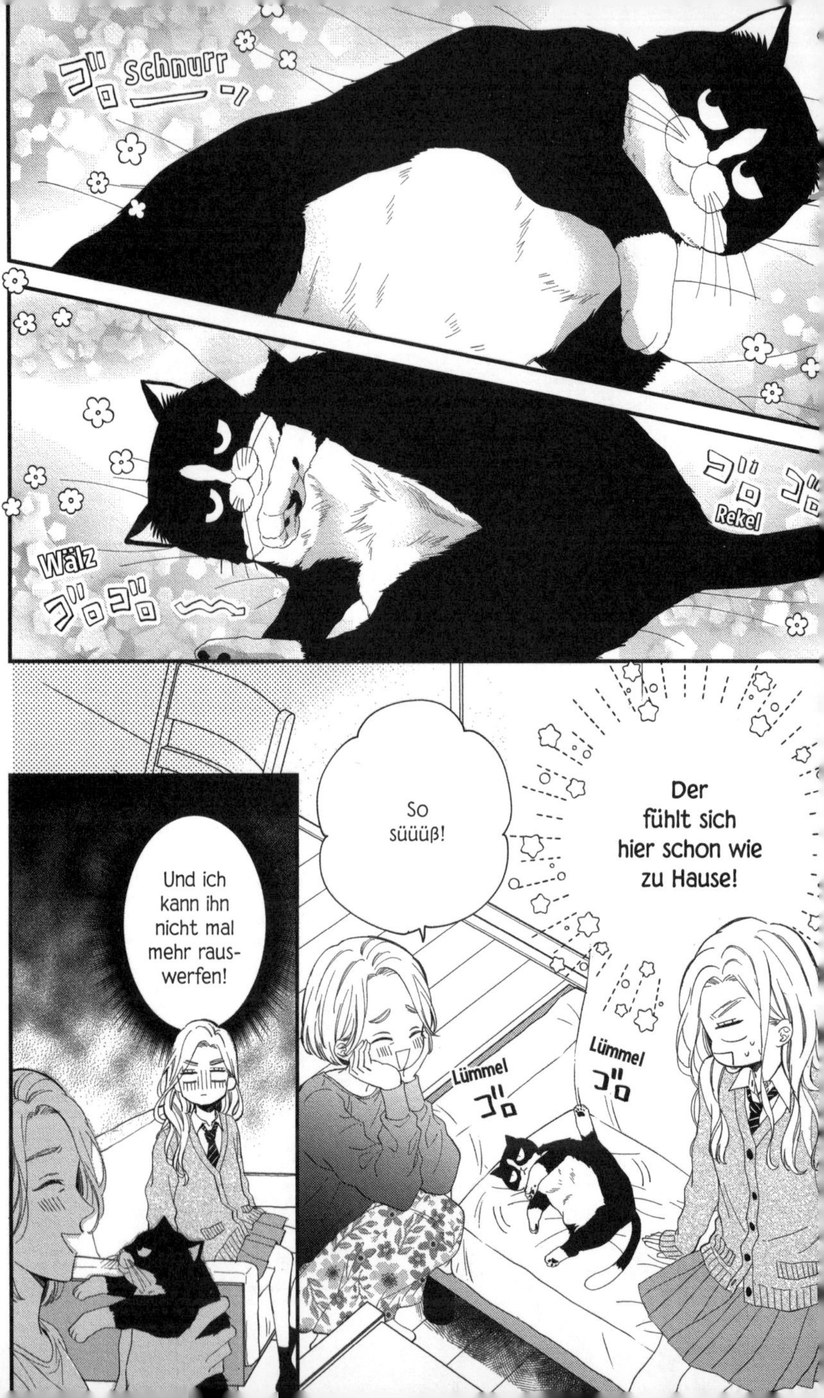

ゴロ Schnurr
ゴロ ゴロ
Rekel
Wälz
ゴロゴロ
Der fühlt sich hier schon wie zu Hause!
So süüüß!
Lümmel
ゴロ
Lümmel
ゴロ
Und ich kann ihn nicht mal mehr raus-werfen!

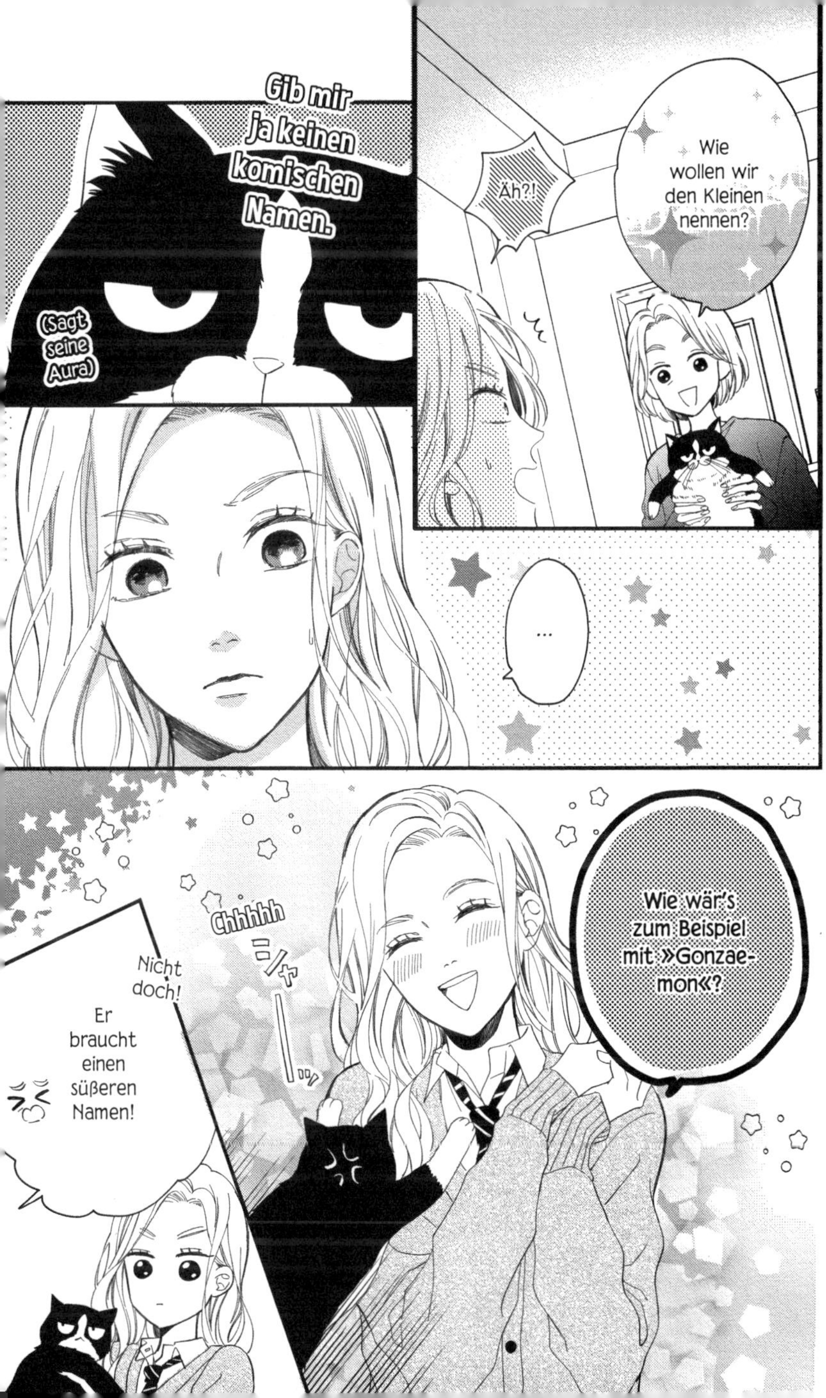
Wie wollen wir den Kleinen nennen?
Äh?!
Gib mir ja keinen komischen Namen.
(Sagt seine Aura)
…
Wie wär's zum Beispiel mit »Gonzaemon«?
Chhhhh
Nicht doch!
Er braucht einen süßeren Namen!

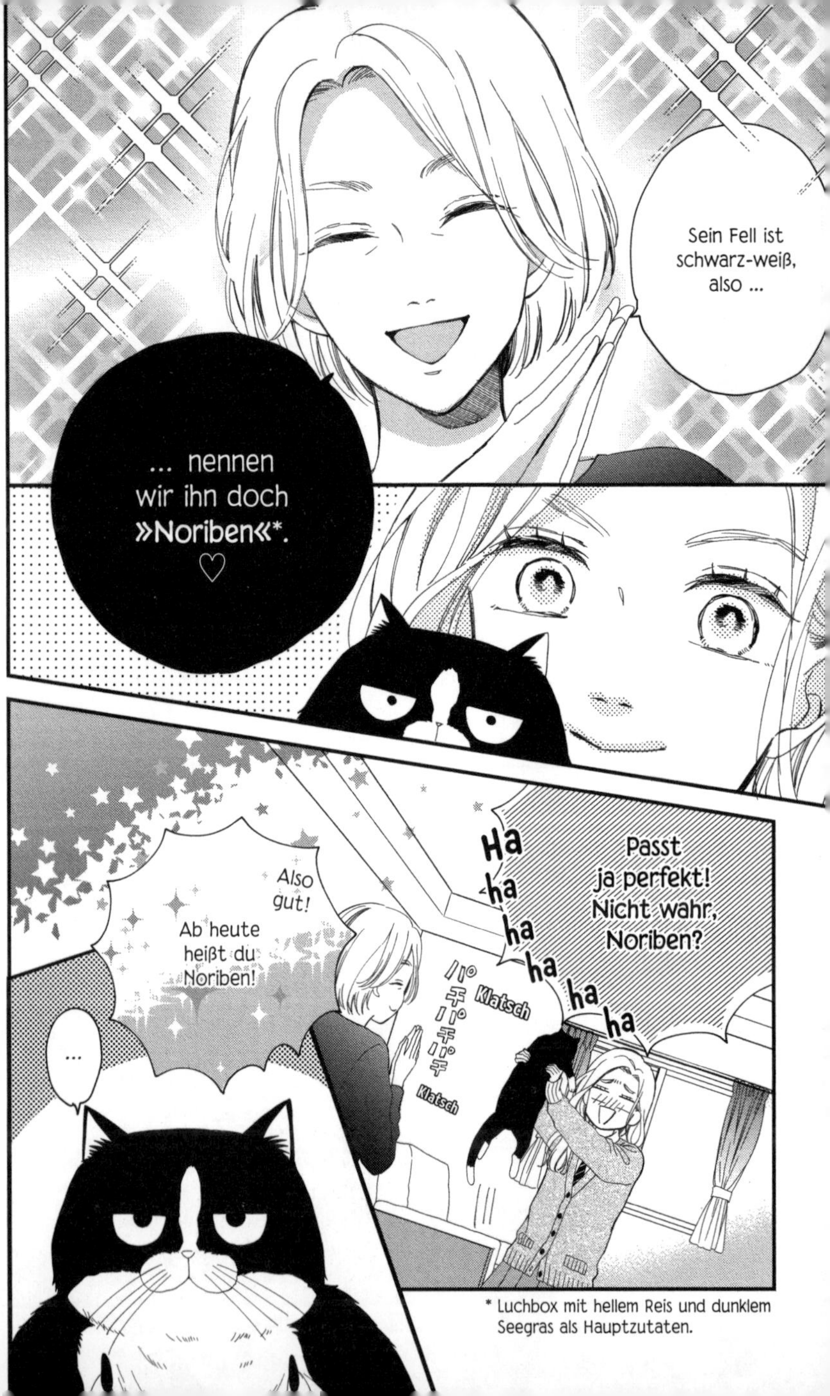

* Luchbox mit hellem Reis und dunklem Seegras als Hauptzutaten.

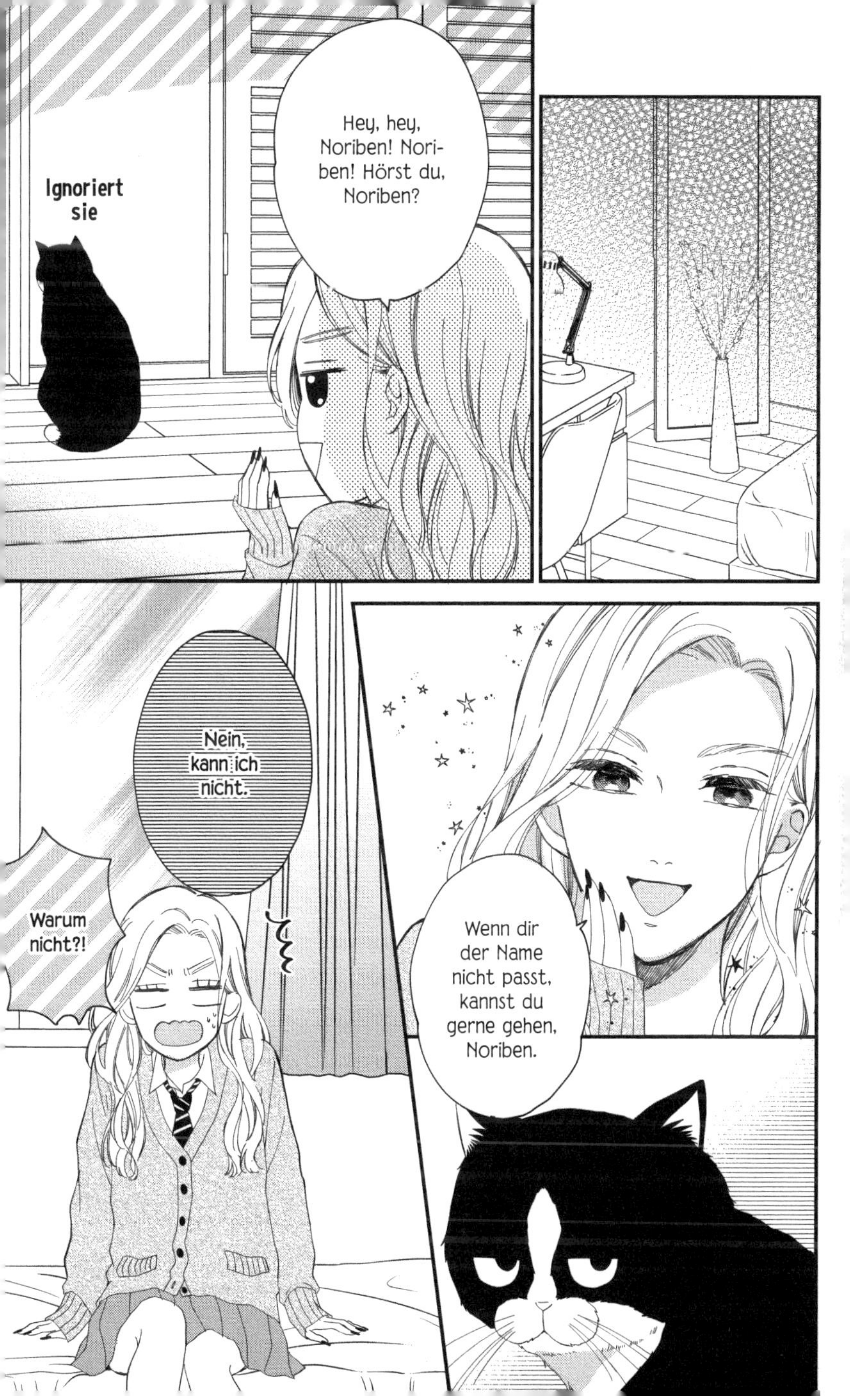

Hey, hey, Noriben! Nori-ben! Hörst du, Noriben?
Ignoriert sie
Wenn dir der Name nicht passt, kannst du gerne gehen, Noriben.
Nein, kann ich nicht.
Warum nicht?!

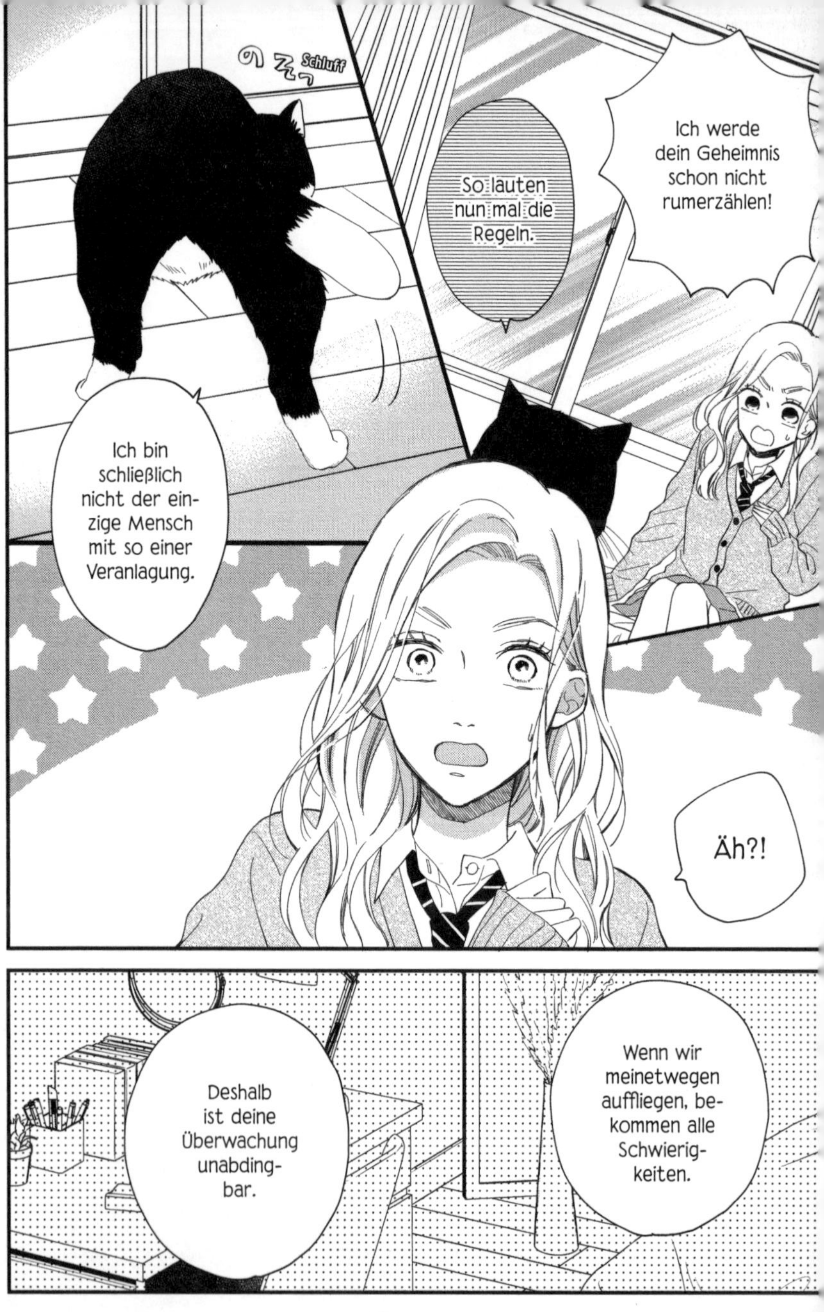
Ich werde dein Geheimnis schon nicht rumerzählen!
So lauten nun mal die Regeln.
Schluff
Ich bin schließlich nicht der einzige Mensch mit so einer Veranlagung.
Äh?!
Wenn wir meinetwegen auffliegen, bekommen alle Schwierigkeiten.
Deshalb ist deine Überwachung unabdingbar.

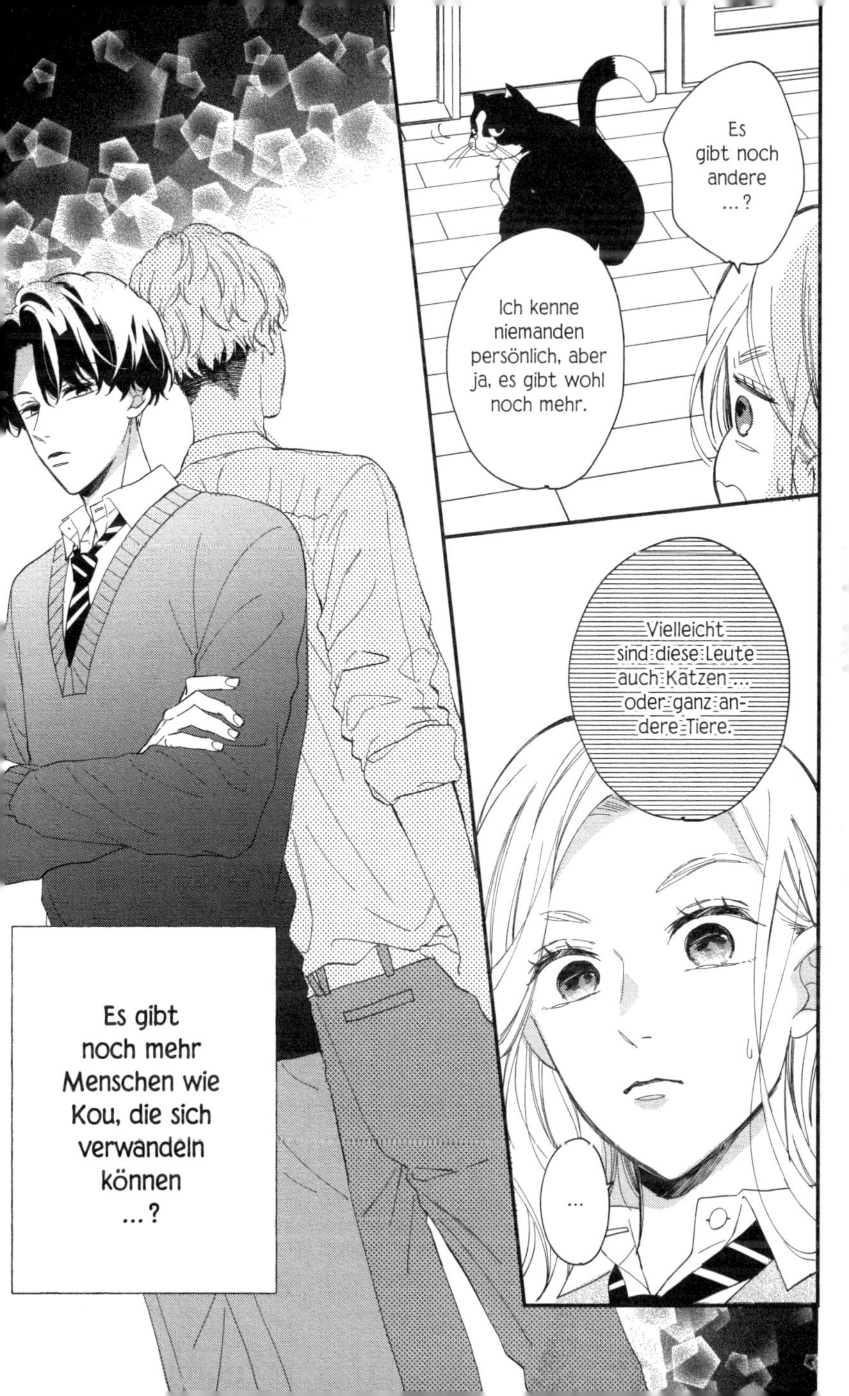

Es gibt noch andere ...?
Ich kenne niemanden persönlich, aber ja, es gibt wohl noch mehr.
Vielleicht sind diese Leute auch Katzen ... oder ganz andere Tiere.
...
Es gibt noch mehr Menschen wie Kou, die sich verwandeln können ...?

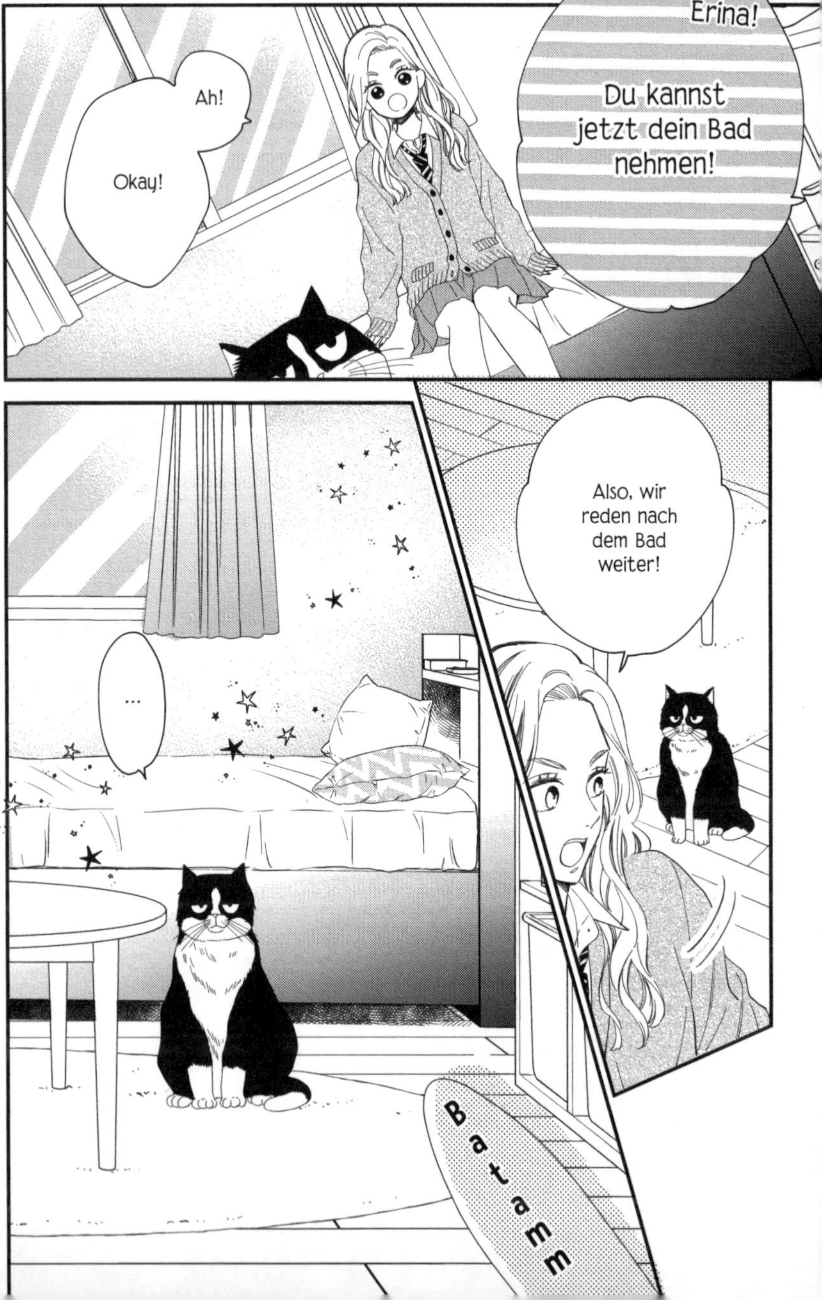
Erina!
Du kannst jetzt dein Bad nehmen!
Ah!
Okay!
Also, wir reden nach dem Bad weiter!
...
Batamm

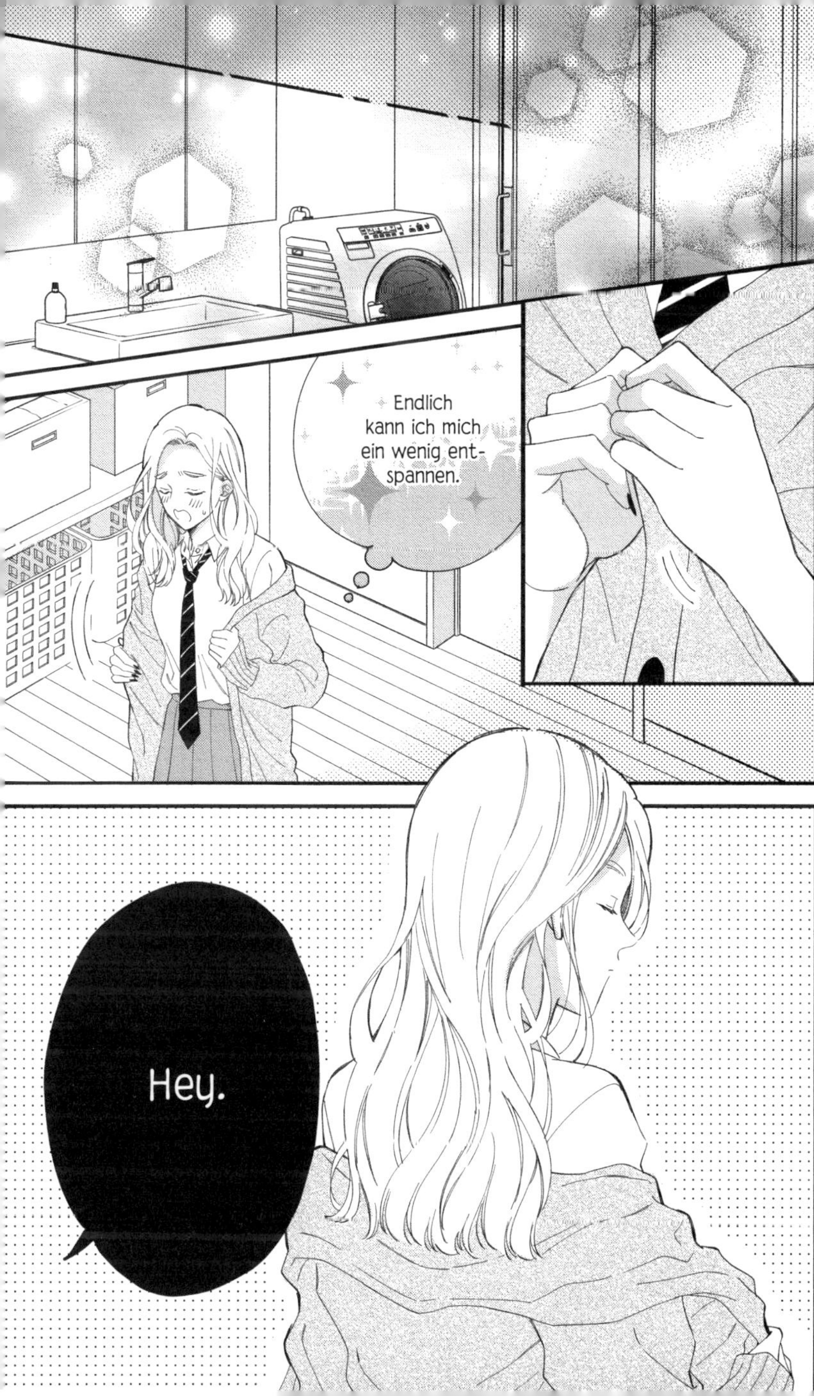
Endlich kann ich mich ein wenig entspannen.
Hey.

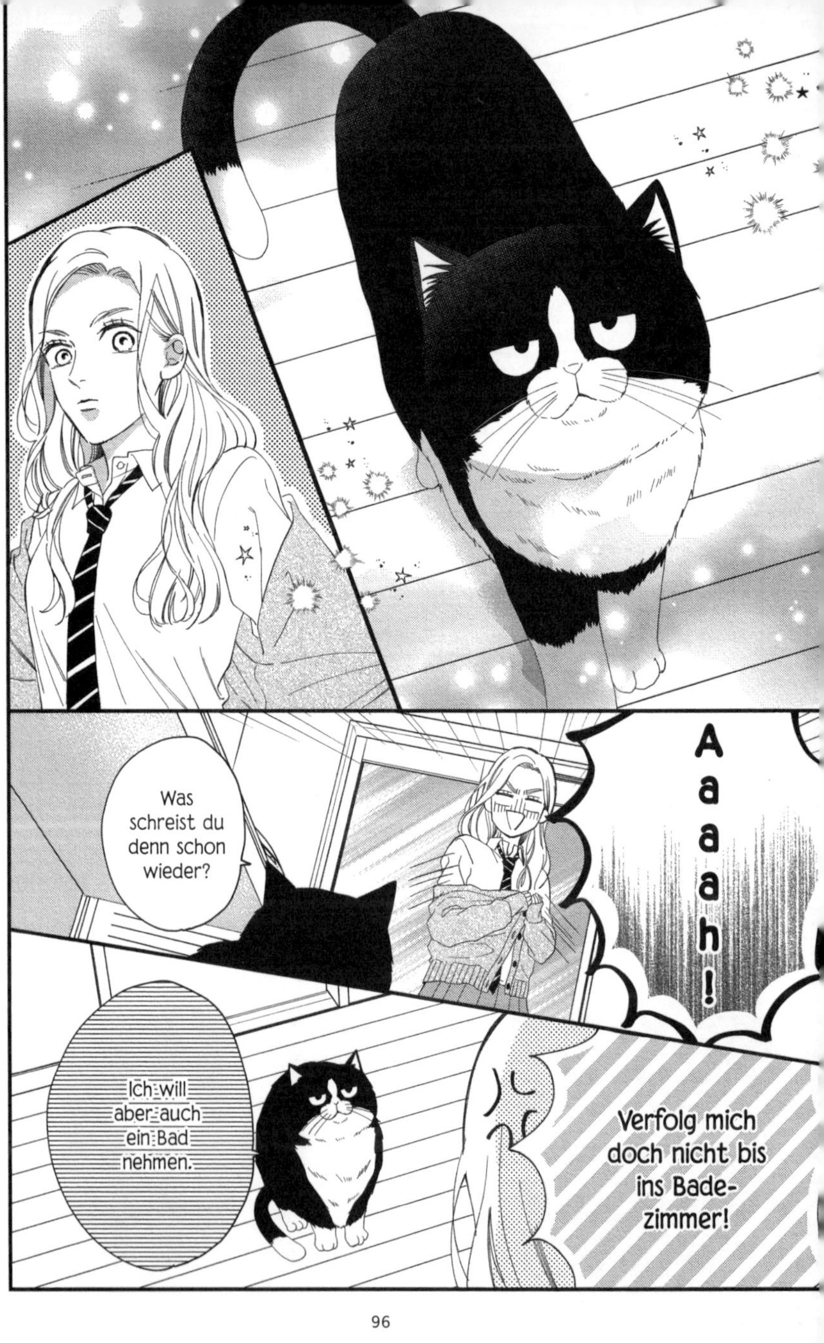
Aaaah!
Was schreist du denn schon wieder?
Verfolg mich doch nicht bis ins Badezimmer!
Ich will aber auch ein Bad nehmen.

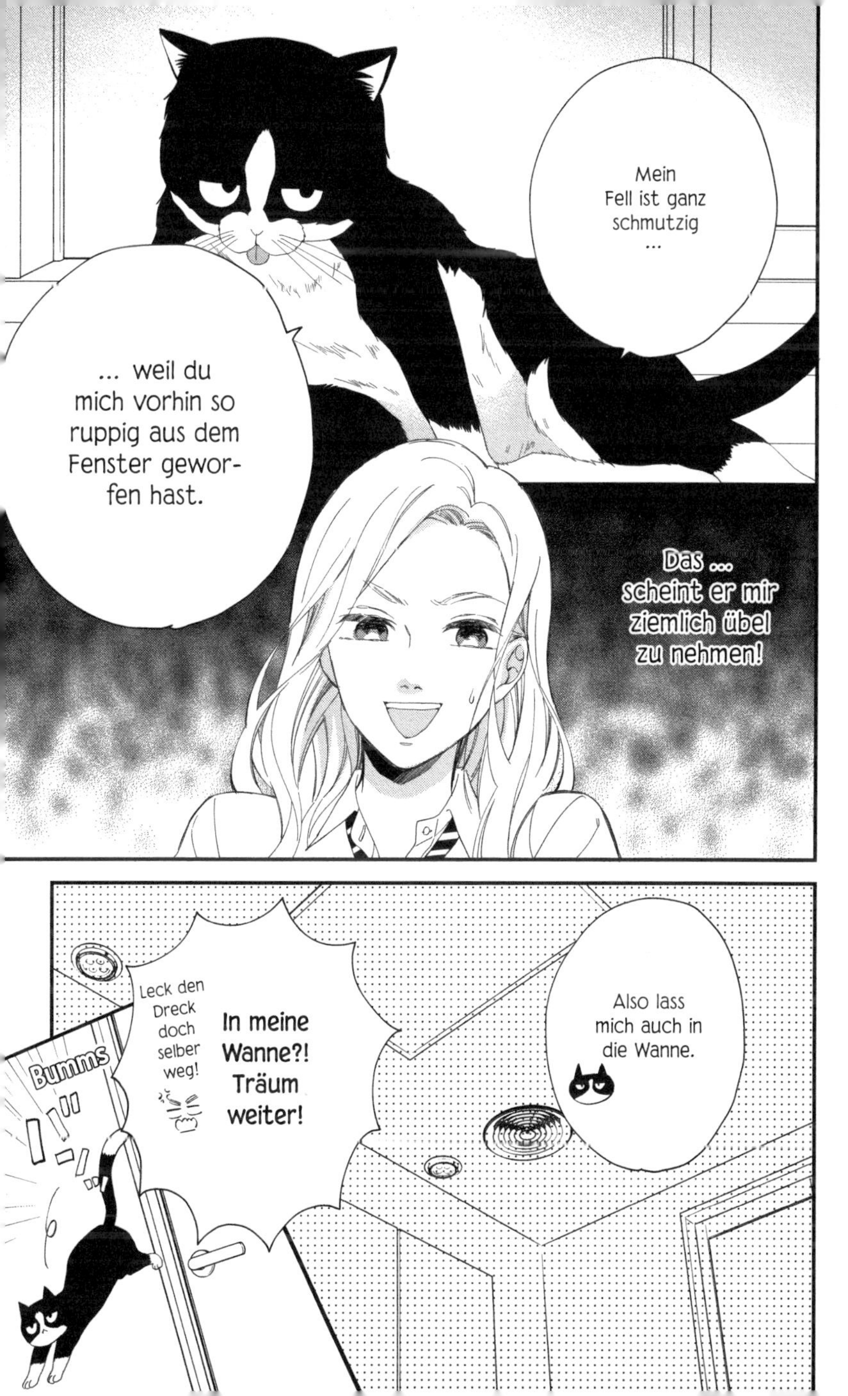
Mein Fell ist ganz schmutzig ...
... weil du mich vorhin so ruppig aus dem Fenster geworfen hast.
Das ... scheint er mir ziemlich übel zu nehmen!
Also lass mich auch in die Wanne.
In meine Wanne?! Träum weiter!
Leck den Dreck doch selber weg!
Bumms

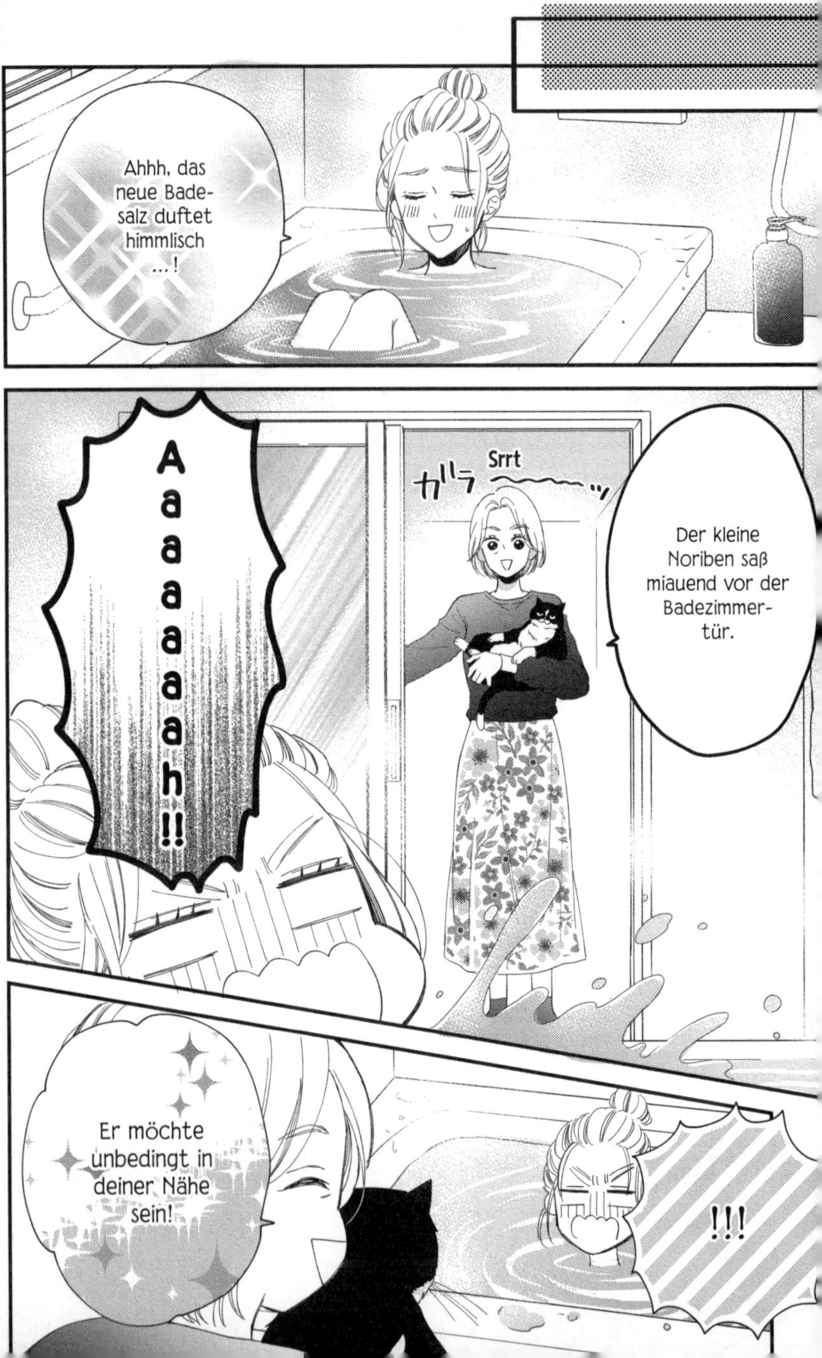
Ahhh, das neue Badesalz duftet himmlisch ...!
Srrt
ガラ
Der kleine Noriben saß miauend vor der Badezimmertür.
Aaaaaaaah!!
Er möchte unbedingt in deiner Nähe sein!
!!!

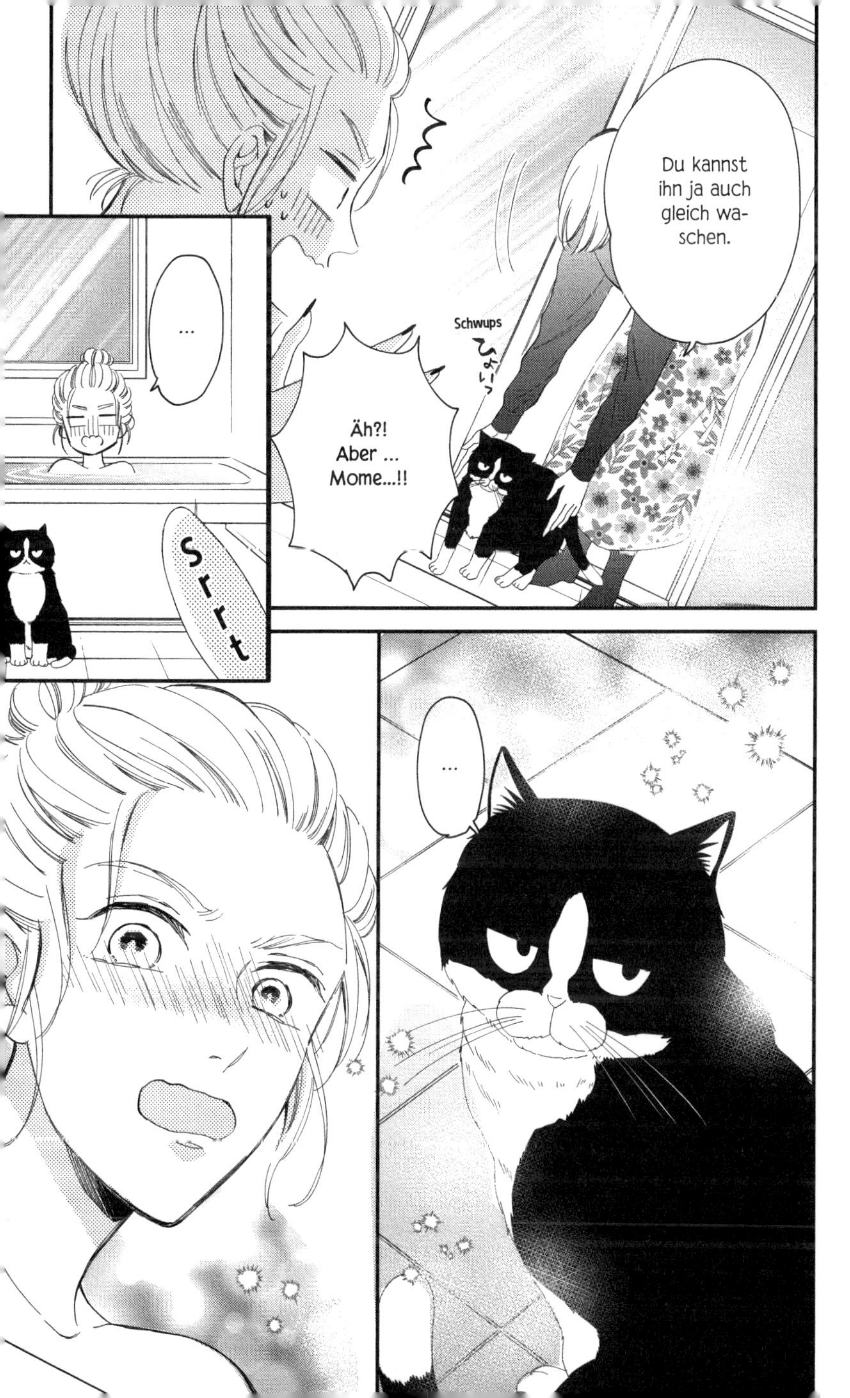
Du kannst ihn ja auch gleich waschen.
...
Schwups
ひょいっ
Äh?! Aber ... Mome...!!
Srrrt
...

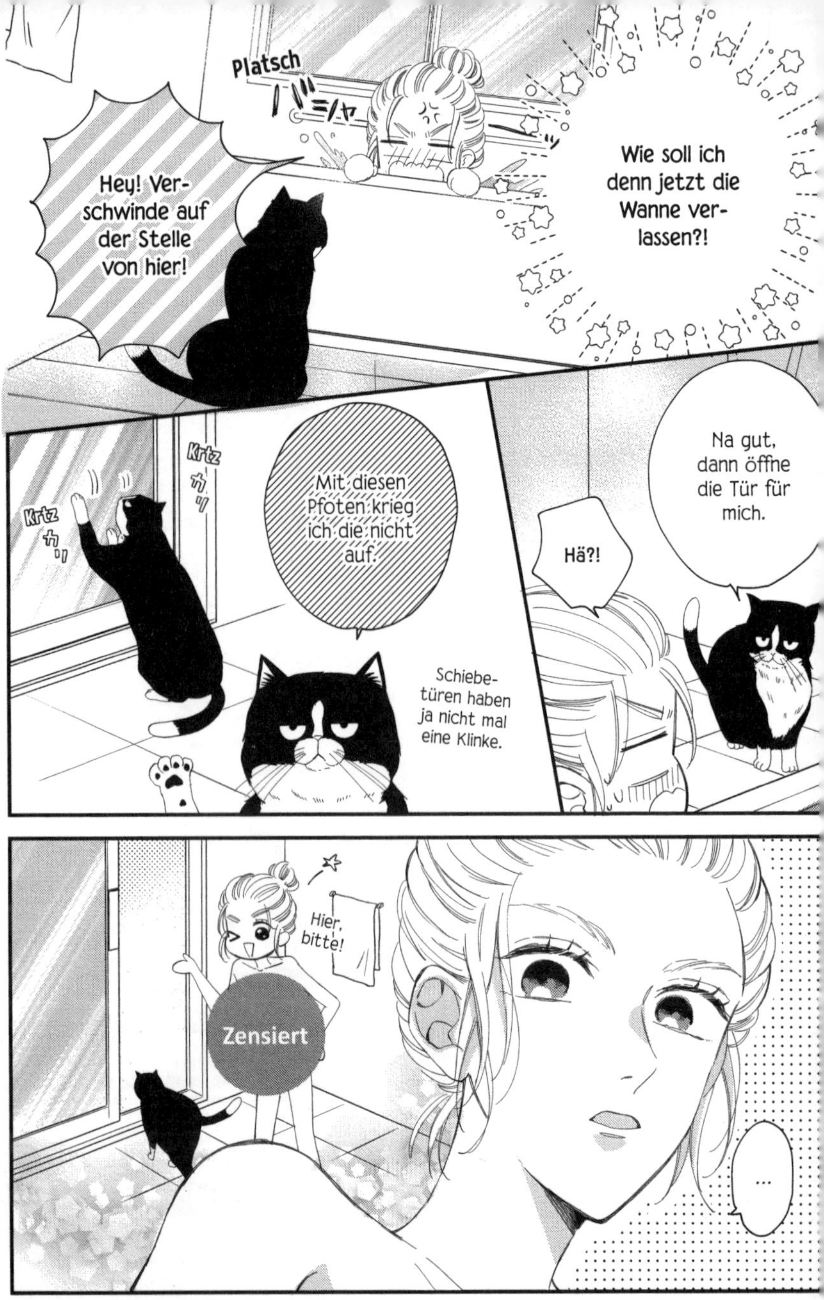
Platsch
Wie soll ich denn jetzt die Wanne verlassen?!
Hey! Verschwinde auf der Stelle von hier!
Na gut, dann öffne die Tür für mich.
Hä?!
Mit diesen Pfoten krieg ich die nicht auf.
Schiebetüren haben ja nicht mal eine Klinke.
Krtz
Krtz
...
Hier, bitte!
Zensiert

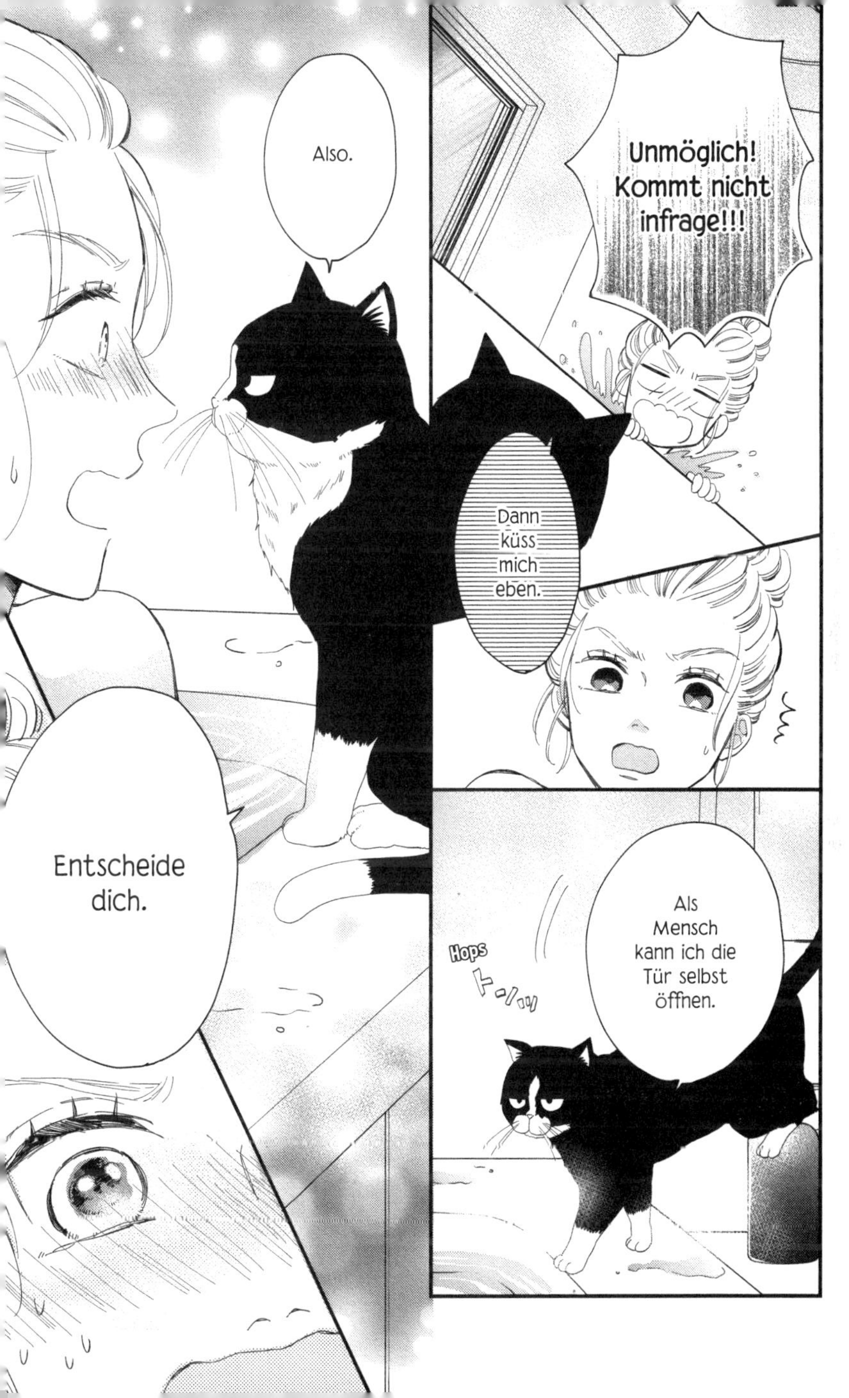

Unmöglich! Kommt nicht infrage!!!
Dann küss mich eben.
Hops
Als Mensch kann ich die Tür selbst öffnen.
Also.
Entscheide dich.

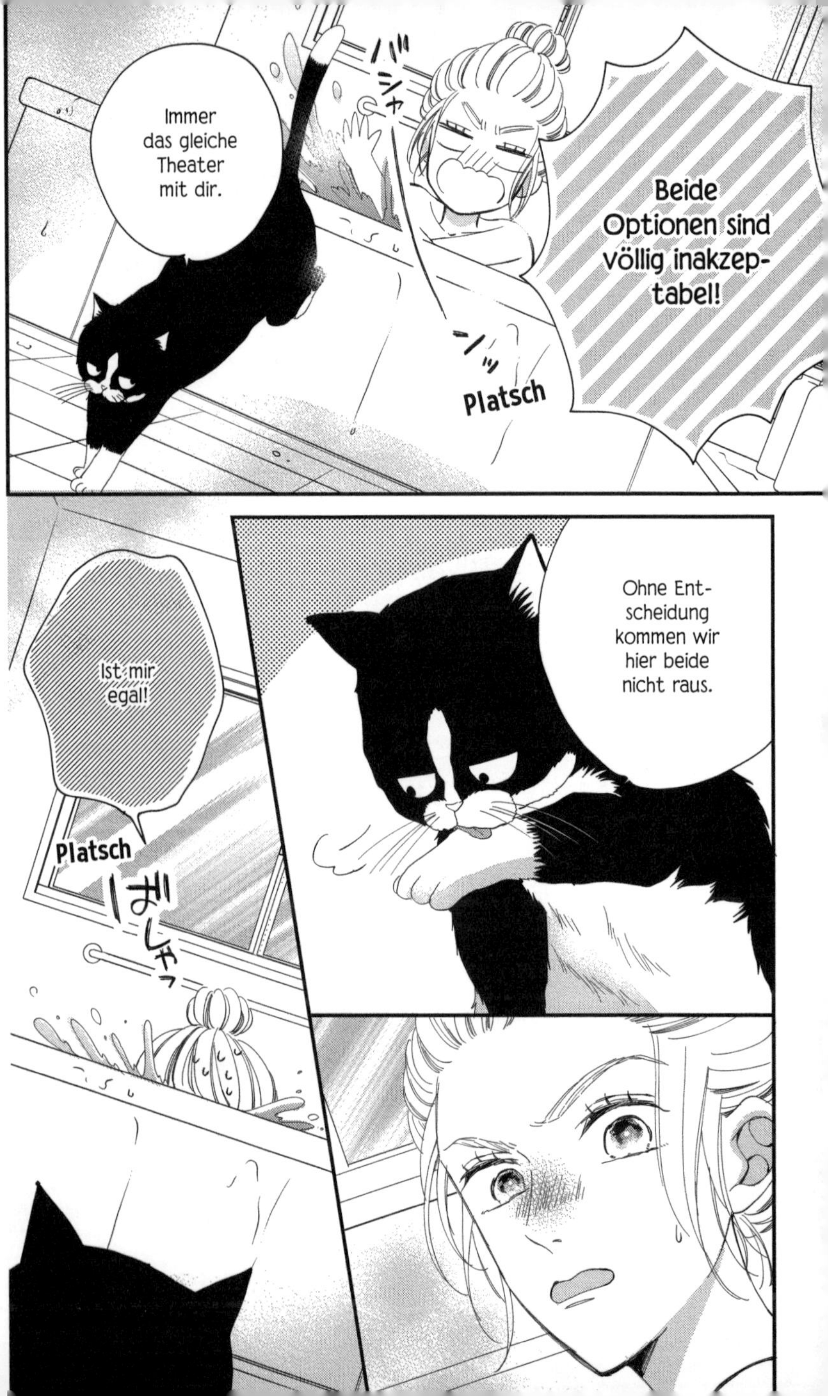
Beide Optionen sind völlig inakzeptabel!
Immer das gleiche Theater mit dir.
Platsch
Ohne Entscheidung kommen wir hier beide nicht raus.
Ist mir egal!
Platsch

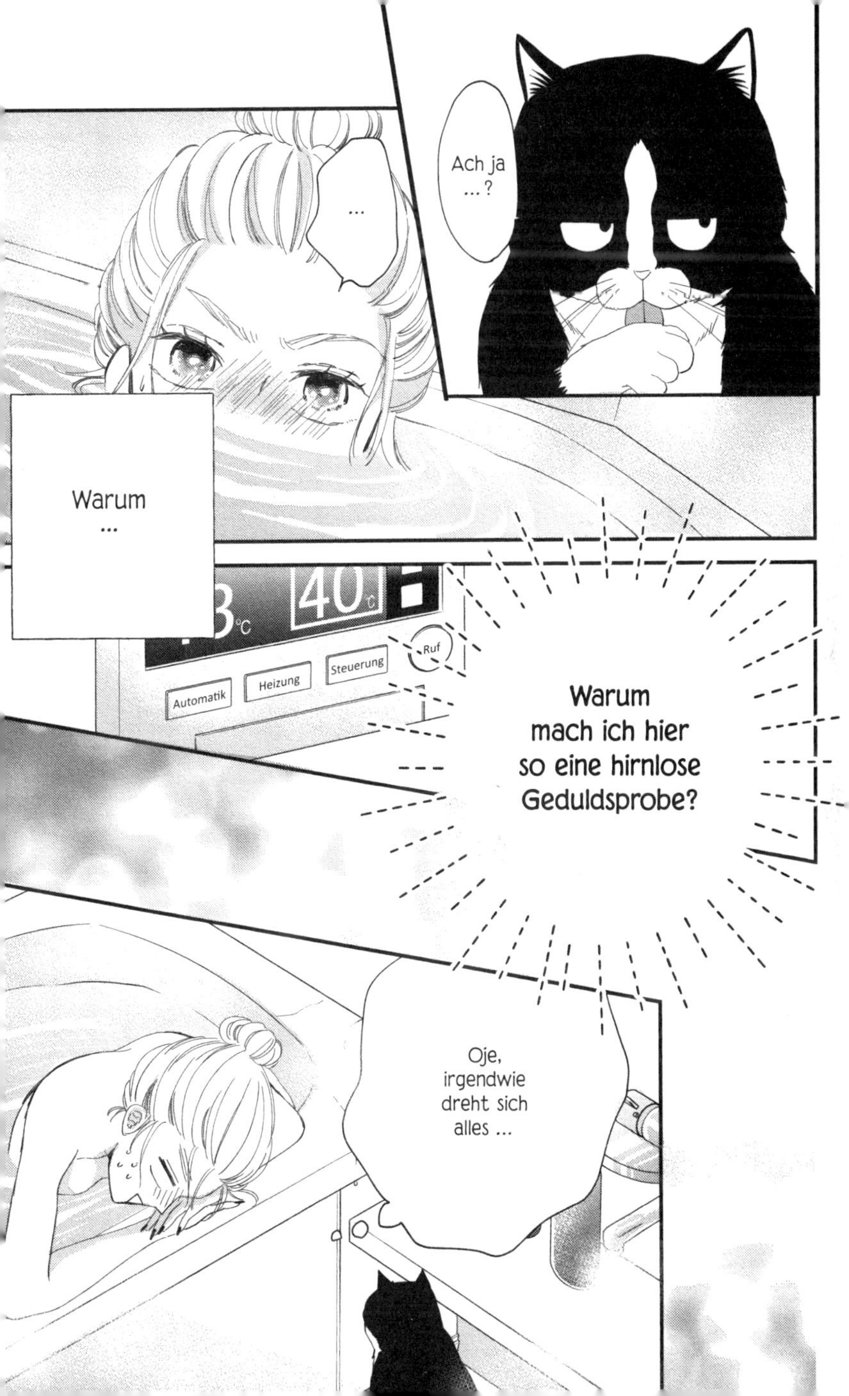
Ach ja …?
…
Warum …
Ruf
Steuerung
Heizung
Automatik
40°C
Warum mach ich hier so eine hirnlose Geduldsprobe?
Oje, irgendwie dreht sich alles …

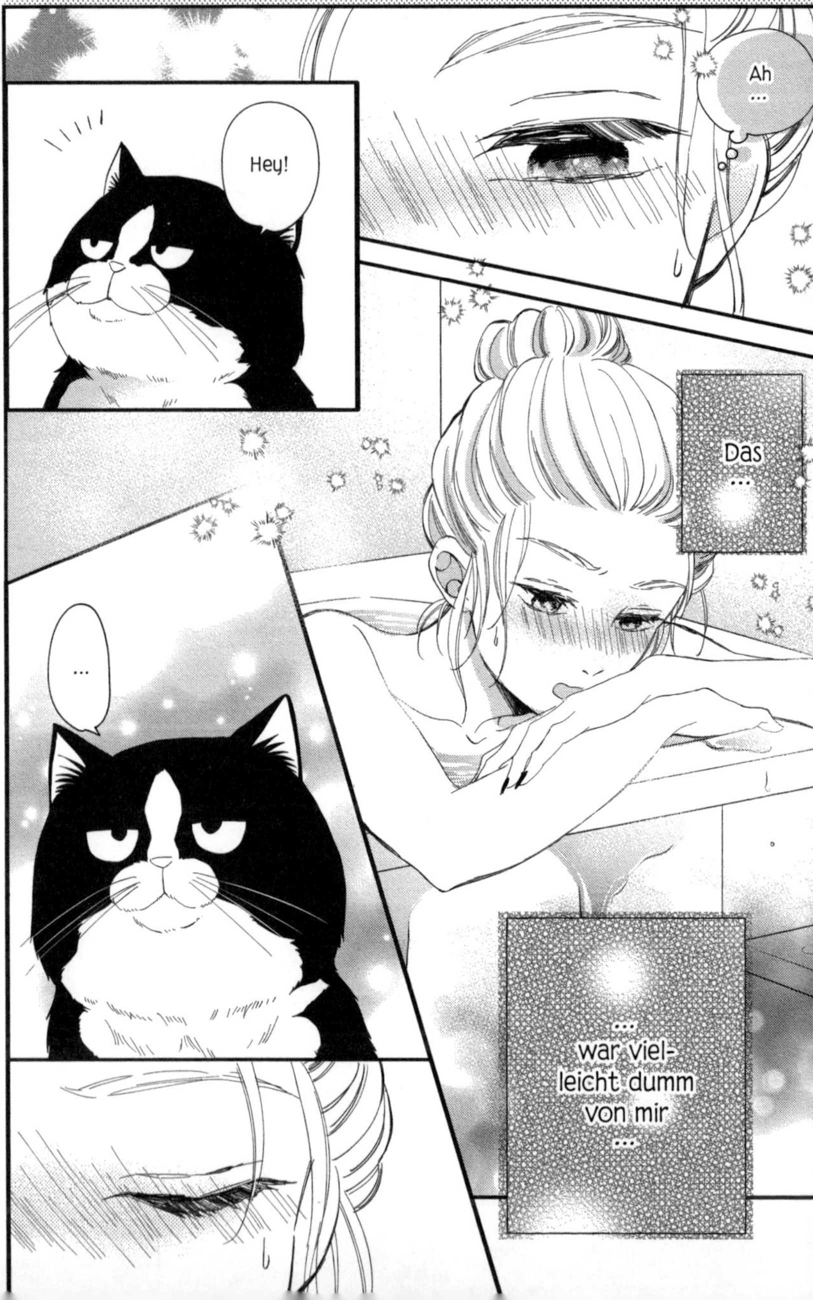
Ah ...
Hey!
Das ...
...
... war viel-leicht dumm von mir ...

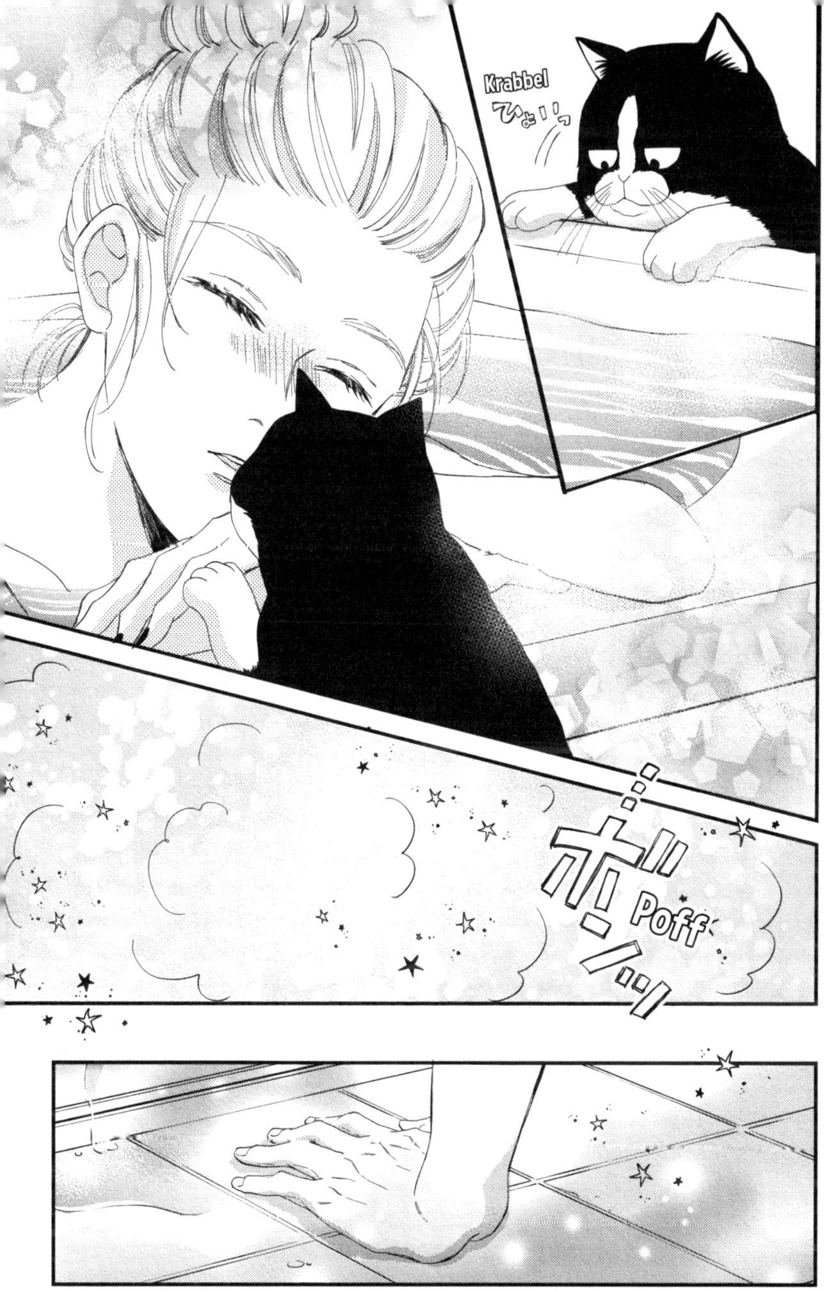
Krabbel
Poff

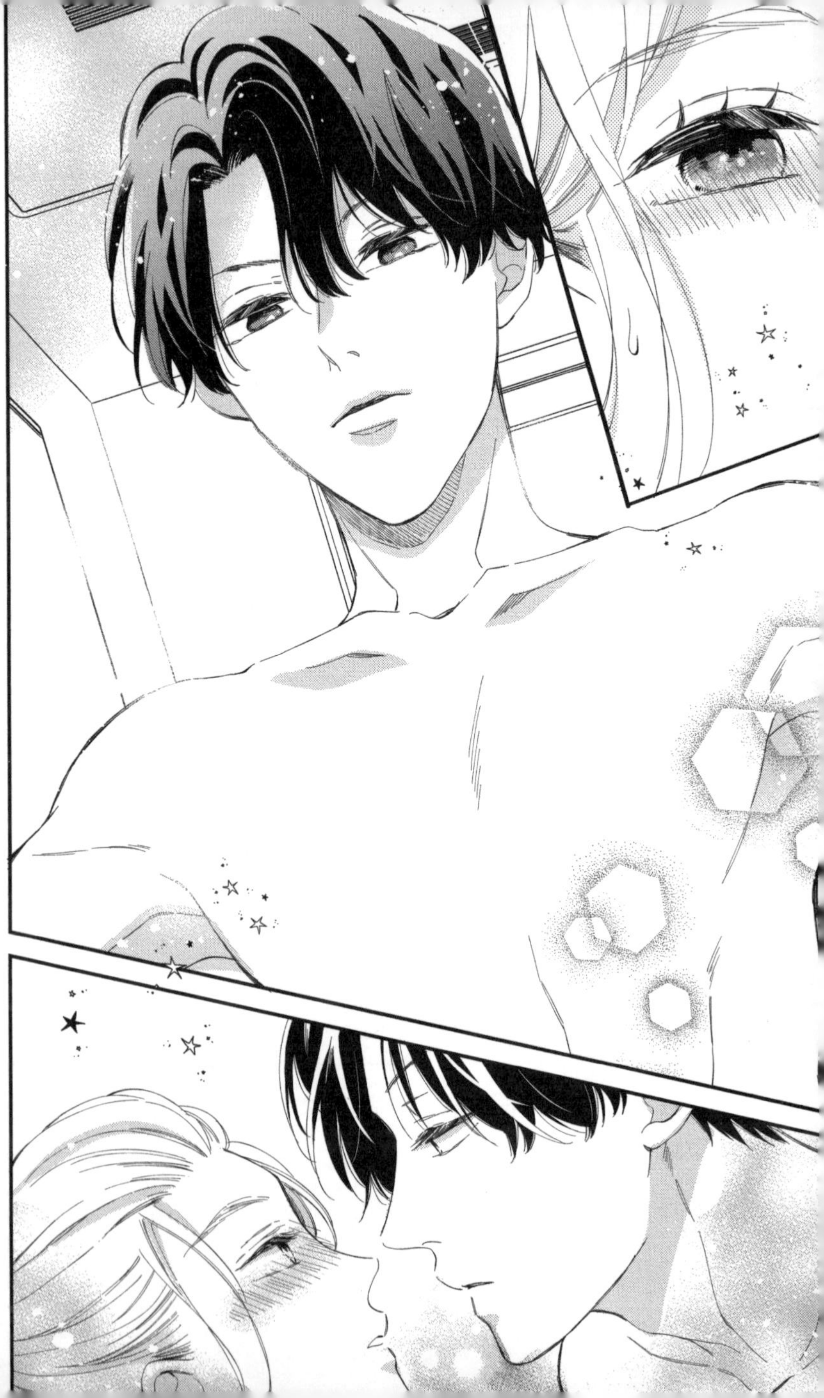

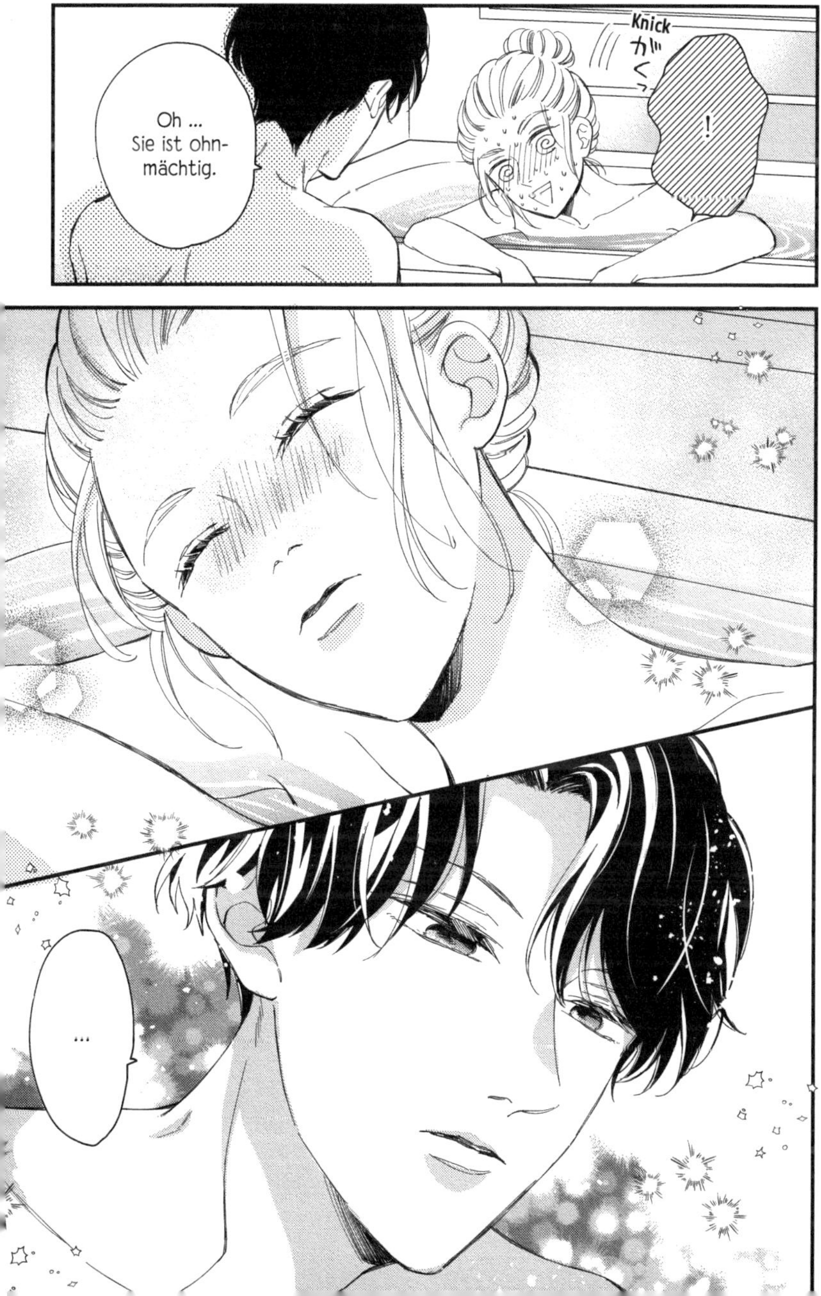
Knick
ガく
!
Oh ...
Sie ist ohnmächtig.
...

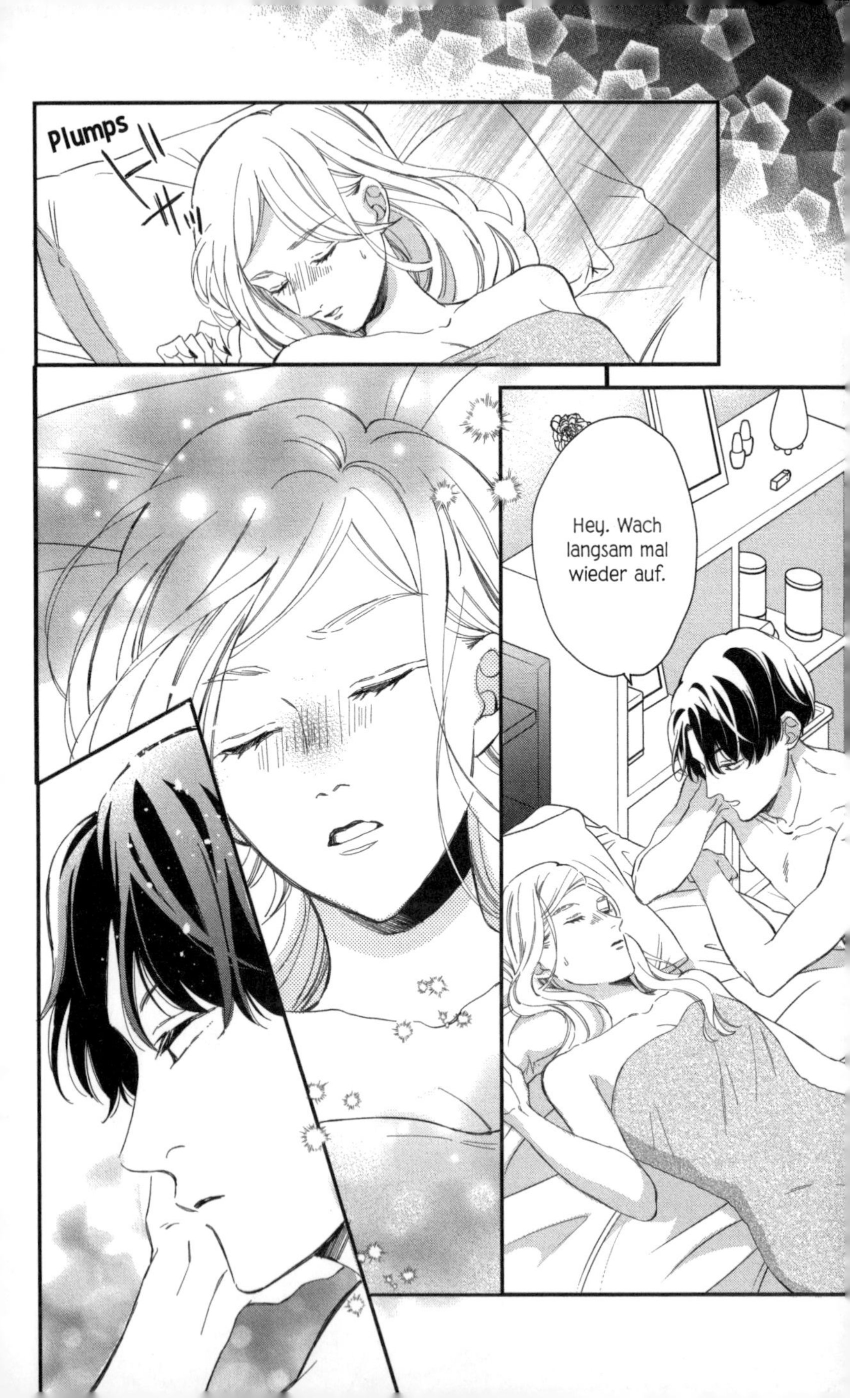
Plumps
Hey. Wach langsam mal wieder auf.

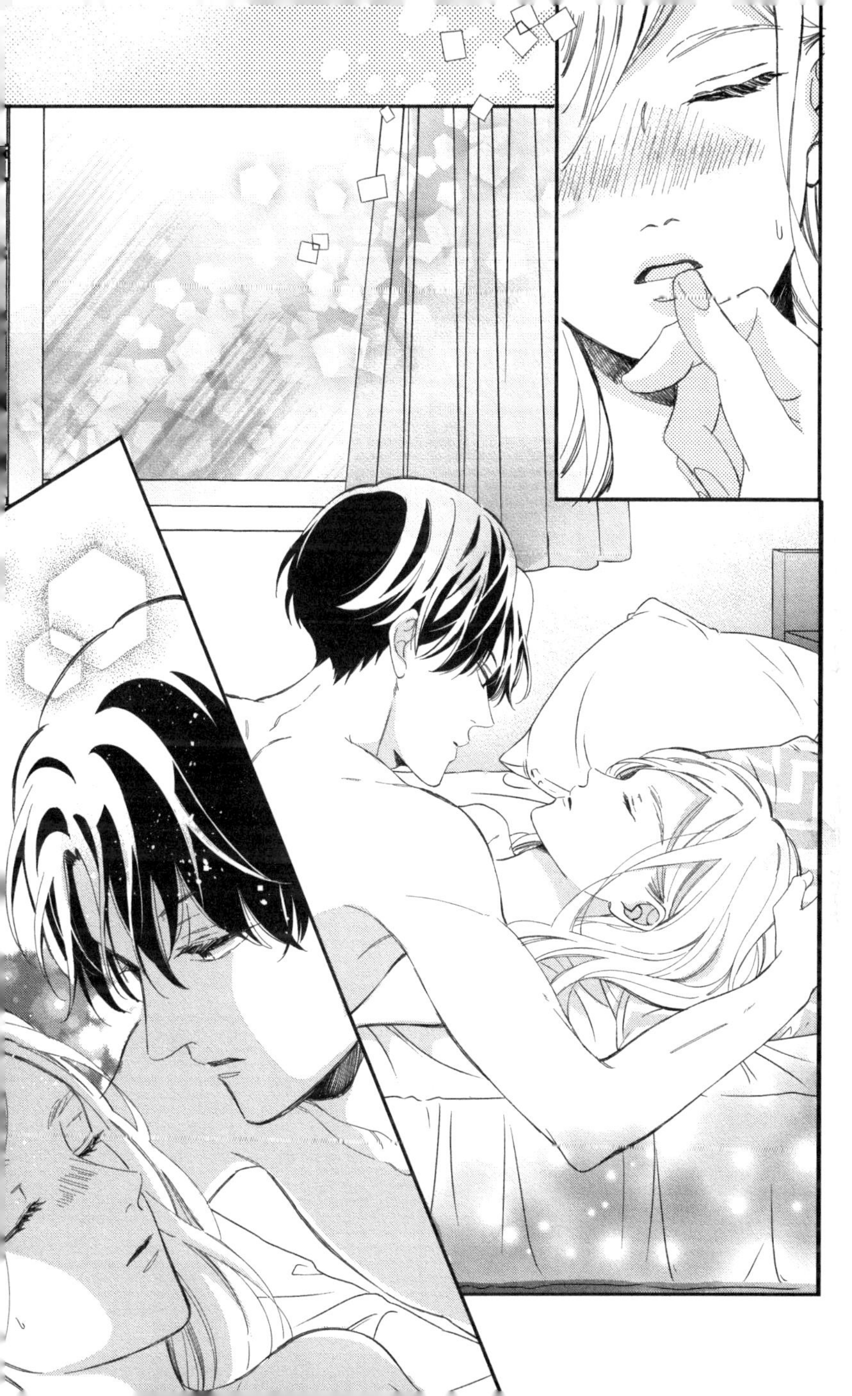

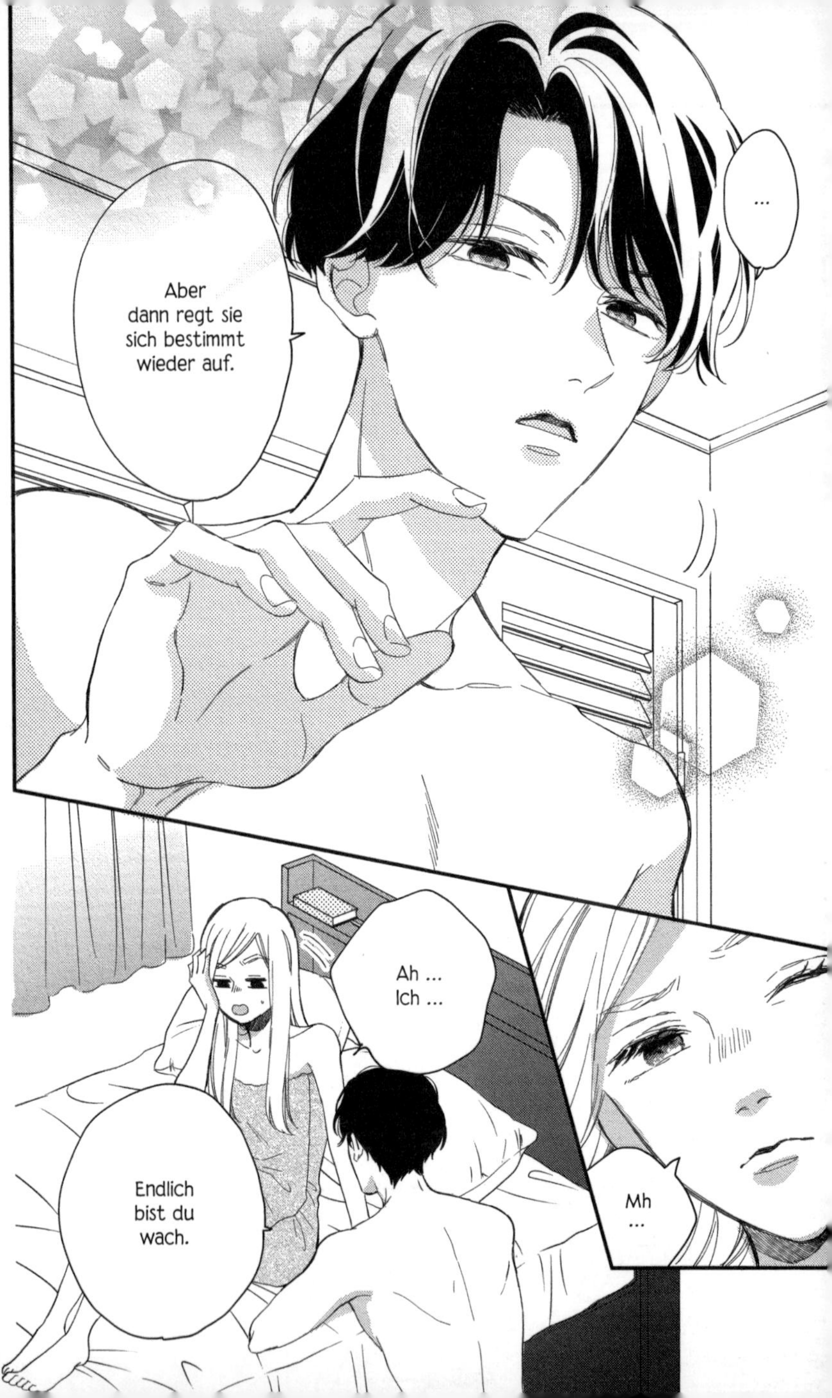
...
Aber dann regt sie sich bestimmt wieder auf.
Mh ...
Ah ... Ich ...
Endlich bist du wach.

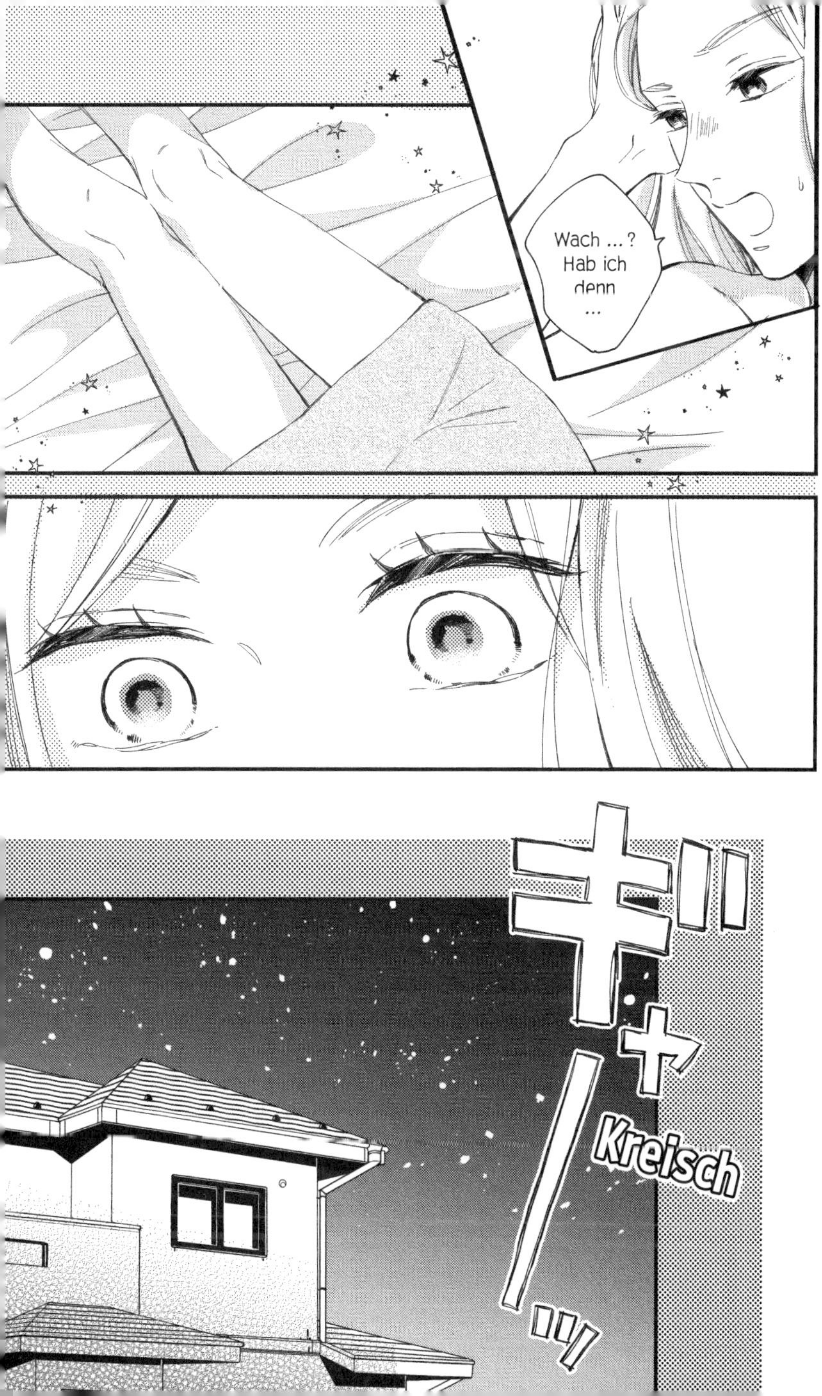
Wach ...?
Hab ich
denn
...
Kreisch

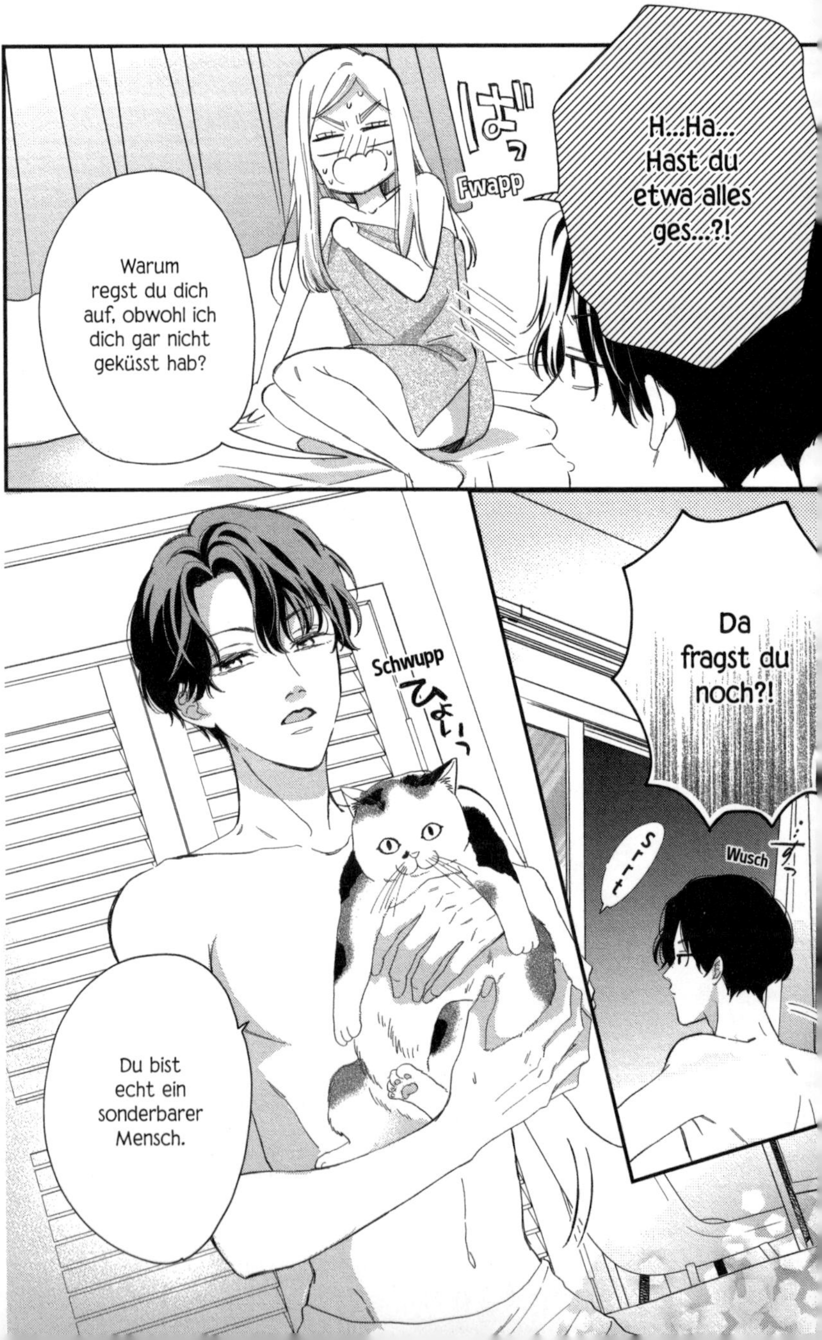

H...Ha... Hast du etwa alles ges...?!
Fwapp
Warum regst du dich auf, obwohl ich dich gar nicht geküsst hab?
Da fragst du noch?!
Wusch
Schwupp
Du bist echt ein sonderbarer Mensch.

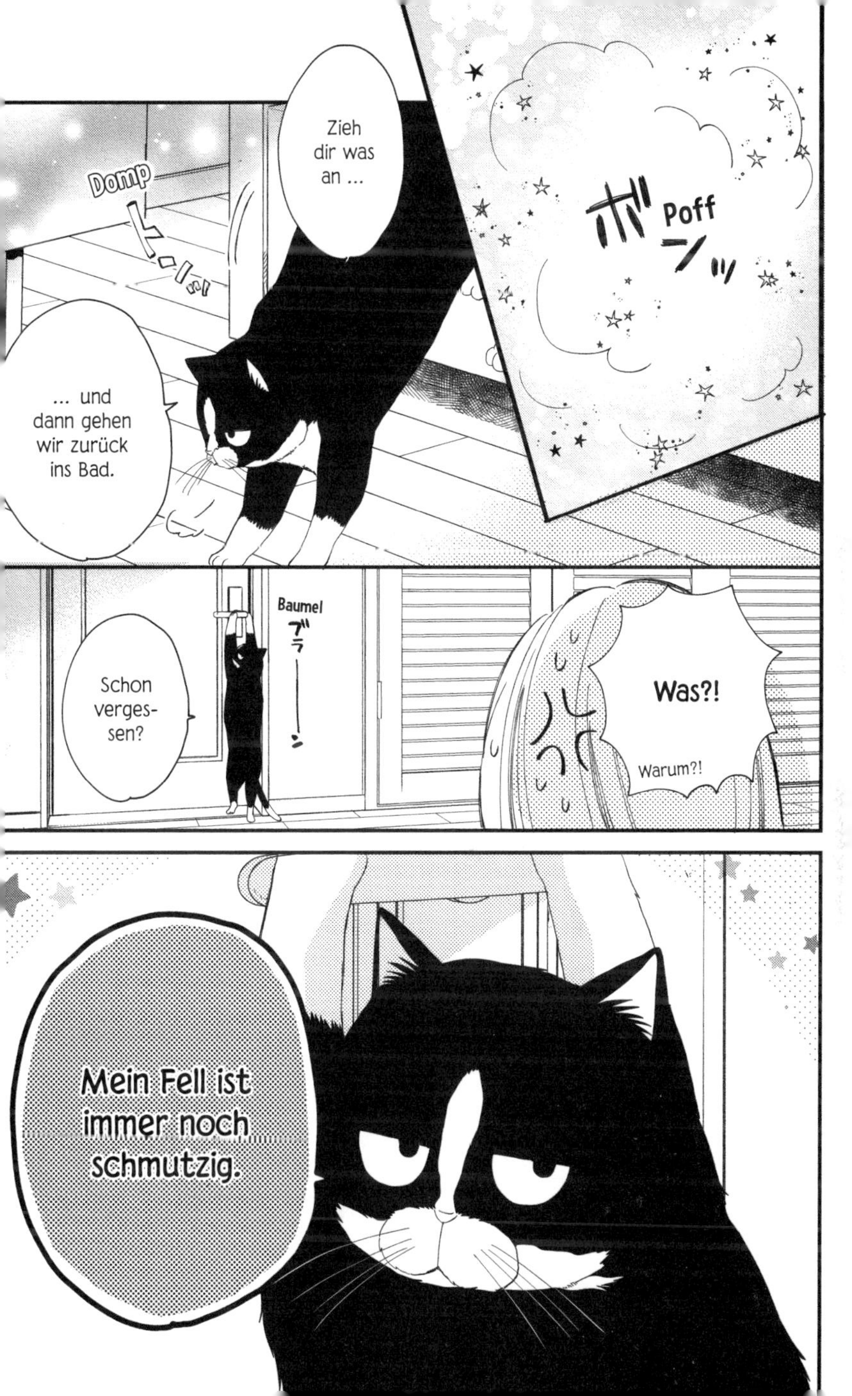
Poff
Zieh dir was an ...
Domp
... und dann gehen wir zurück ins Bad.
Was?!
Warum?!
Baumel
Schon verges-sen?
Mein Fell ist immer noch schmutzig.

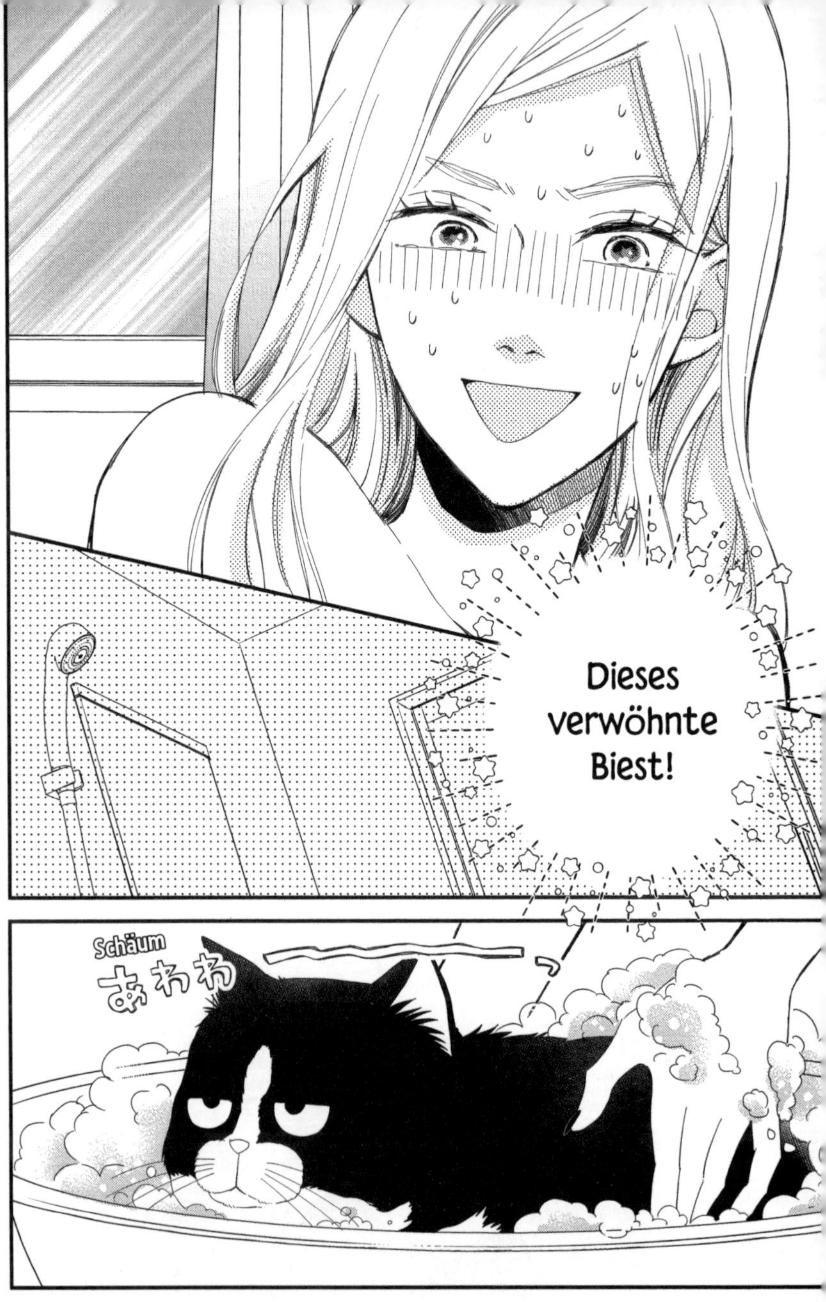
Dieses verwöhnte Biest!
Schäum
あわわ

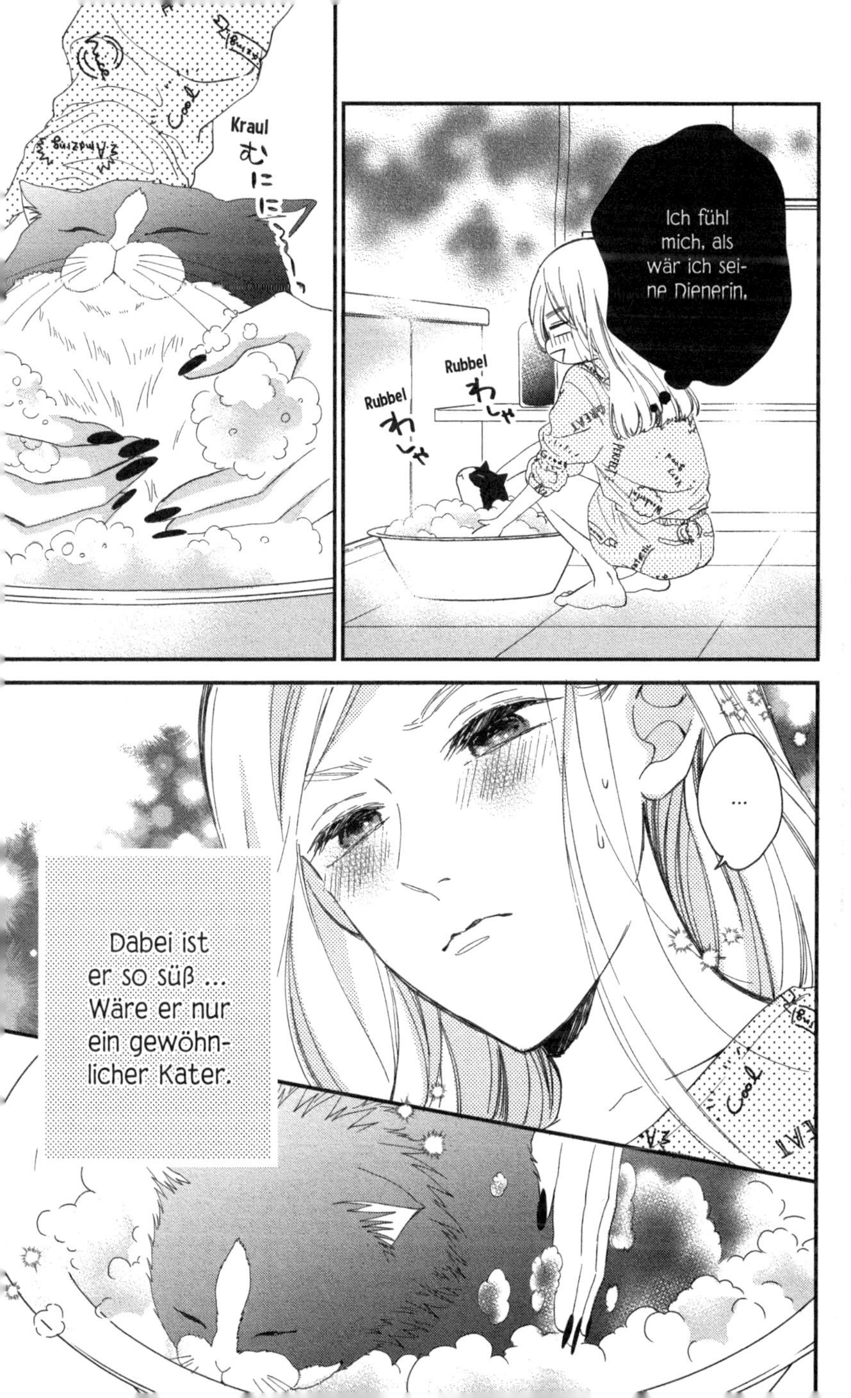

Ich fühl mich, als wär ich seine Dienerin.
Rubbel
わしゃ
Rubbel
わしゃ
Kraul
むにに～
…
Dabei ist er so süß … Wäre er nur ein gewöhnlicher Kater.

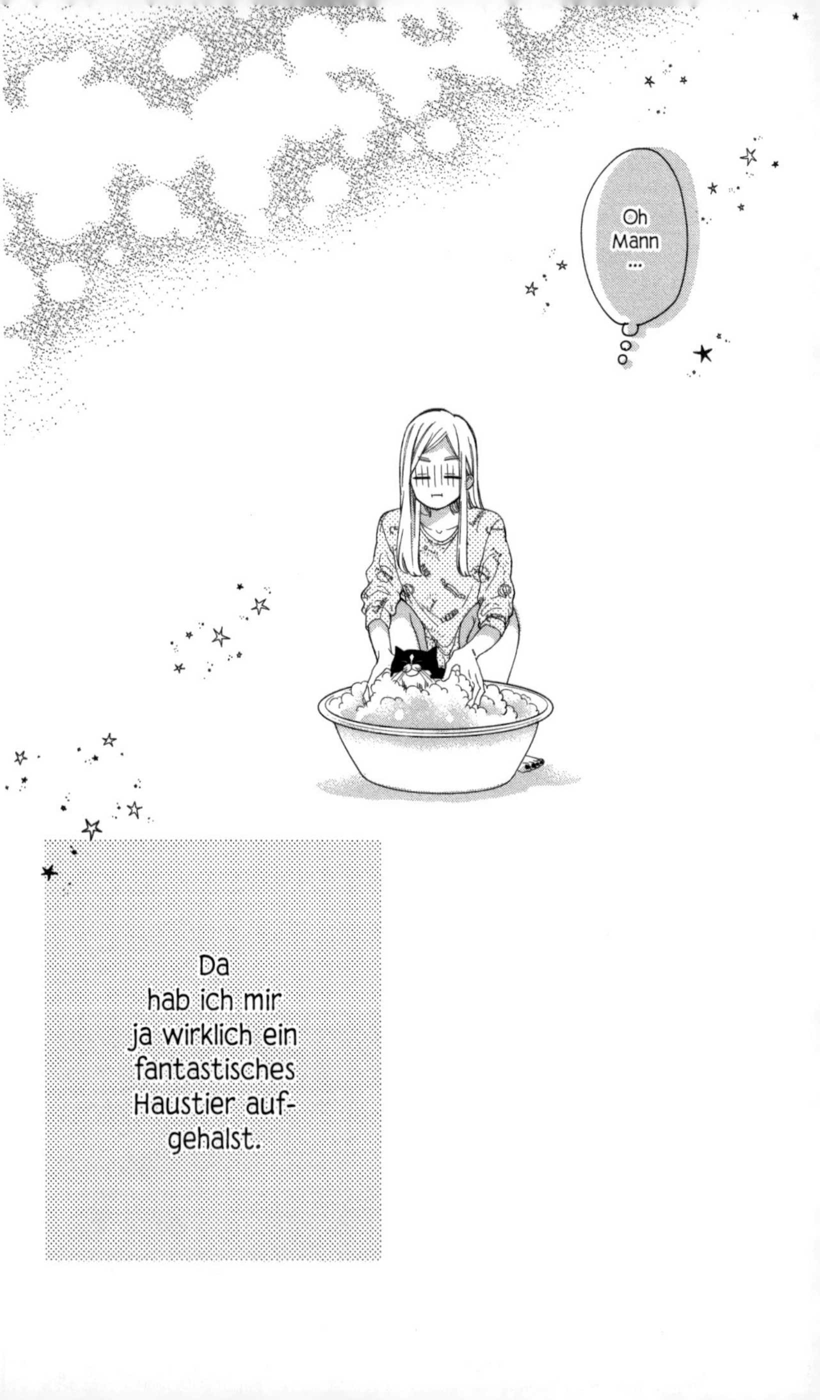
Oh Mann ...
Da hab ich mir ja wirklich ein fantastisches Haustier auf-gehalst.

Küss den Kater!

Küss den Kater!

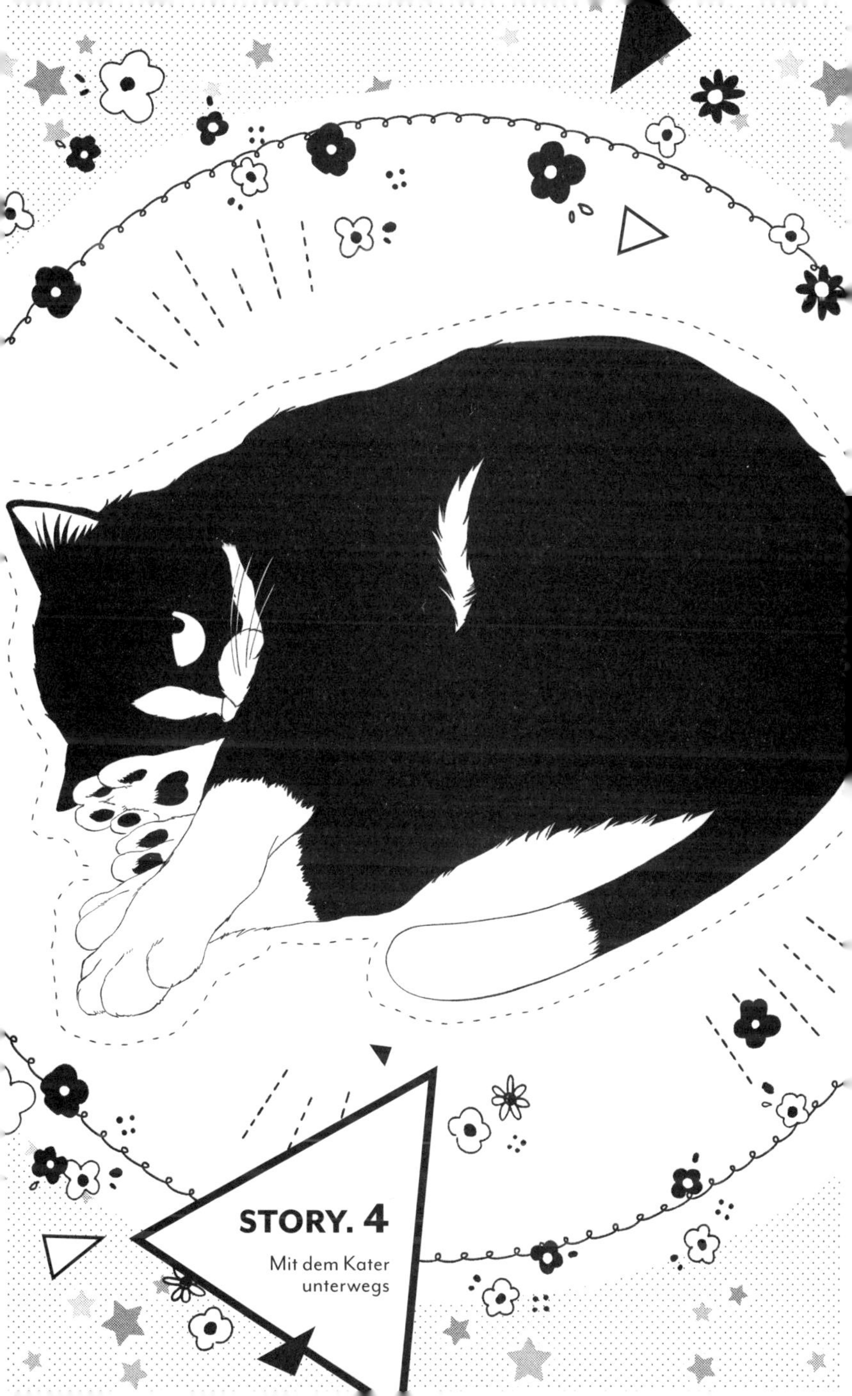
STORY. 4
Mit dem Kater unterwegs

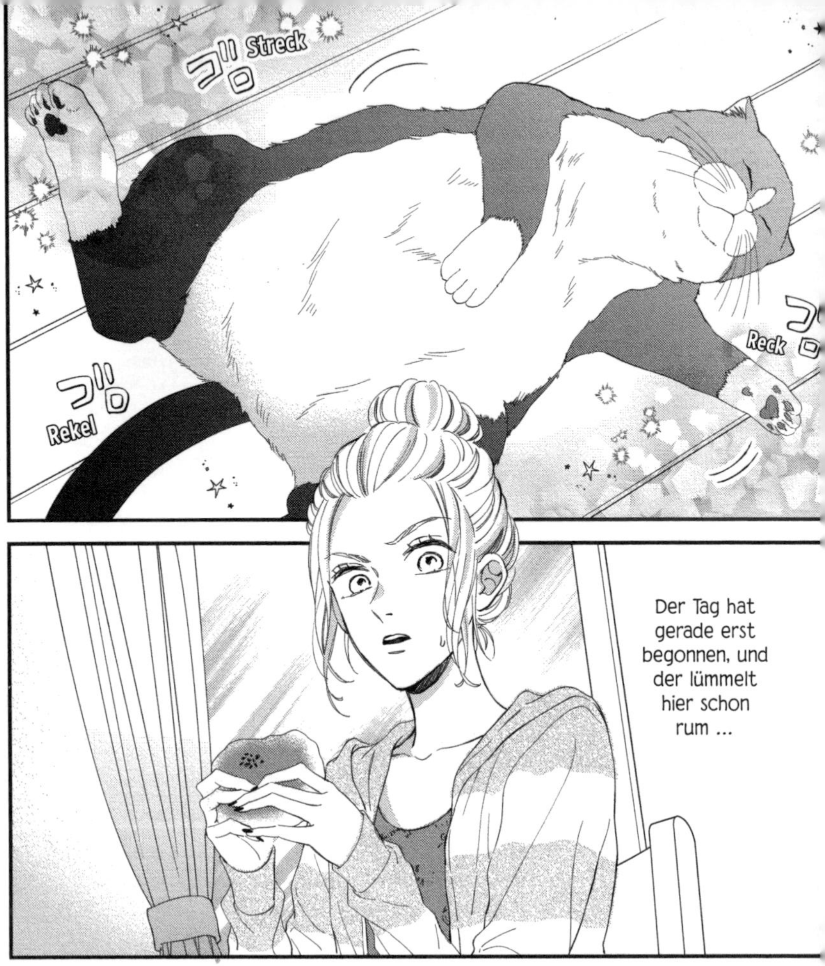
ゴロ
Reck
ゴロ
Streck
ゴロ
Rekel
Der Tag hat gerade erst begonnen, und der lümmelt hier schon rum ...

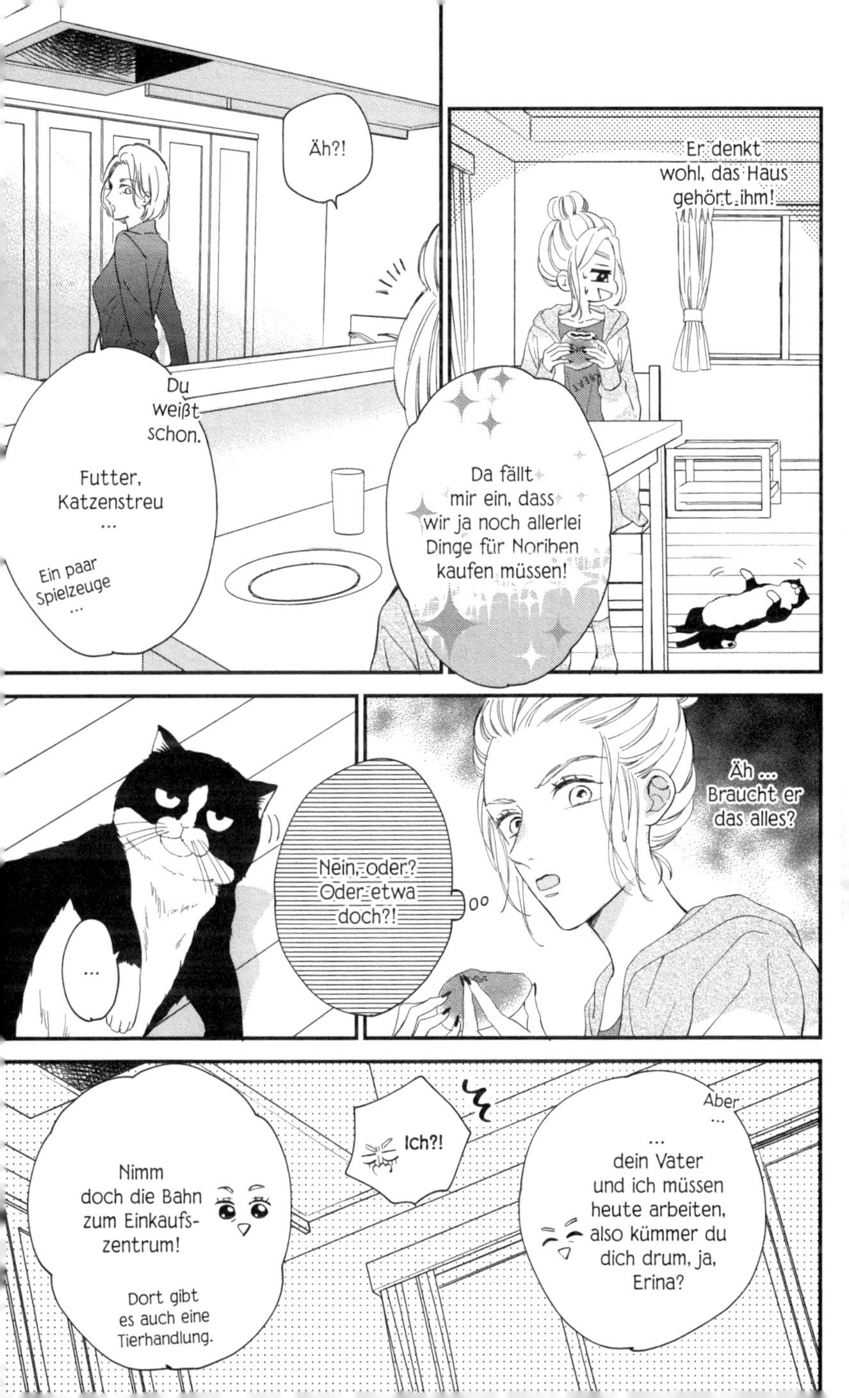
Er denkt wohl, das Haus gehört ihm!
Äh?!
Da fällt mir ein, dass wir ja noch allerlei Dinge für Noriben kaufen müssen!
Du weißt schon.
Futter, Katzenstreu …
Ein paar Spielzeuge …
Äh … Braucht er das alles?
Nein, oder? Oder etwa doch?!
…
Aber …
… dein Vater und ich müssen heute arbeiten, also kümmer du dich drum, ja, Erina?
Ich?!
Nimm doch die Bahn zum Einkaufs-zentrum!
Dort gibt es auch eine Tierhandlung.

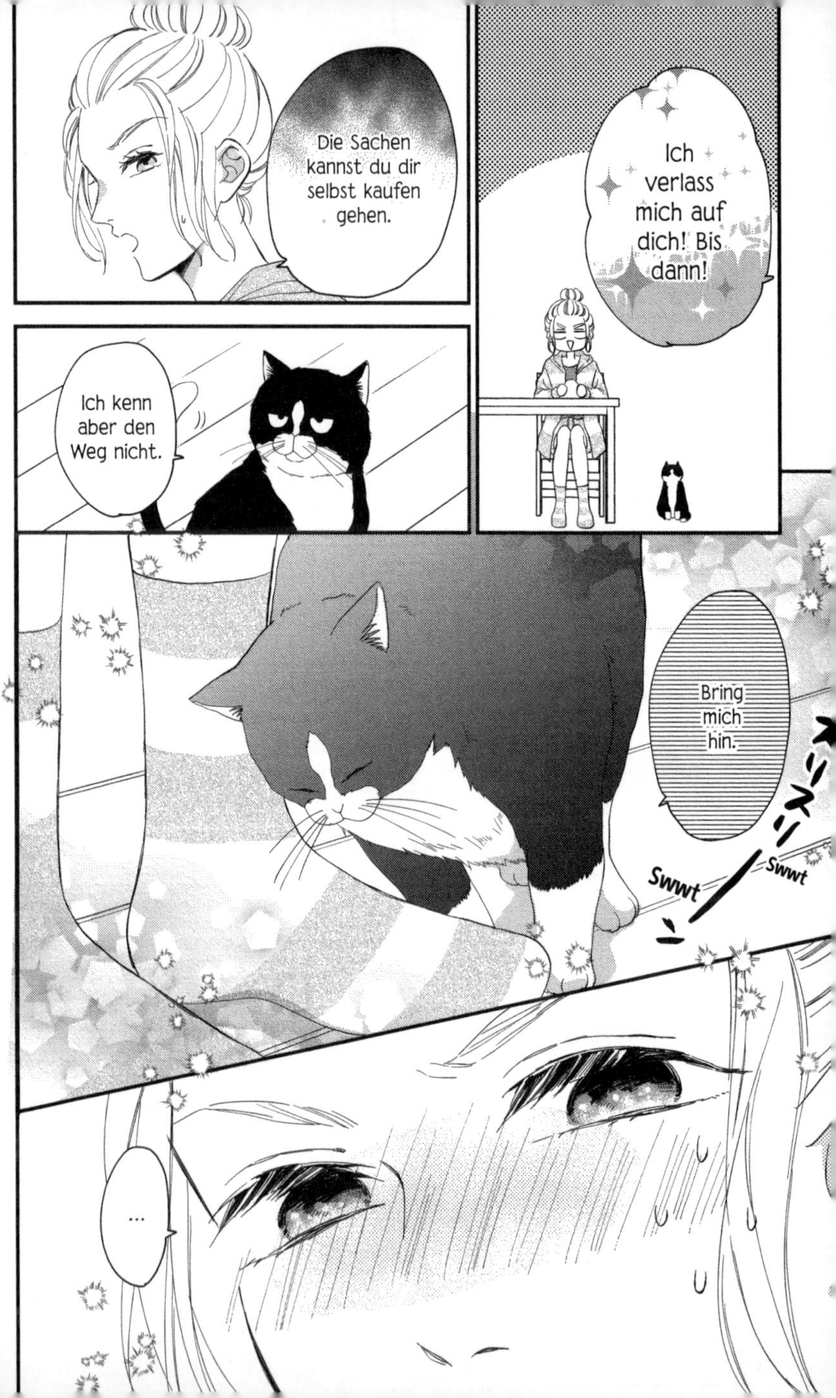
Ich verlass mich auf dich! Bis dann!
Die Sachen kannst du dir selbst kaufen gehen.
Ich kenn aber den Weg nicht.
Bring mich hin.
Swwt
Swwt
...

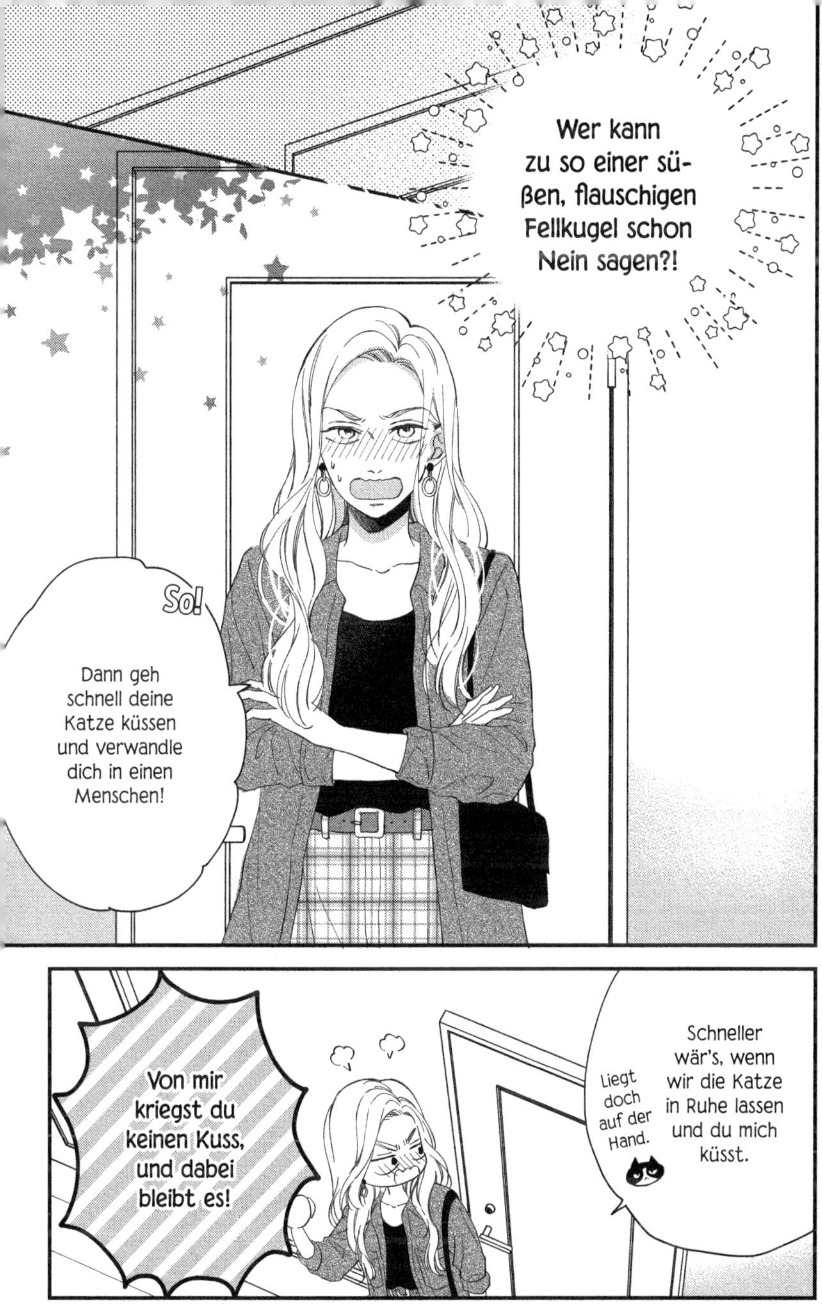

Wer kann zu so einer sü-ßen, flauschigen Fellkugel schon Nein sagen?!
So!
Dann geh schnell deine Katze küssen und verwandle dich in einen Menschen!
Schneller wär's, wenn wir die Katze in Ruhe lassen und du mich küsst.
Liegt doch auf der Hand.
Von mir kriegst du keinen Kuss, und dabei bleibt es!

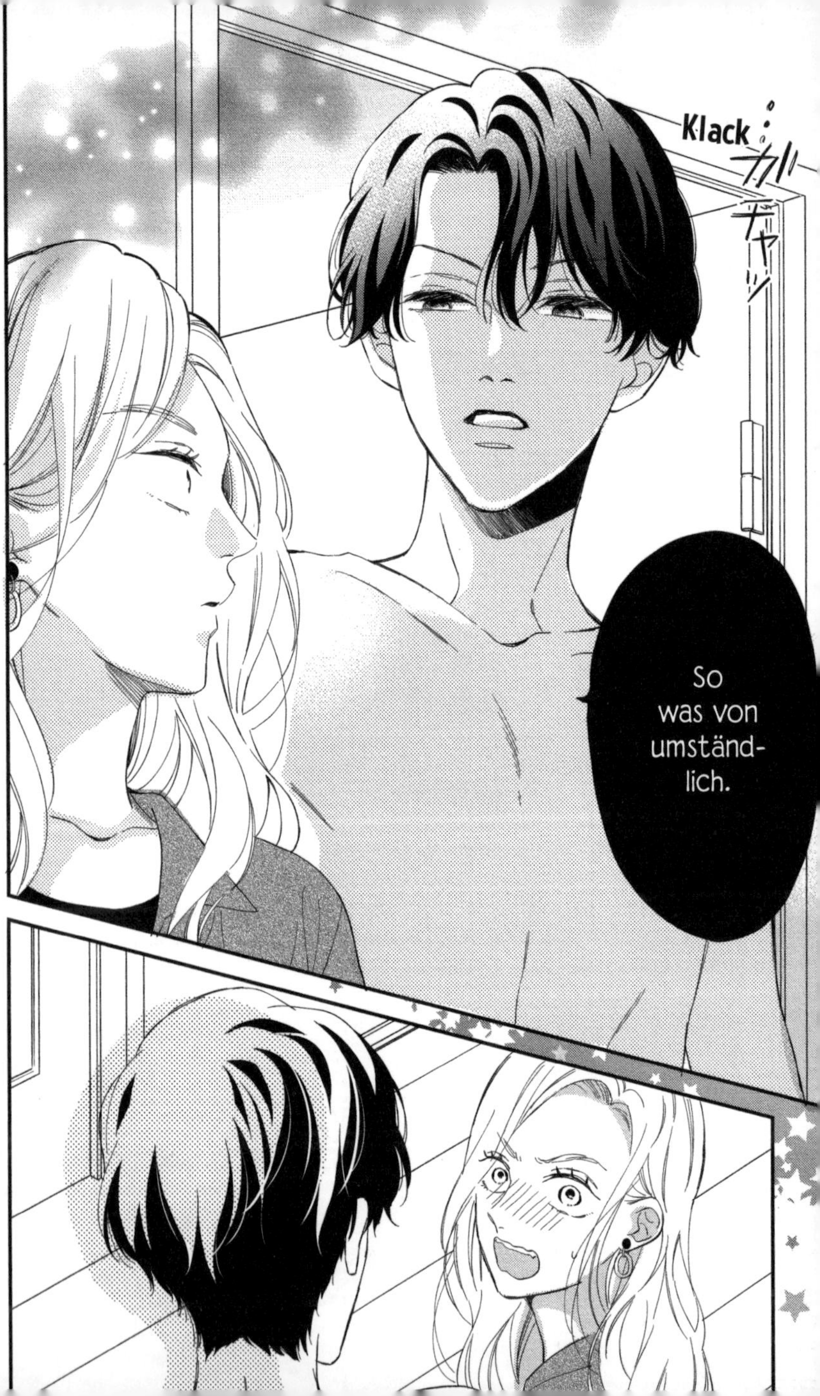
Klack
So was von umständlich.

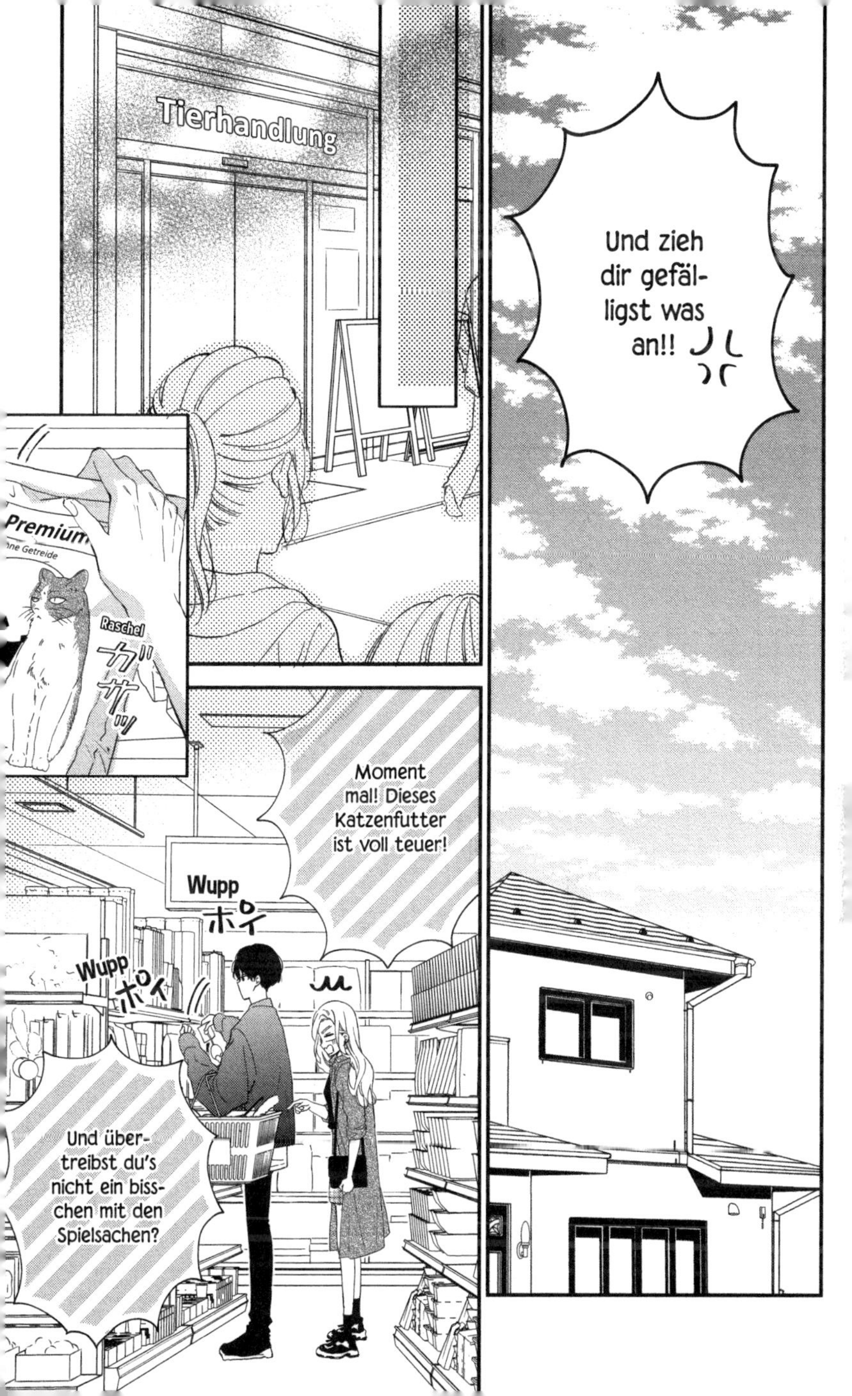

Und zieh dir gefälligst was an!!
Tierhandlung
Premium
ohne Getreide
Raschel
ガサッ
Moment mal! Dieses Katzenfutter ist voll teuer!
Wupp
ポイ
Wupp
ポイ
Und übertreibst du's nicht ein bisschen mit den Spielsachen?

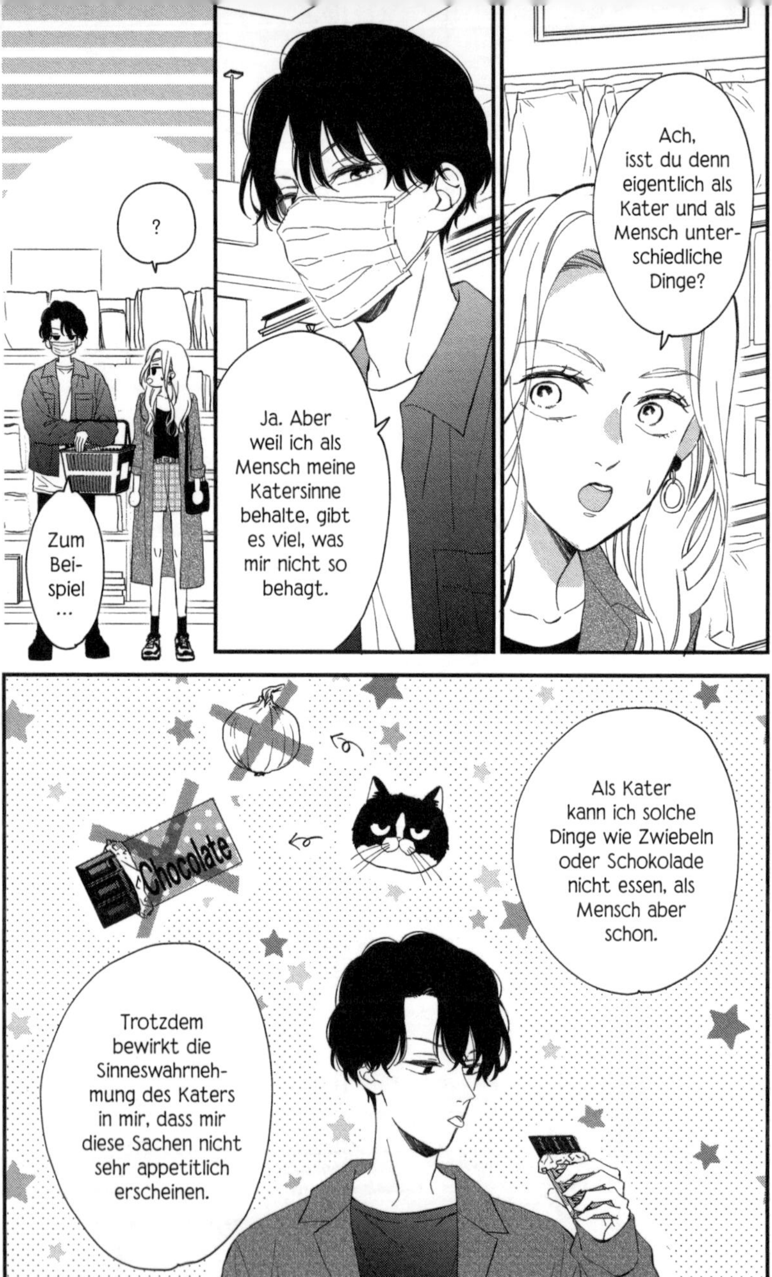
Ach, isst du denn eigentlich als Kater und als Mensch unterschiedliche Dinge?
Ja. Aber weil ich als Mensch meine Katersinne behalte, gibt es viel, was mir nicht so behagt.
?
Zum Beispiel ...
Als Kater kann ich solche Dinge wie Zwiebeln oder Schokolade nicht essen, als Mensch aber schon.
Chocolate
Trotzdem bewirkt die Sinneswahrnehmung des Katers in mir, dass mir diese Sachen nicht sehr appetitlich erscheinen.

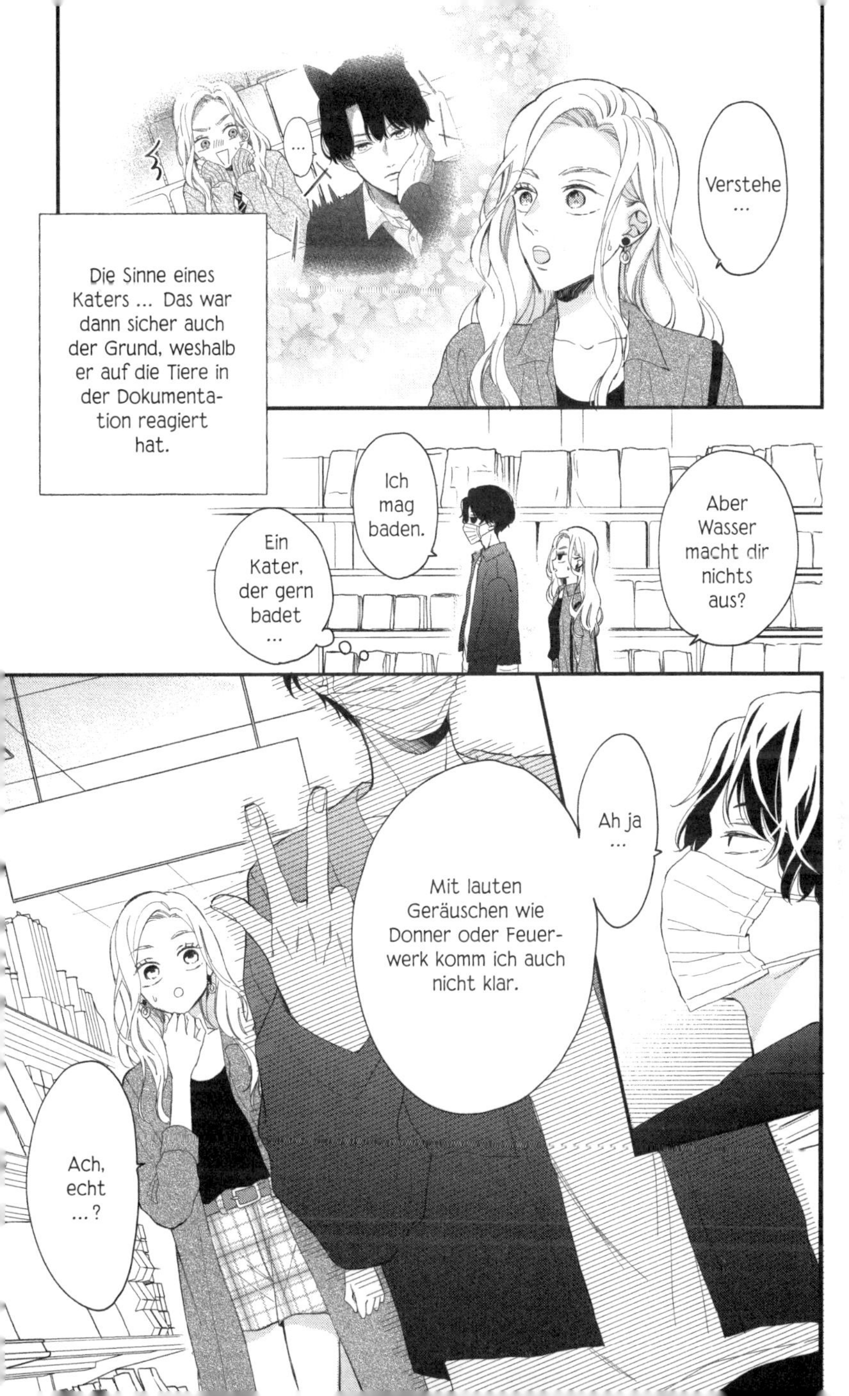
Verstehe …
…
Die Sinne eines Katers … Das war dann sicher auch der Grund, weshalb er auf die Tiere in der Dokumentation reagiert hat.
Aber Wasser macht dir nichts aus?
Ich mag baden.
Ein Kater, der gern badet …
Ah ja …
Mit lauten Geräuschen wie Donner oder Feuerwerk komm ich auch nicht klar.
Ach, echt …?

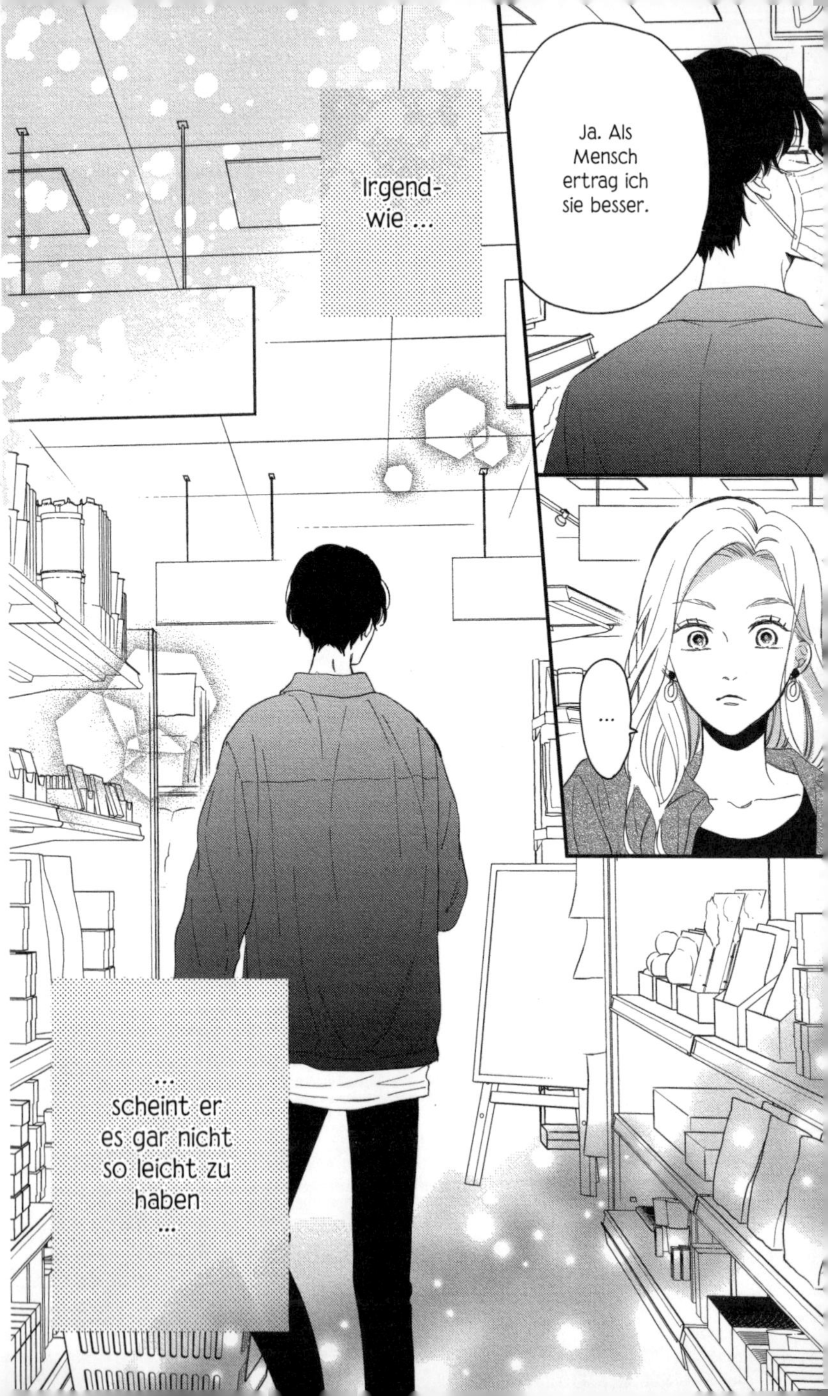
Ja. Als Mensch ertrag ich sie besser.
...
Irgend-wie ...
... scheint er es gar nicht so leicht zu haben ...

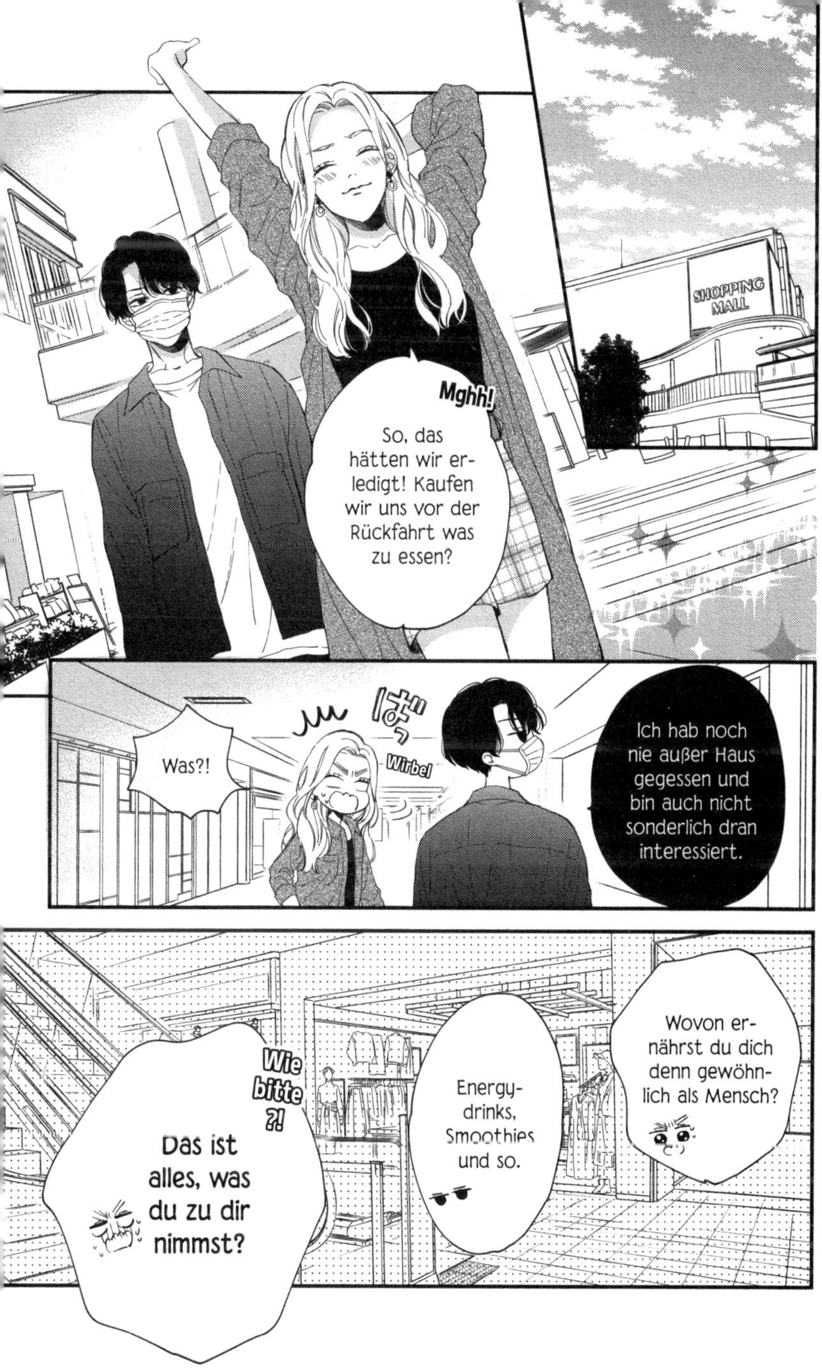
Mghh!
So, das hätten wir erledigt! Kaufen wir uns vor der Rückfahrt was zu essen?
Ich hab noch nie außer Haus gegessen und bin auch nicht sonderlich dran interessiert.
ぱっ
Wirbel
Was?!
Wovon ernährst du dich denn gewöhnlich als Mensch?
Energydrinks, Smoothies und so.
Wie bitte?!
Das ist alles, was du zu dir nimmst?

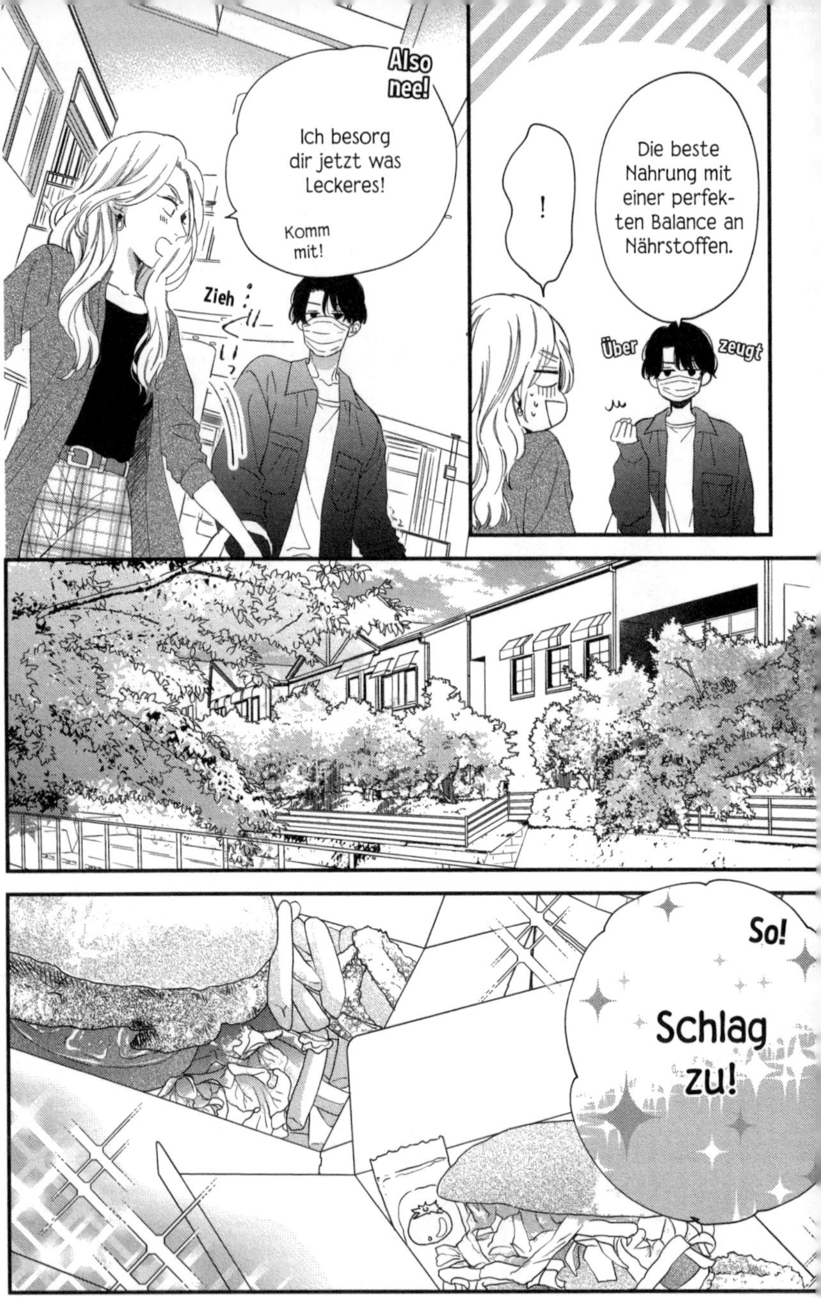
Die beste Nahrung mit einer perfek-ten Balance an Nährstoffen.
!
Über zeugt
Also nee!
Ich besorg dir jetzt was Leckeres!
Komm mit!
Zieh
So!
Schlag zu!

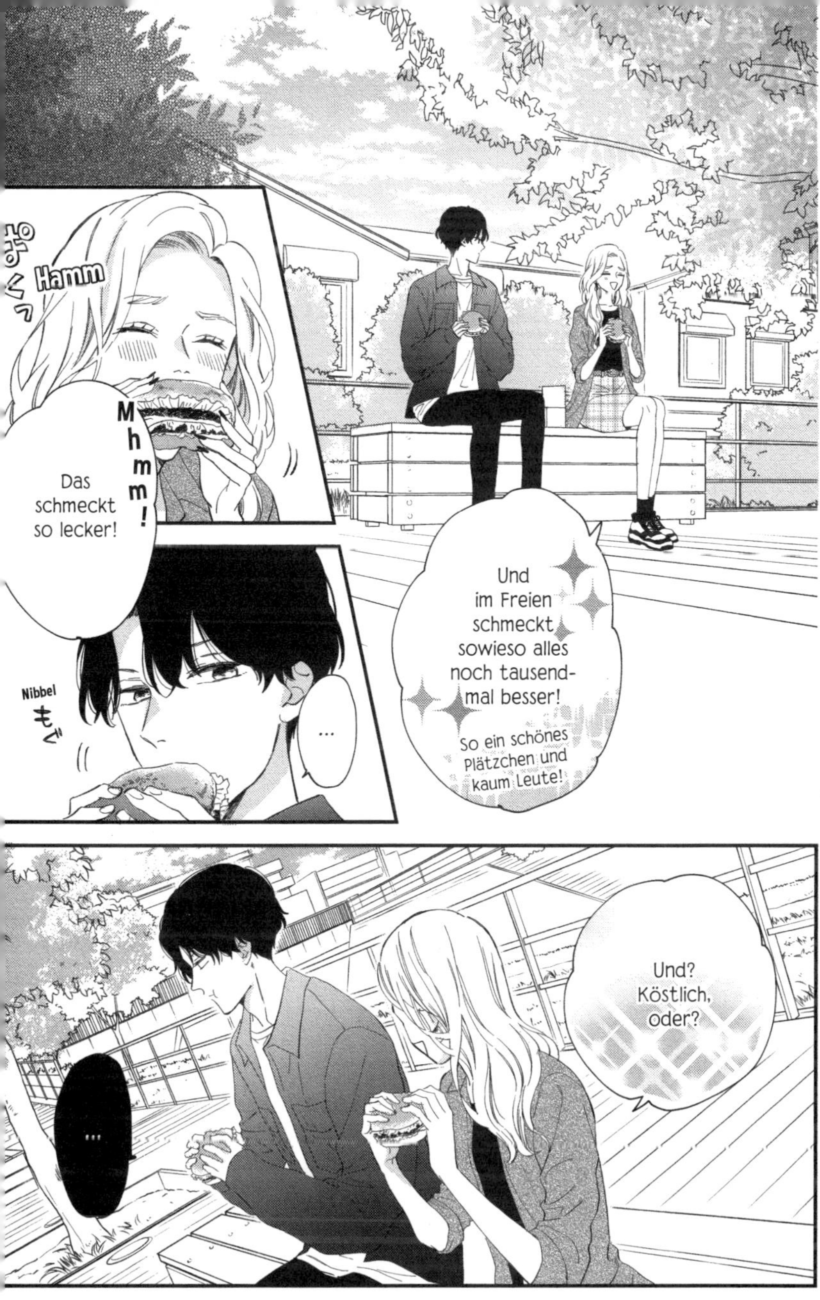

Und im Freien schmeckt sowieso alles noch tausendmal besser!
So ein schönes Plätzchen und kaum Leute!
ぱく Hamm
Mhmm!
Das schmeckt so lecker!
...
もぐ Nibbel
Und? Köstlich, oder?
...

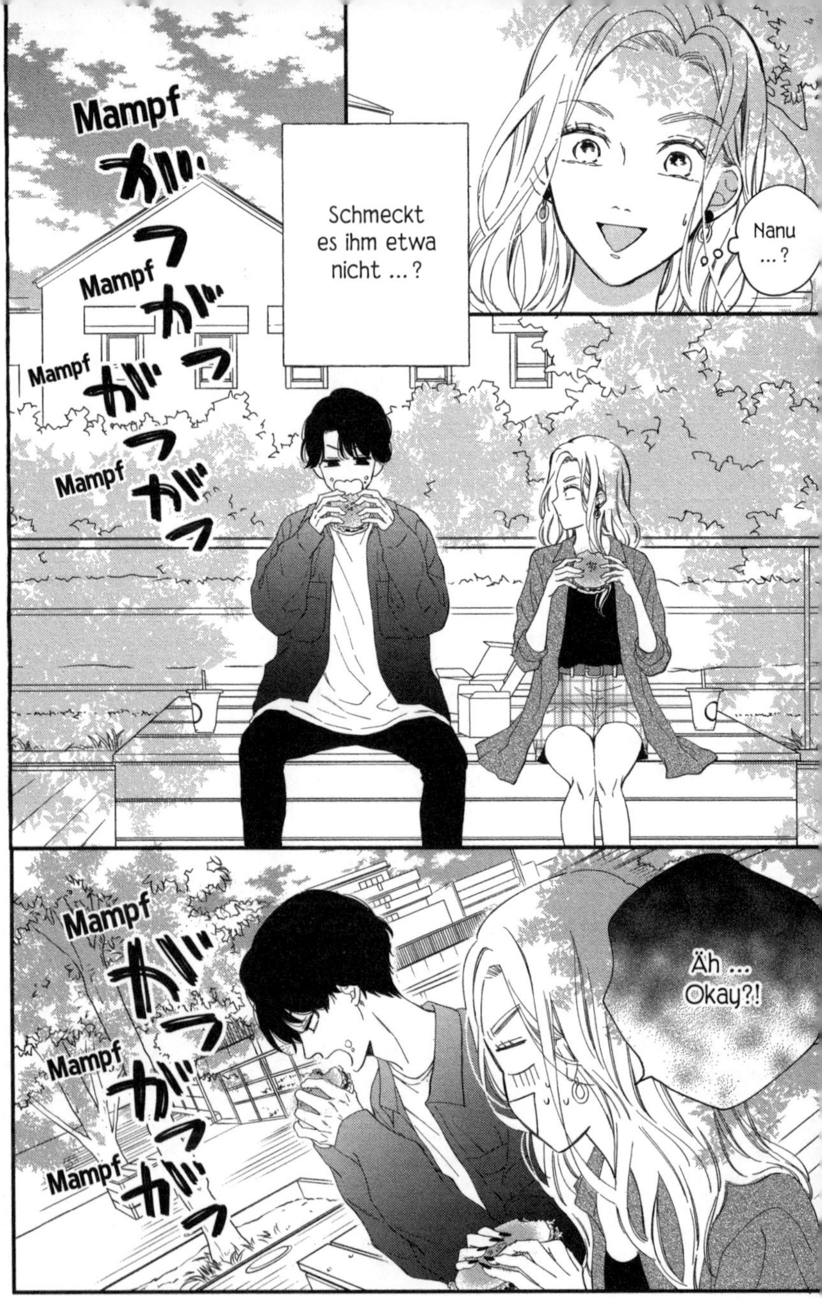
Nanu ...?
Schmeckt es ihm etwa nicht ...?
Mampf
Mampf
Mampf
Mampf
Mampf
Mampf
Mampf
Äh ... Okay?!

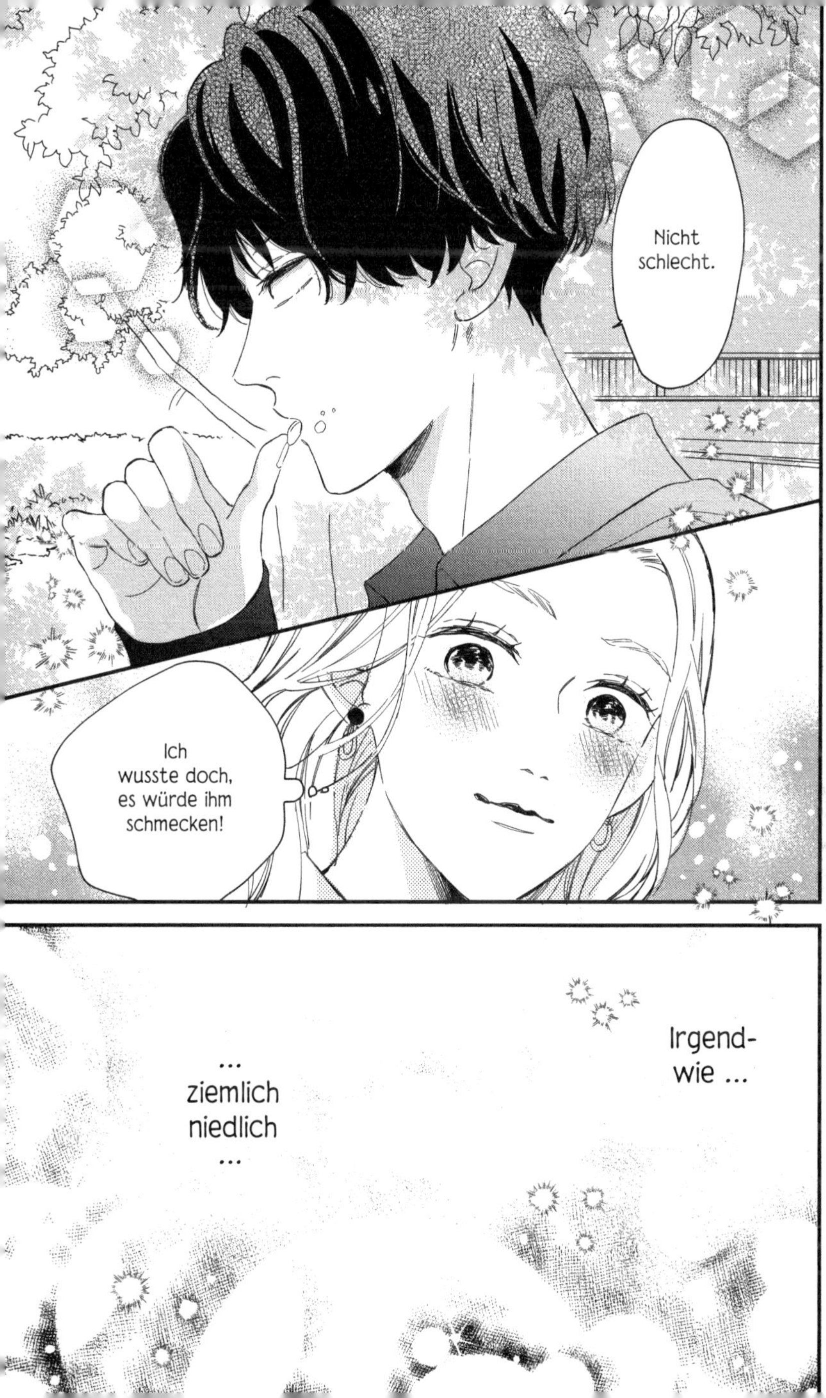
Nicht schlecht.
Ich wusste doch, es würde ihm schmecken!
Irgend-wie ...
... ziemlich niedlich ...

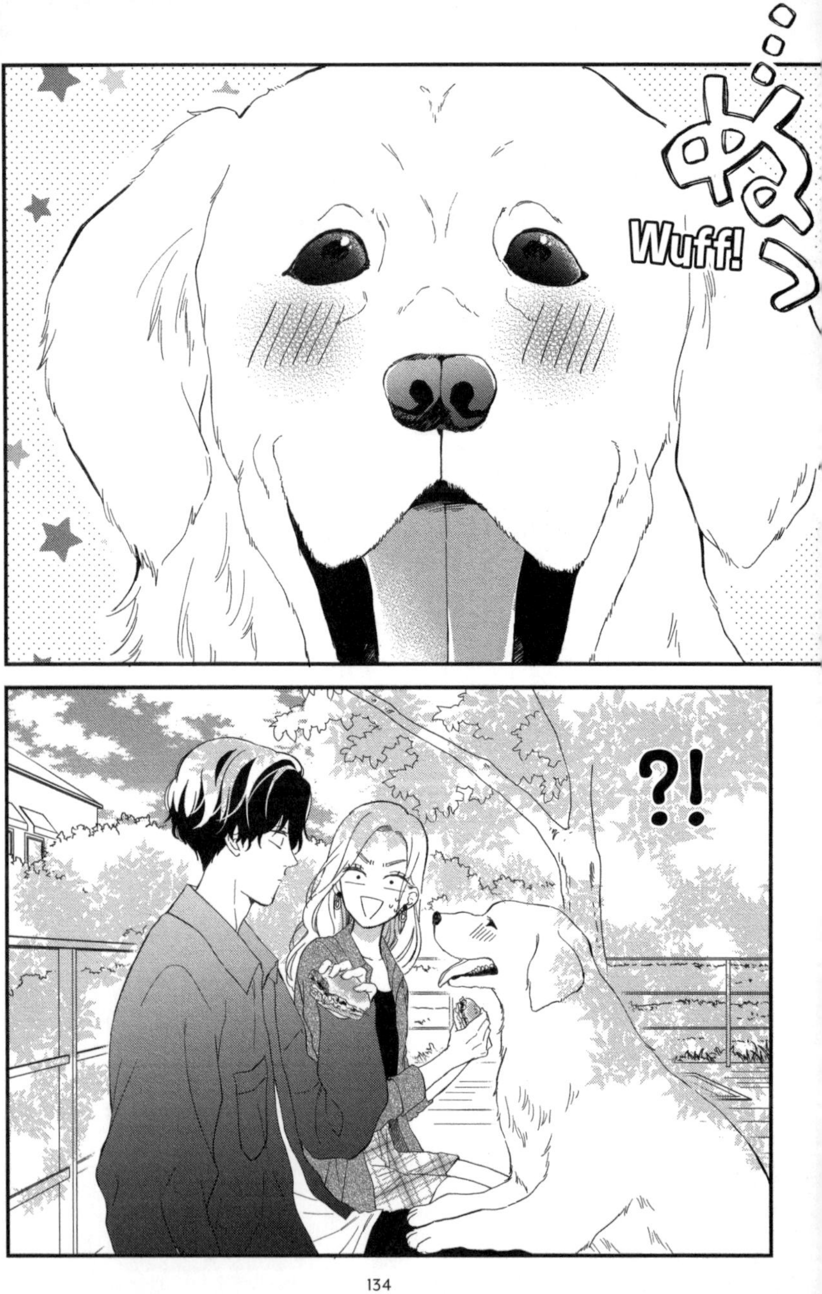
ぬっ
Wuff!
?!

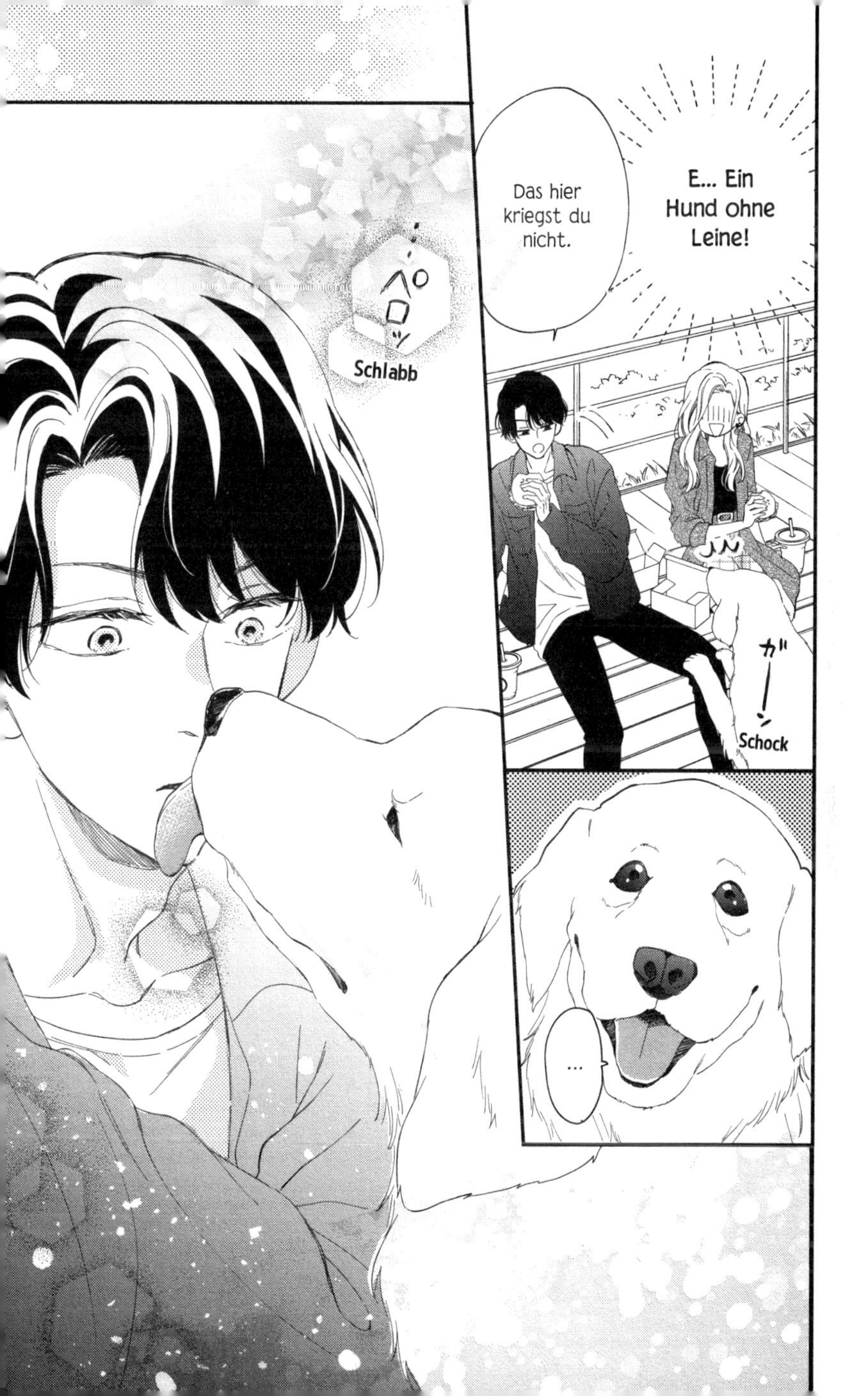
E… Ein Hund ohne Leine!
Das hier kriegst du nicht.
Schock
…
Schlabb

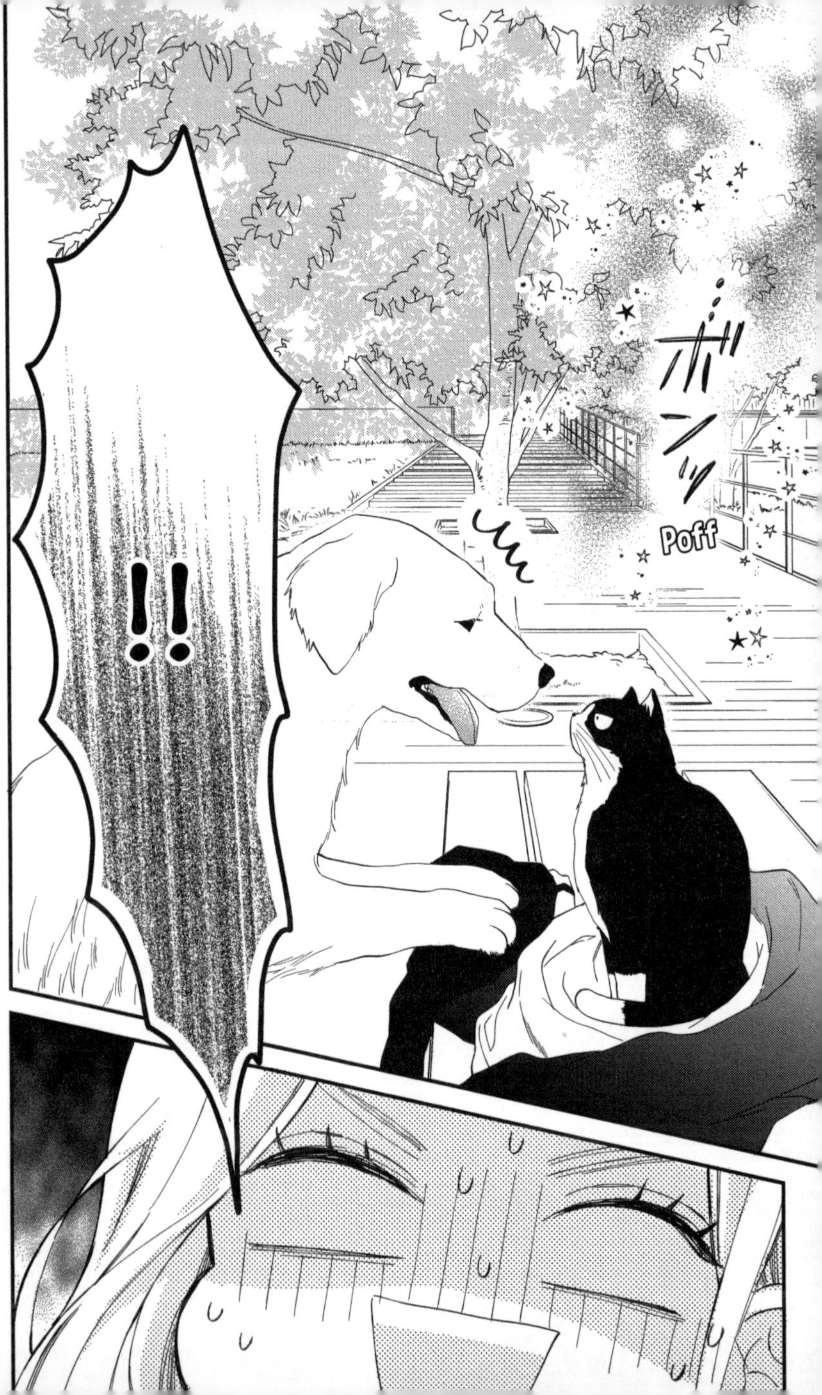
!!
Poff

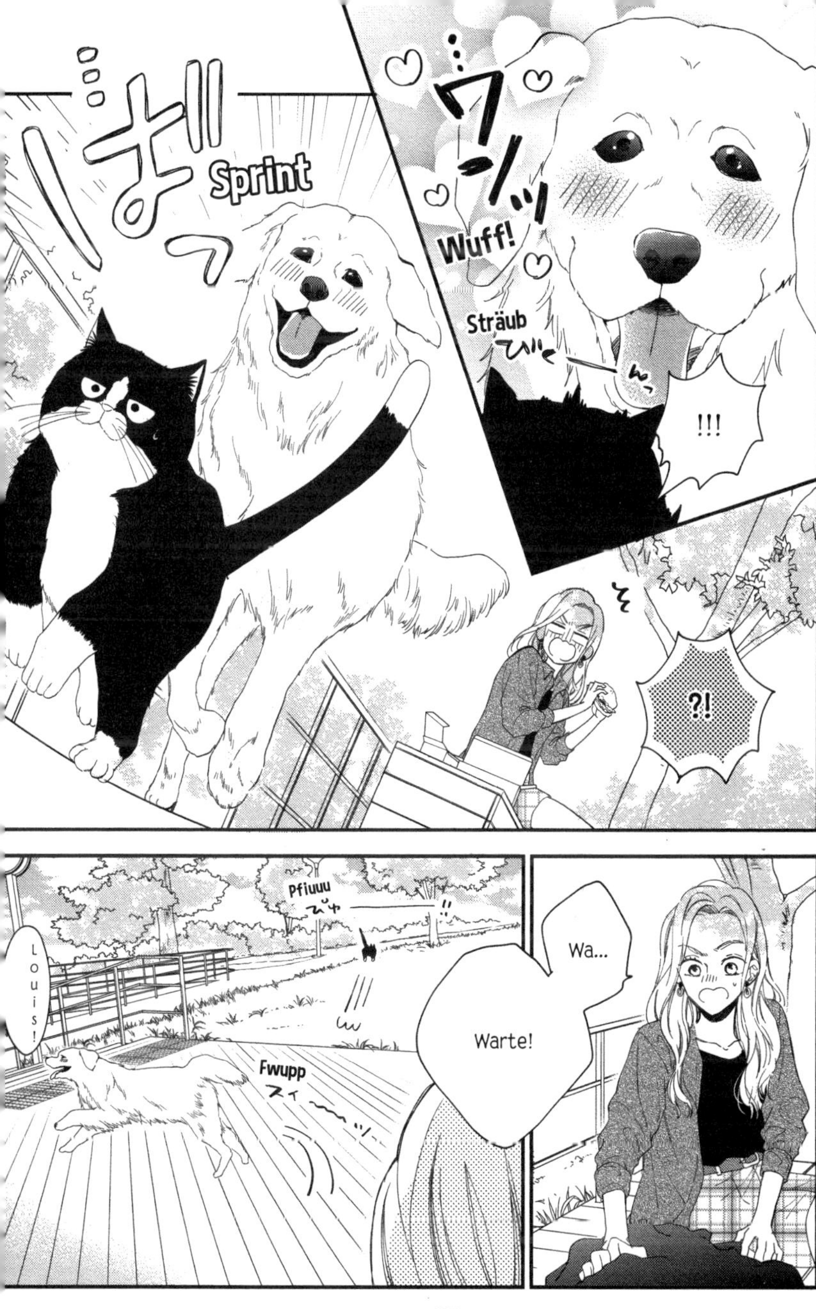
Sprint
Wuff!
Sträub
!!!
?!
Wa...
Warte!
Pfiuuu
Louis!
Fwupp

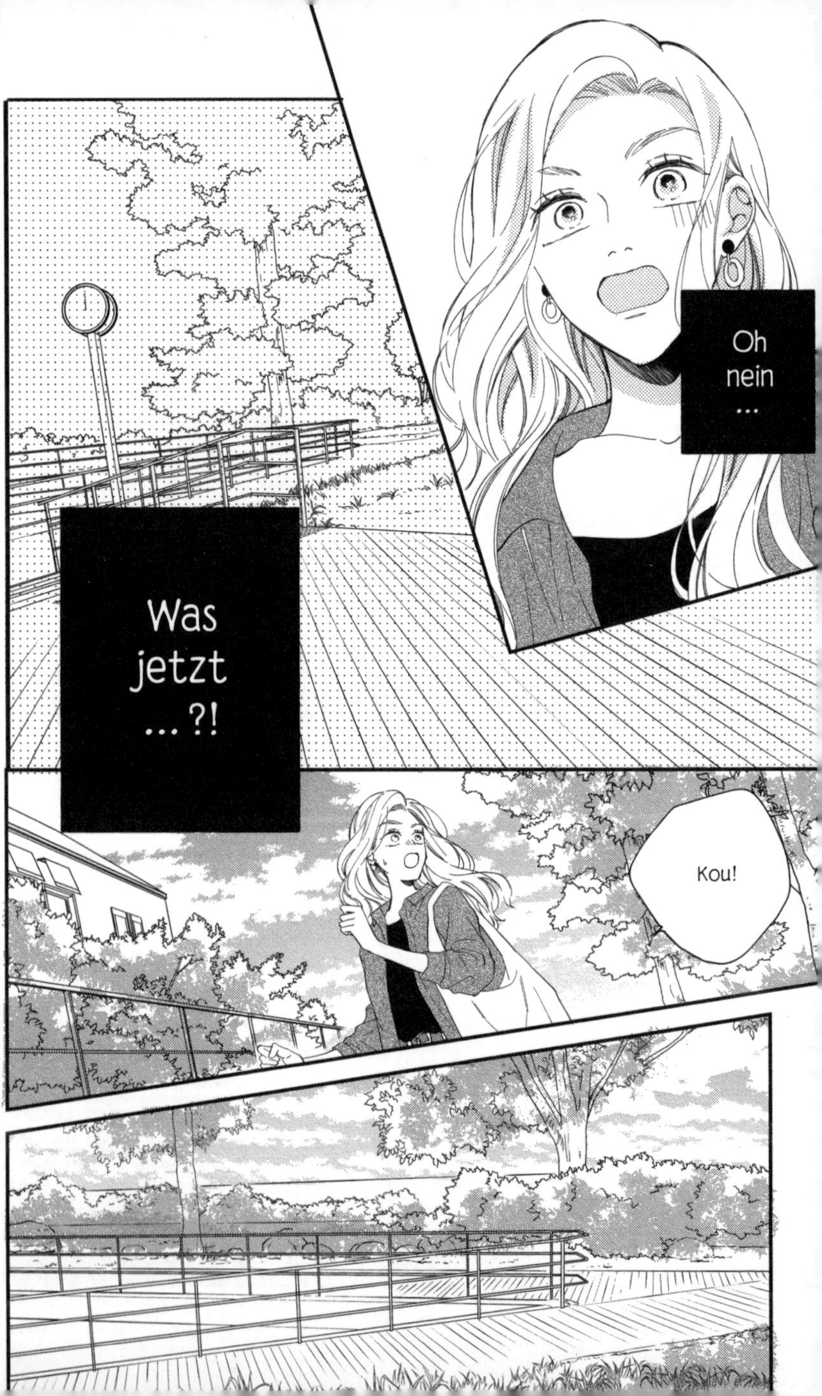
Oh nein …
Was jetzt …?!
Kou!

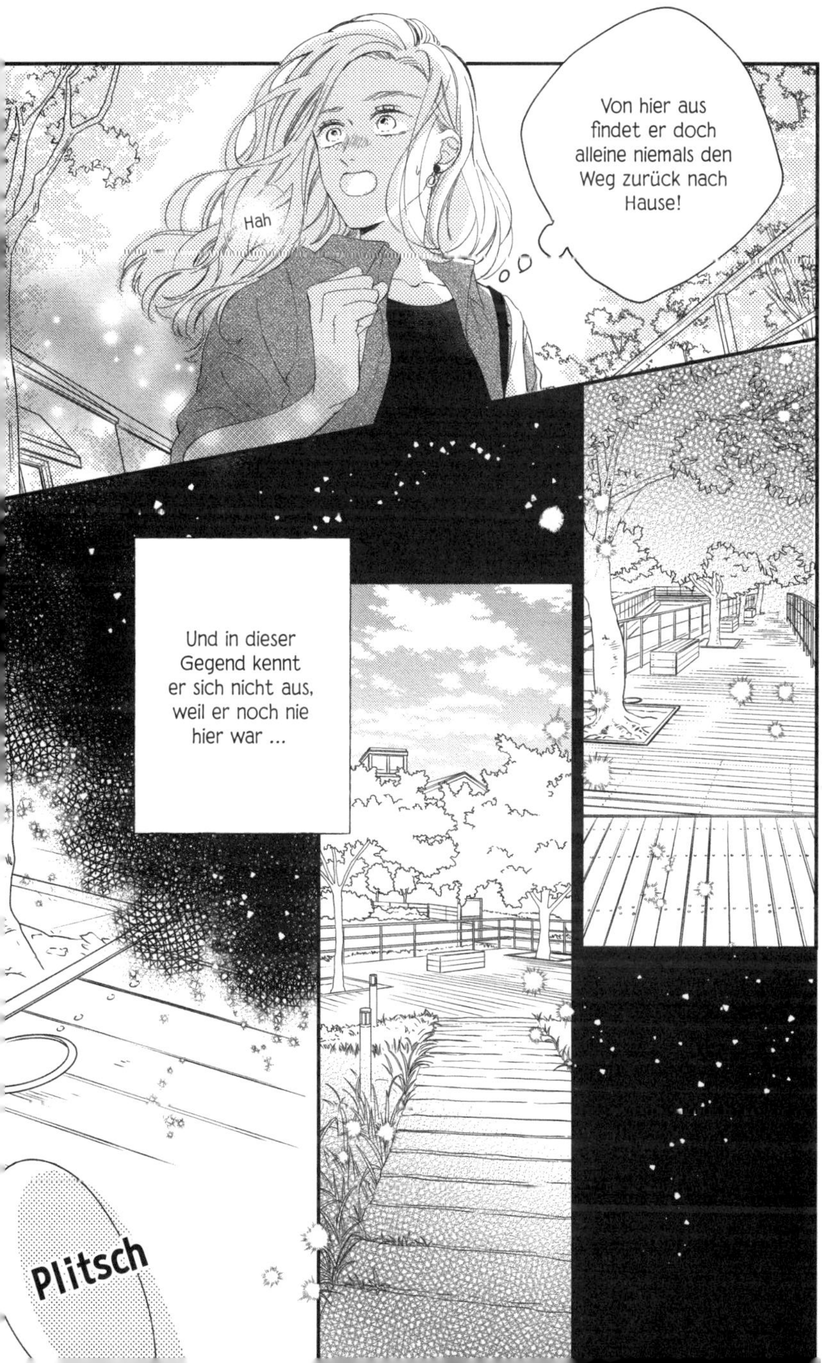
Von hier aus findet er doch alleine niemals den Weg zurück nach Hause!
Hah
Und in dieser Gegend kennt er sich nicht aus, weil er noch nie hier war ...
Plitsch

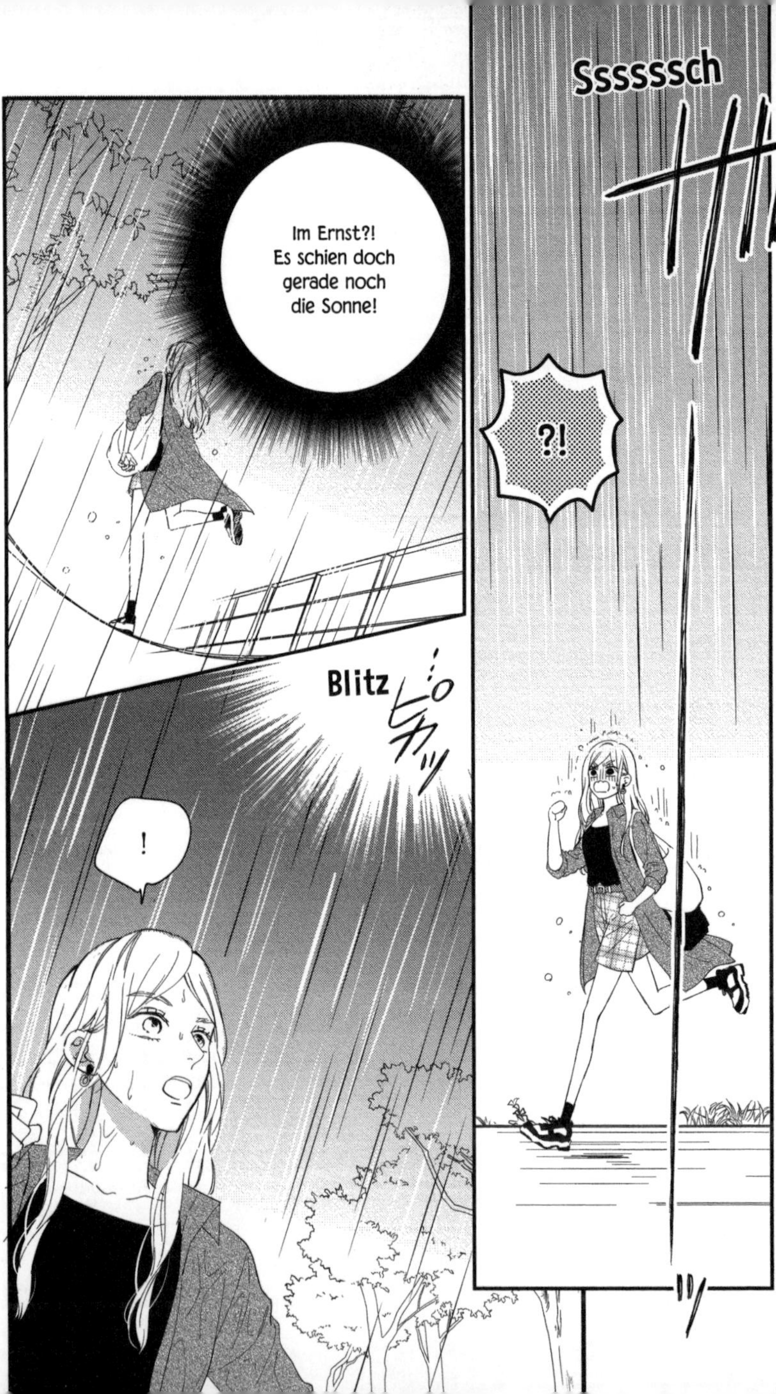
Sssssch
?!
Im Ernst?! Es schien doch gerade noch die Sonne!
Blitz
!

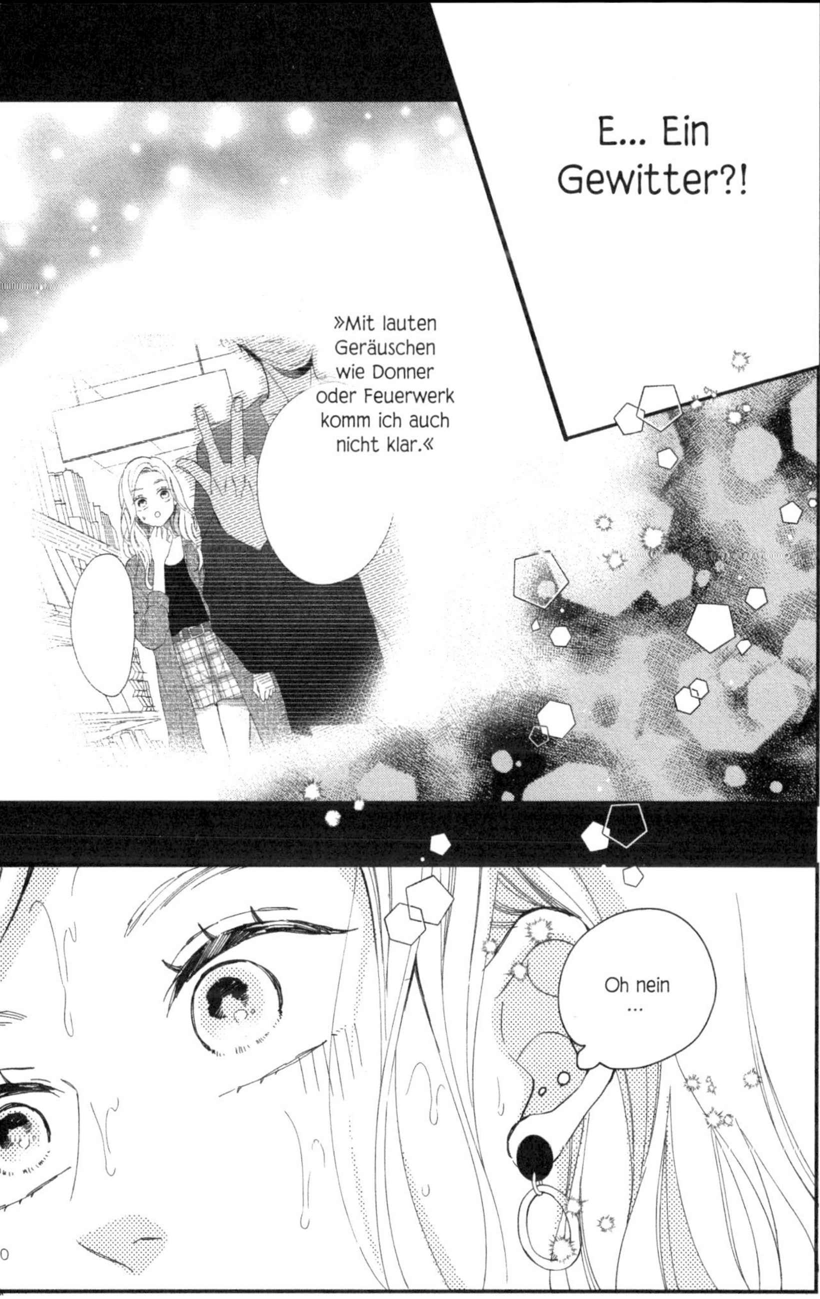
E... Ein Gewitter?!
»Mit lauten Geräuschen wie Donner oder Feuerwerk komm ich auch nicht klar.«
Oh nein ...

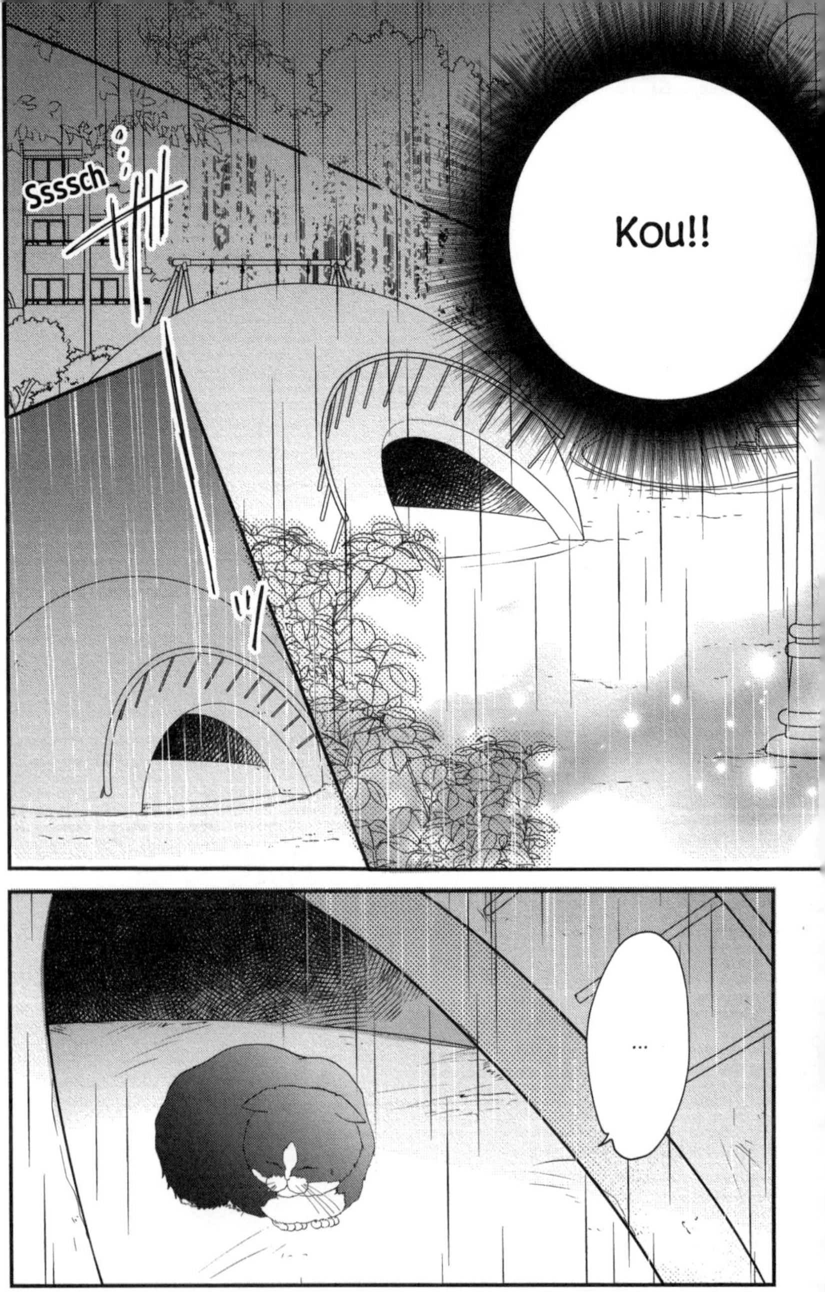
Ssssch
Kou!!
...

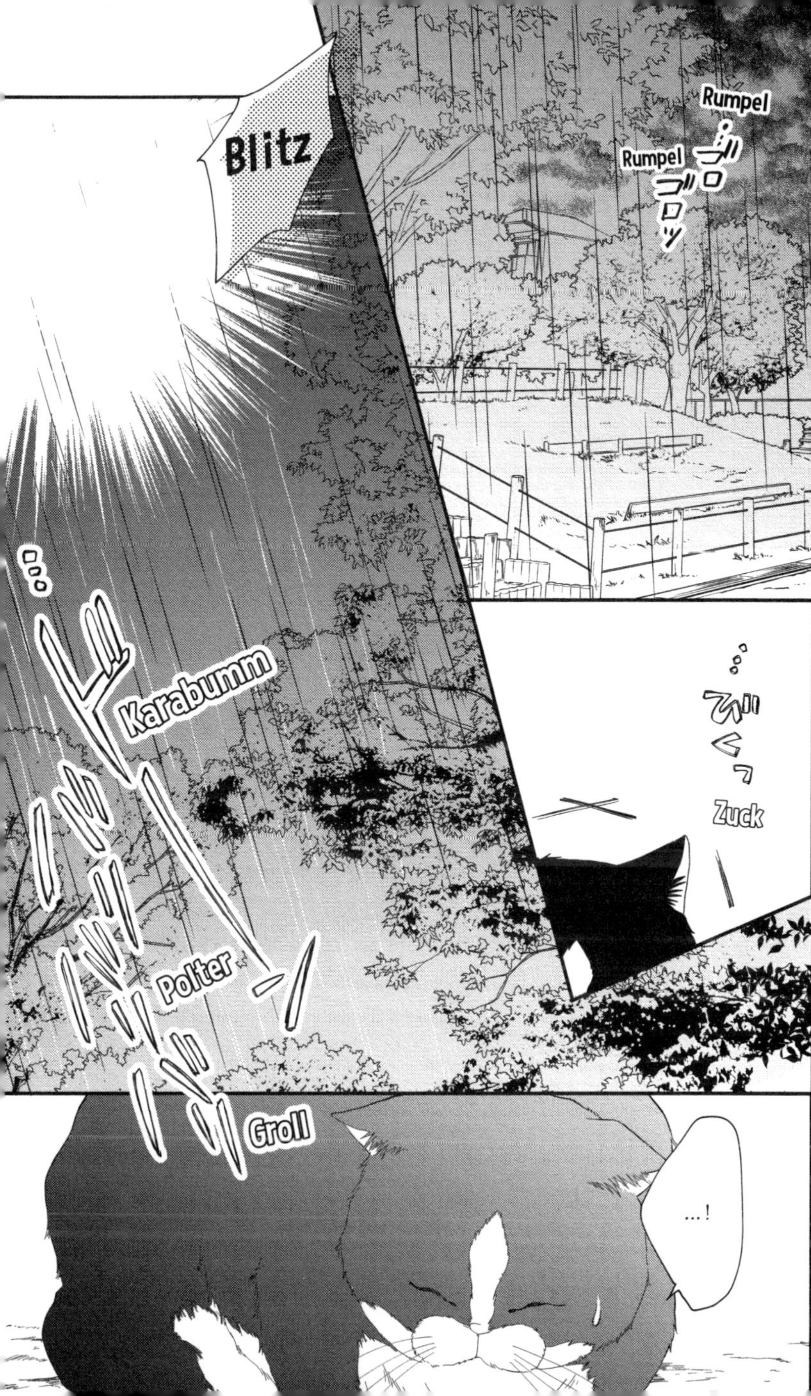
Blitz
Rumpel
ゴロ
Rumpel
ゴロッ
Karabumm
Polter
Groll
びくっ
Zuck
...!

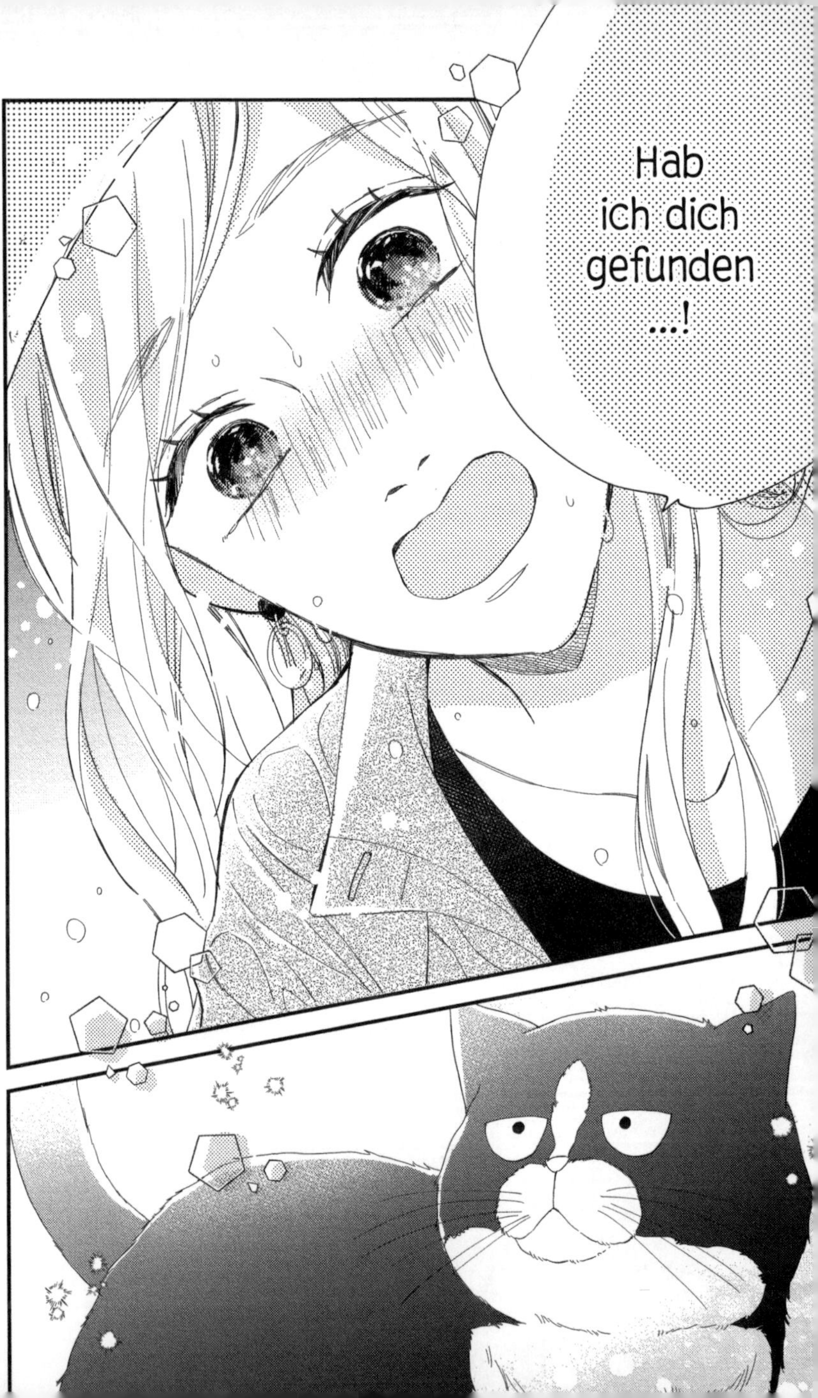
Hab ich dich gefunden ...!

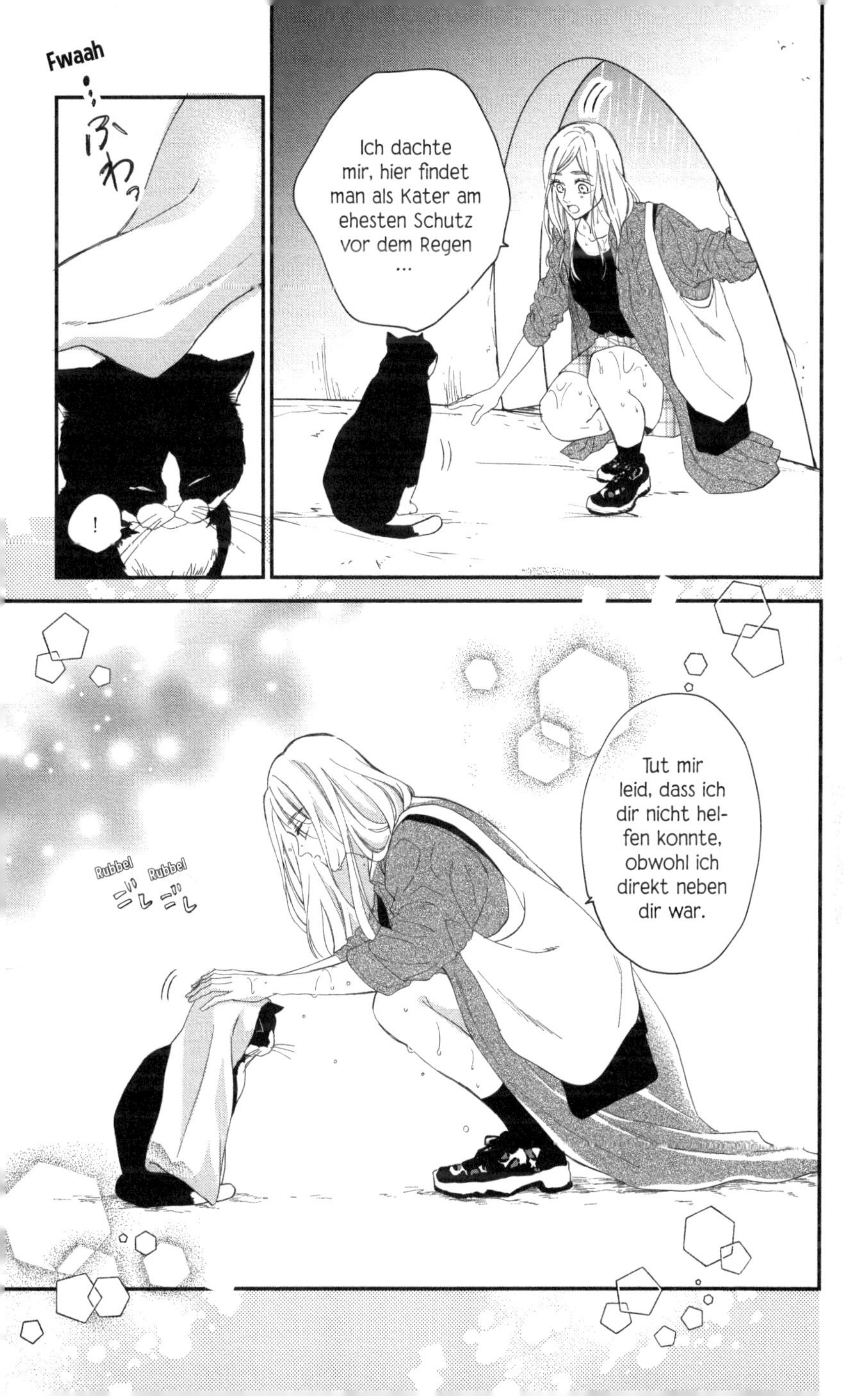

Ich dachte mir, hier findet man als Kater am ehesten Schutz vor dem Regen ...
Fwaah
ふわっ
!
Tut mir leid, dass ich dir nicht hel-fen konnte, obwohl ich direkt neben dir war.
Rubbel Rubbel
ごしごし

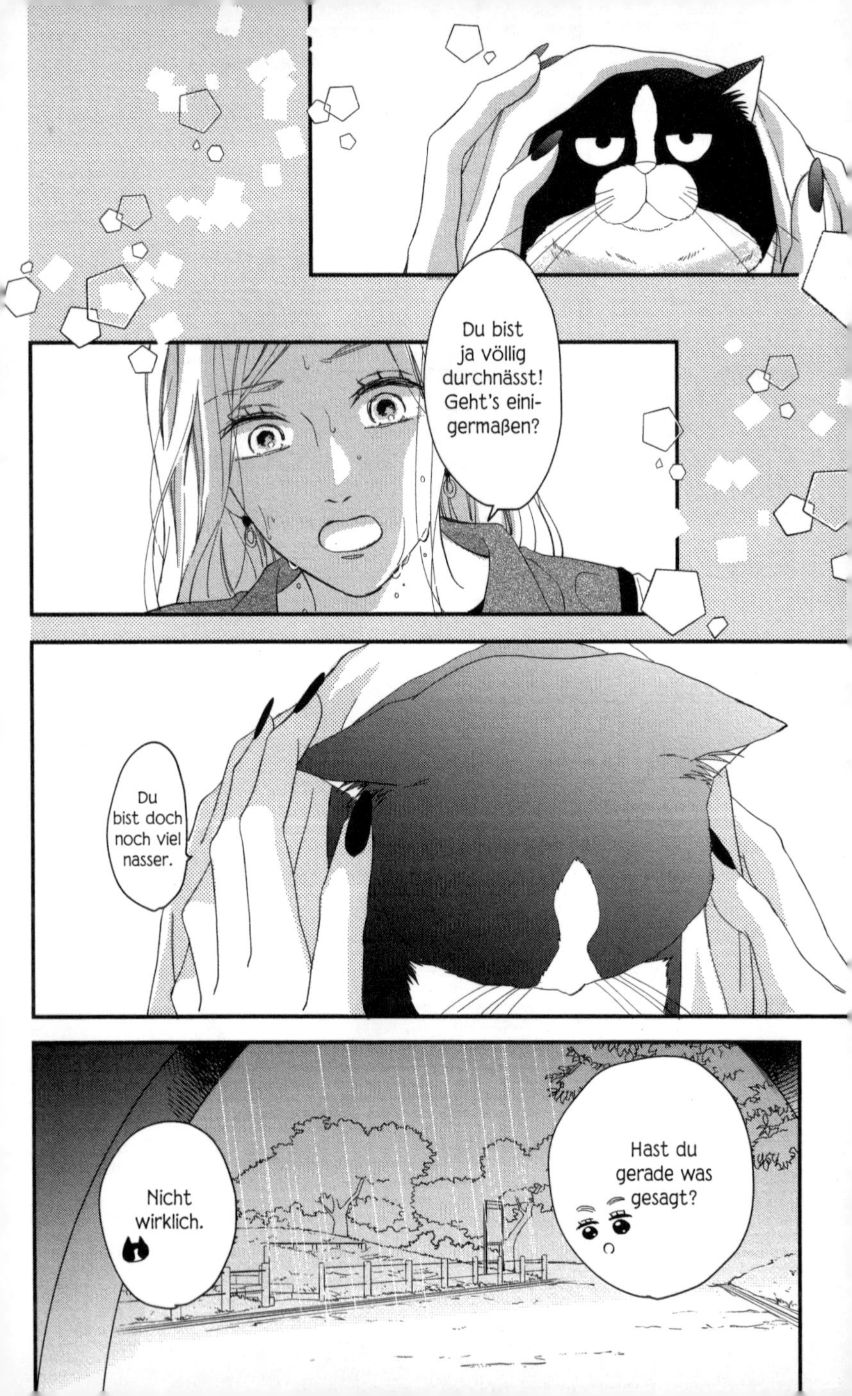
Du bist ja völlig durchnässt! Geht's einigermaßen?
Du bist doch noch viel nasser.
Hast du gerade was gesagt?
Nicht wirklich.

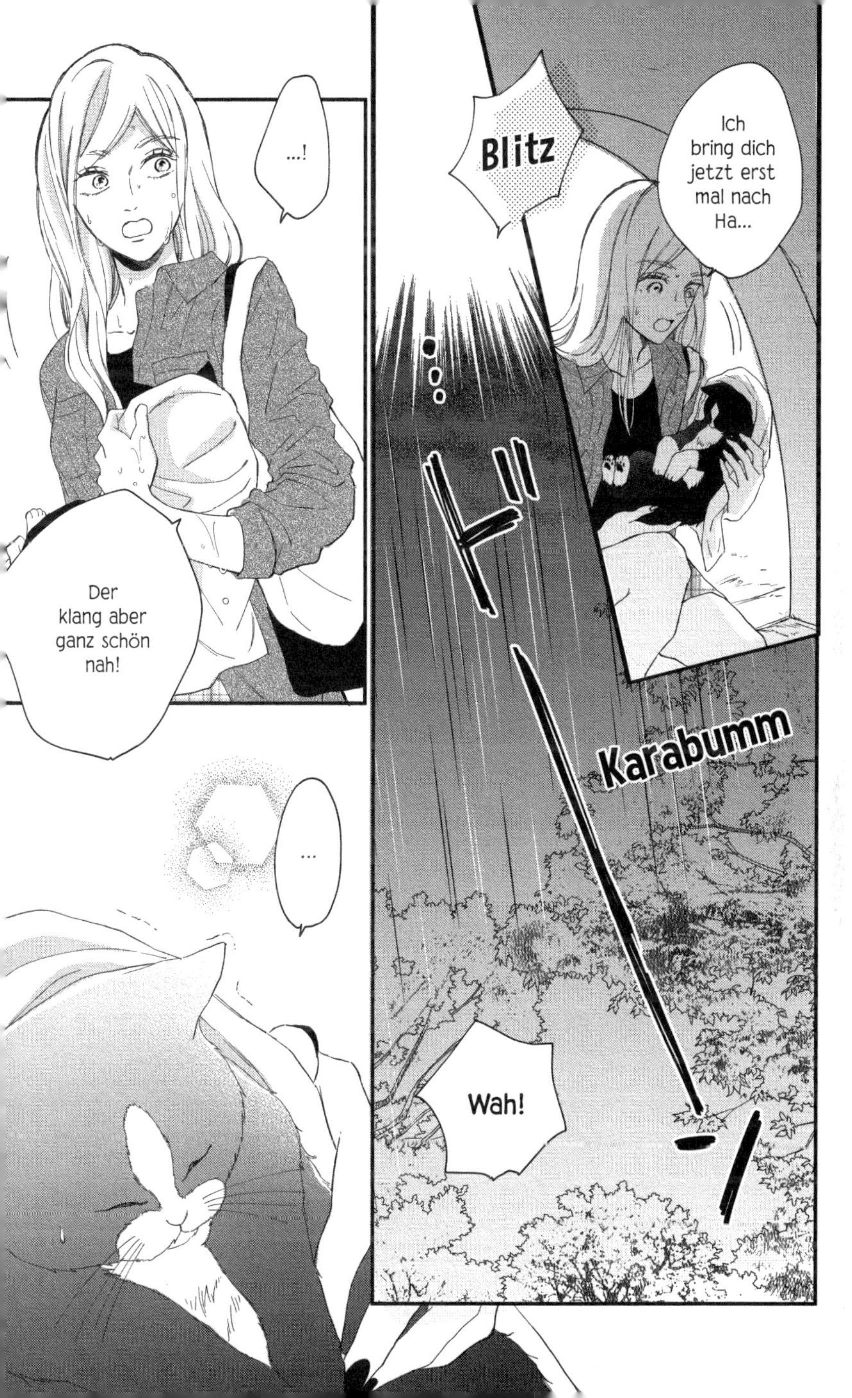
Blitz
Ich bring dich jetzt erst mal nach Ha...
Karabumm
Wah!
...!
Der klang aber ganz schön nah!
...

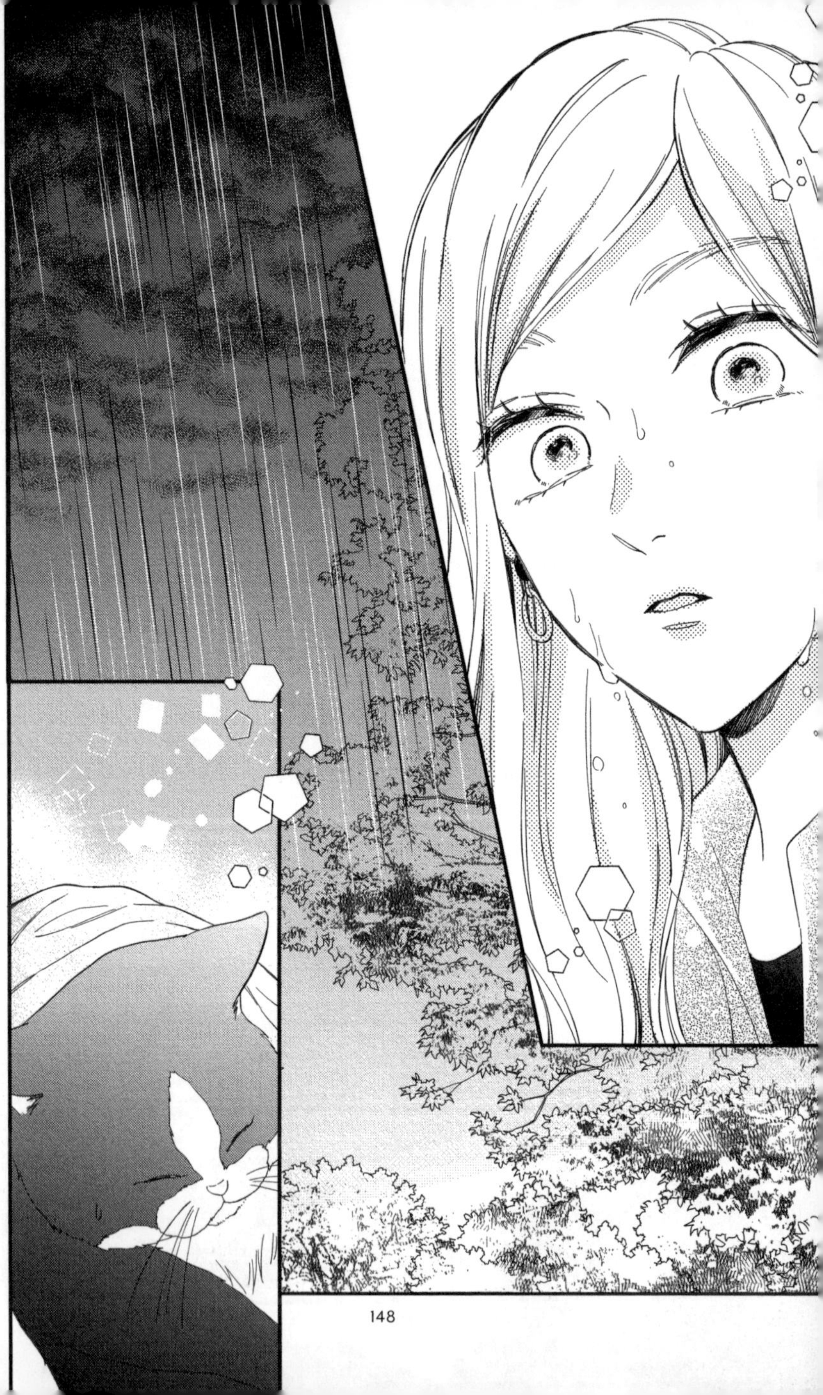

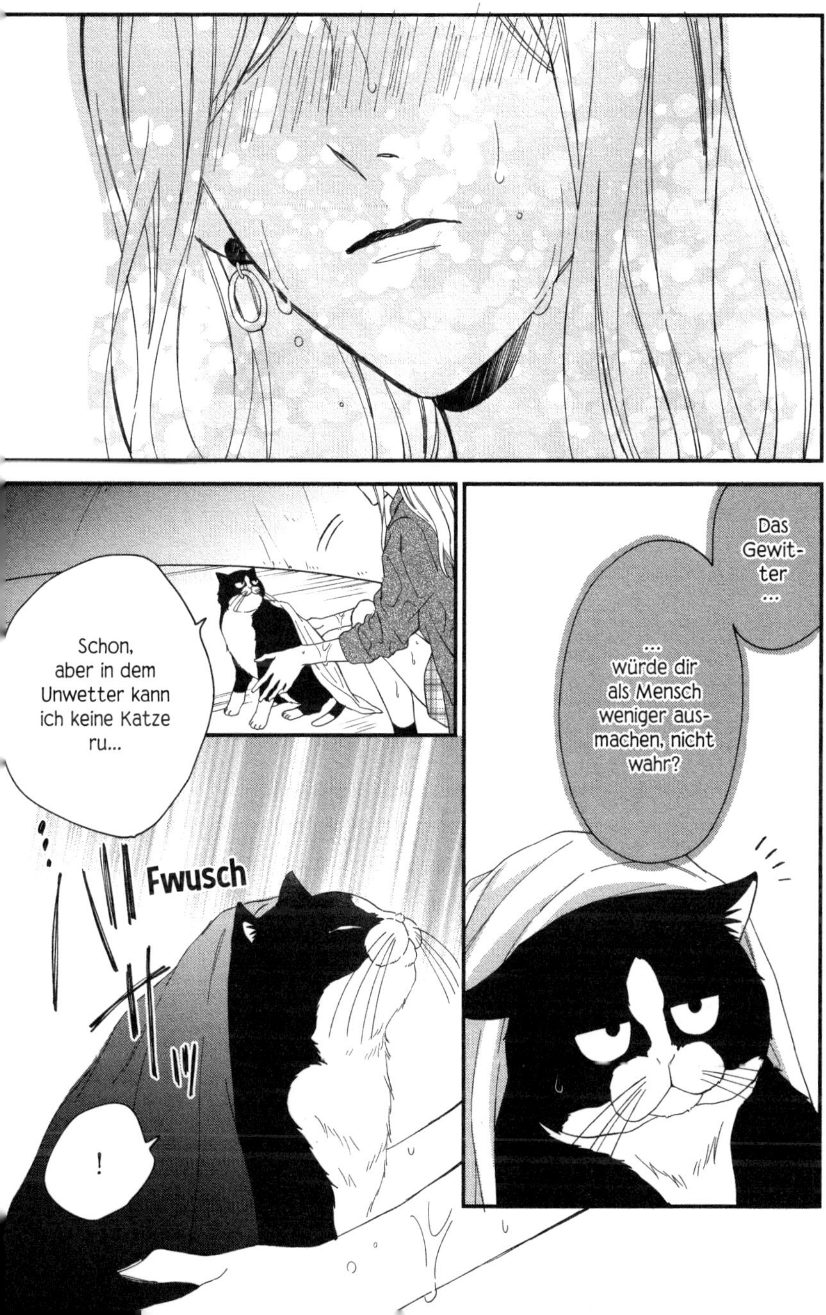
Das Gewitter ...
... würde dir als Mensch weniger ausmachen, nicht wahr?
Schon, aber in dem Unwetter kann ich keine Katze ru...
Fwusch
!

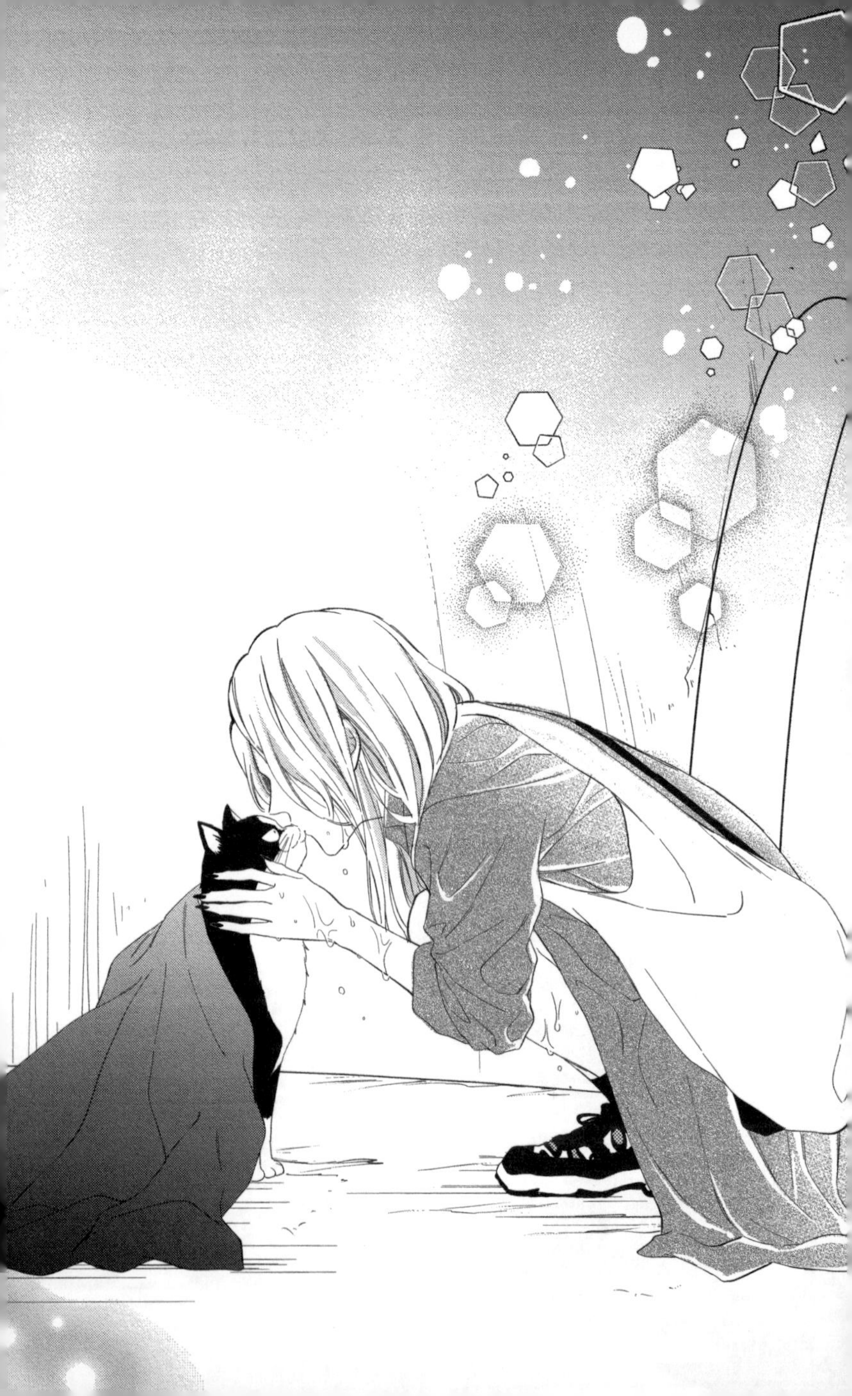

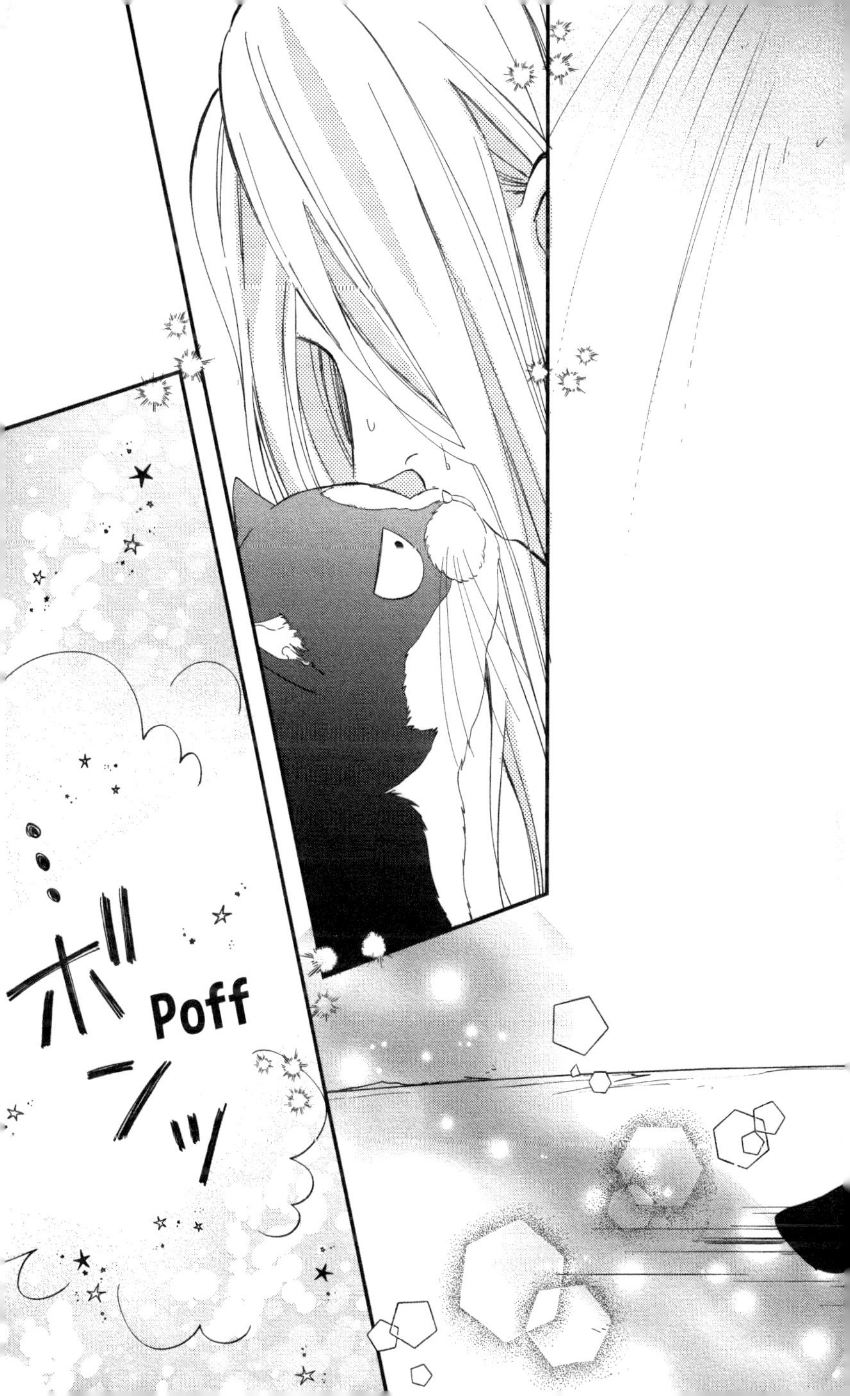
Poff

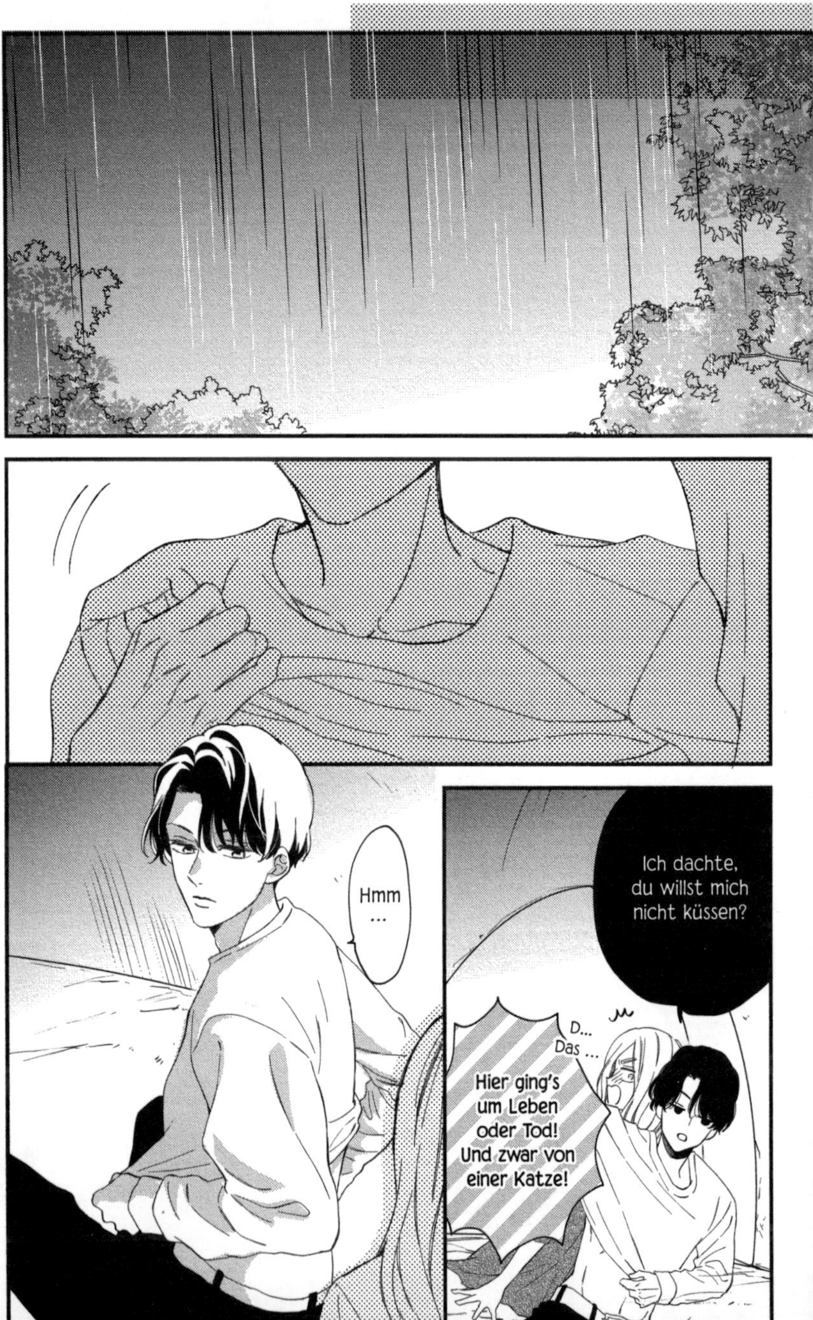
Hmm ...
Ich dachte, du willst mich nicht küssen?
D... Das ...
Hier ging's um Leben oder Tod! Und zwar von einer Katze!

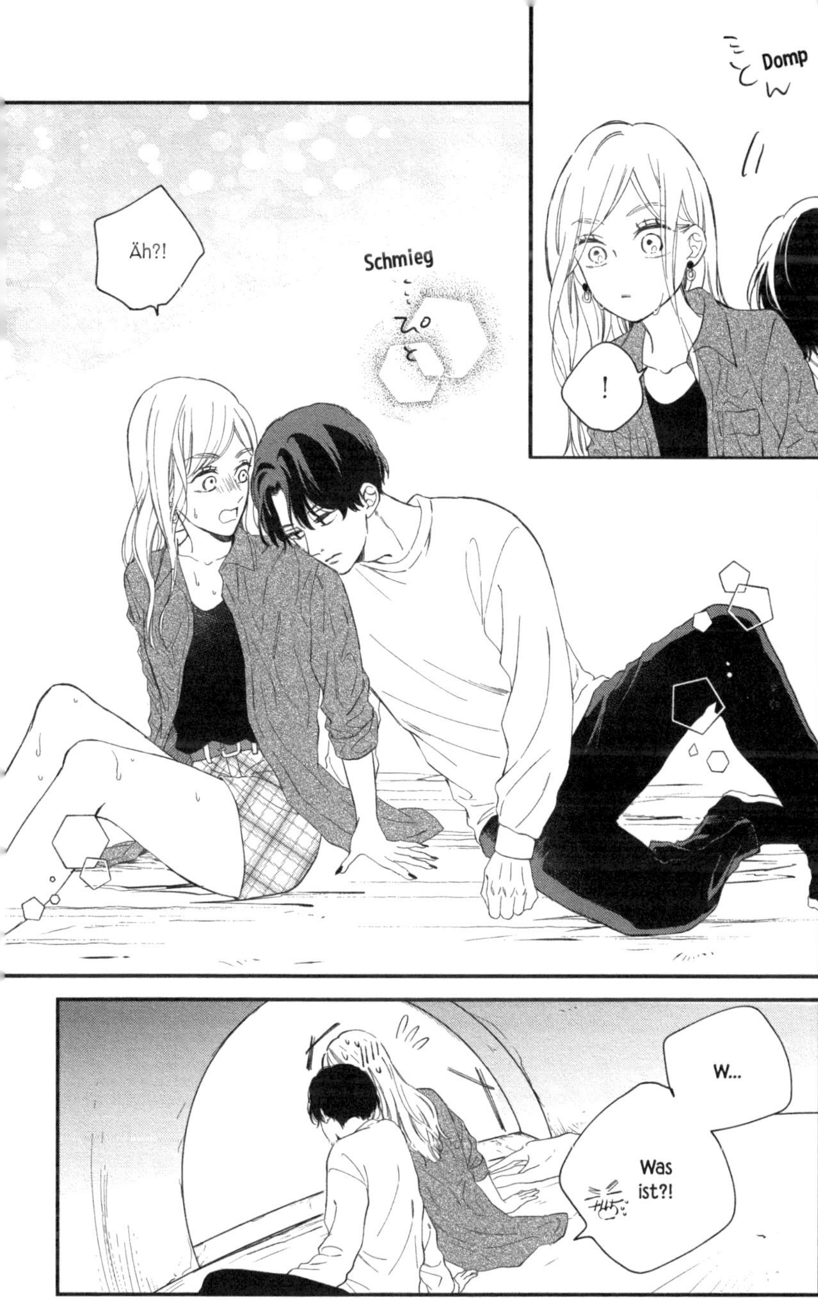
ことん
Domp
!
Schmieg
Äh?!
W...
Was ist?!

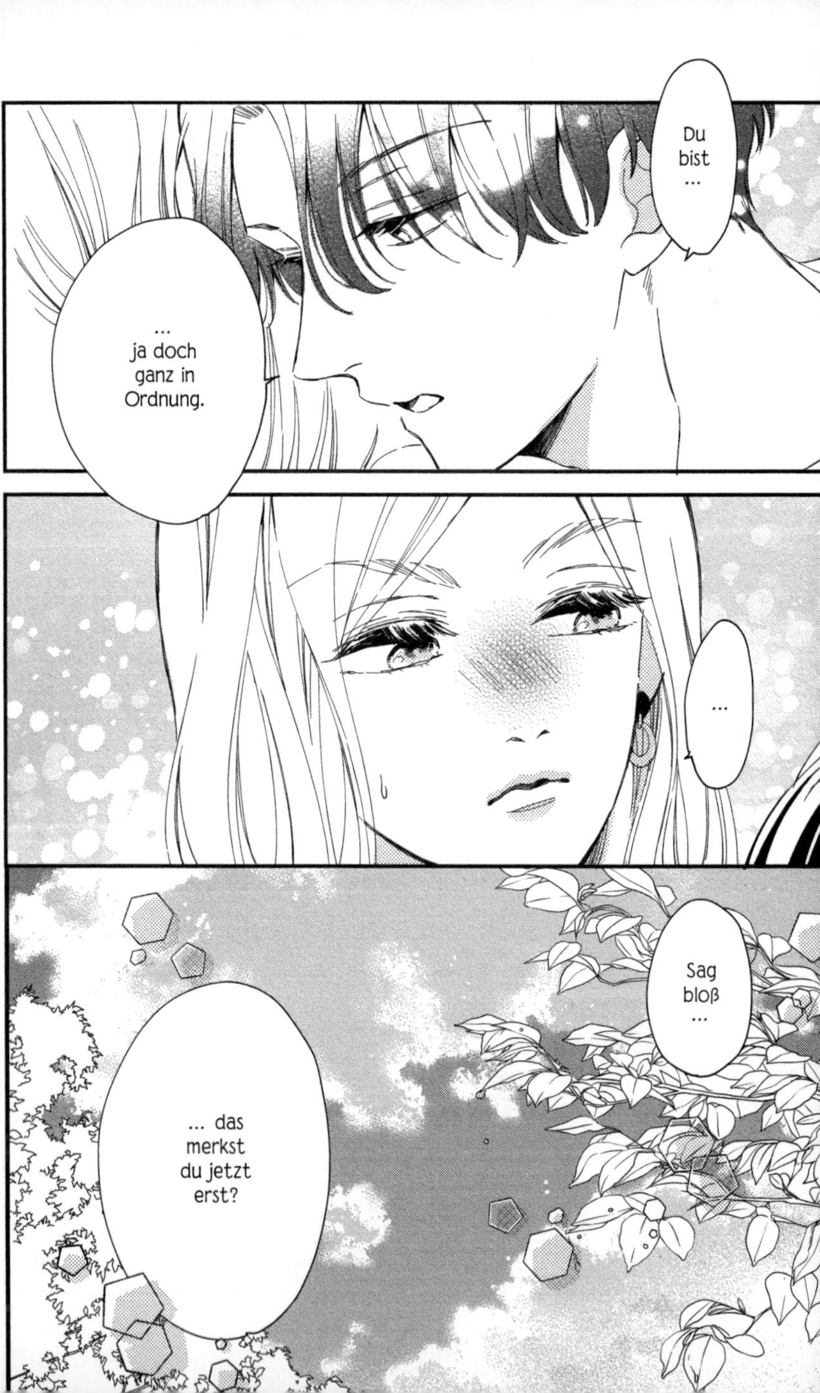
Du bist ...
... ja doch ganz in Ordnung.
...
Sag bloß ...
... das merkst du jetzt erst?

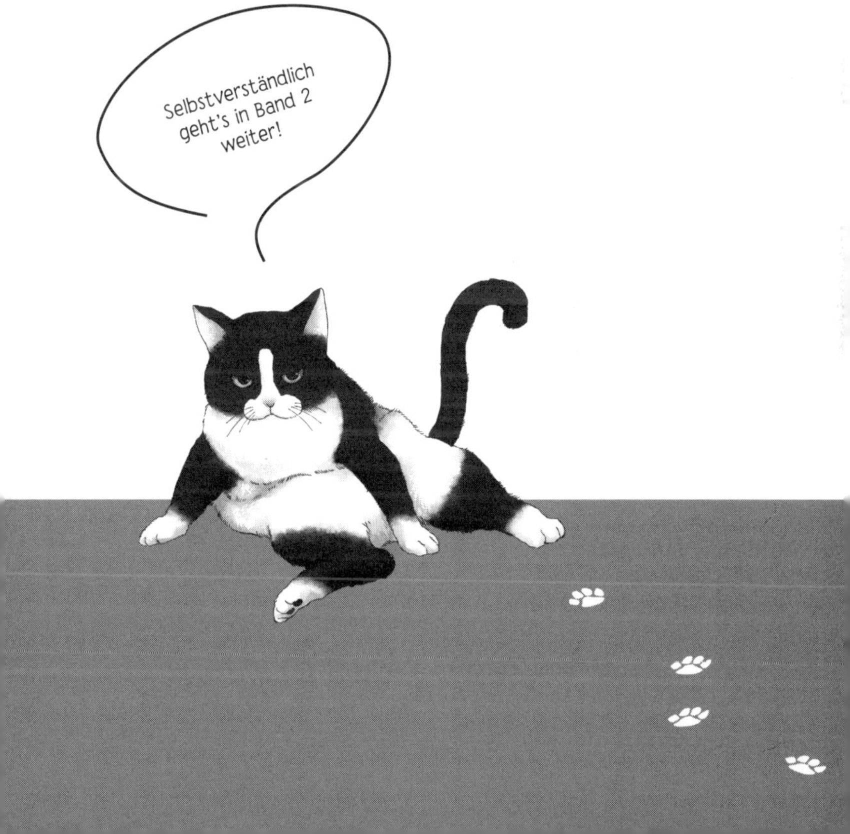
Selbstverständlich geht's in Band 2 weiter!

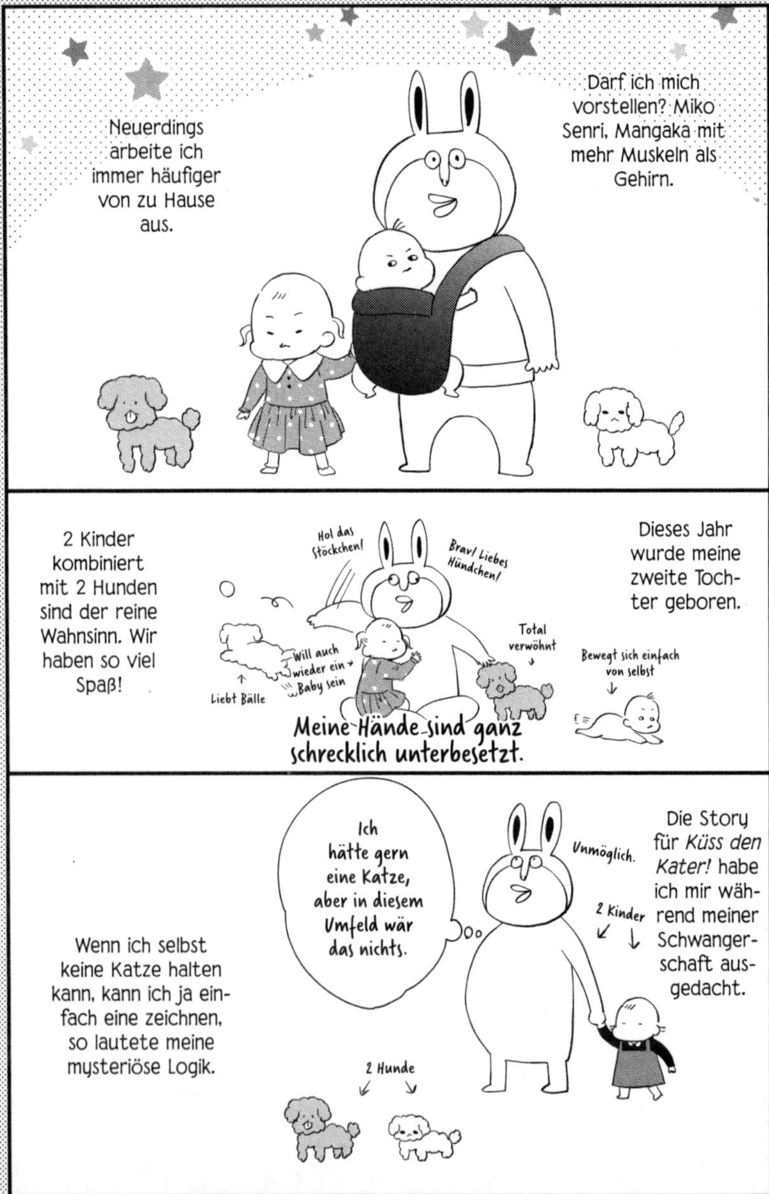
Darf ich mich vorstellen? Miko Senri, Mangaka mit mehr Muskeln als Gehirn.
Neuerdings arbeite ich immer häufiger von zu Hause aus.
Dieses Jahr wurde meine zweite Tochter geboren.
Bewegt sich einfach von selbst
Total verwöhnt
Brav! Liebes Hündchen!
Hol das Stöckchen!
Will auch wieder ein Baby sein
Liebt Bälle
2 Kinder kombiniert mit 2 Hunden sind der reine Wahnsinn. Wir haben so viel Spaß!
Meine Hände sind ganz schrecklich unterbesetzt.
Die Story für *Küss den Kater!* habe ich mir während meiner Schwangerschaft ausgedacht.
Unmöglich.
2 Kinder
Ich hätte gern eine Katze, aber in diesem Umfeld wär das nichts.
2 Hunde
Wenn ich selbst keine Katze halten kann, kann ich ja einfach eine zeichnen, so lautete meine mysteriöse Logik.

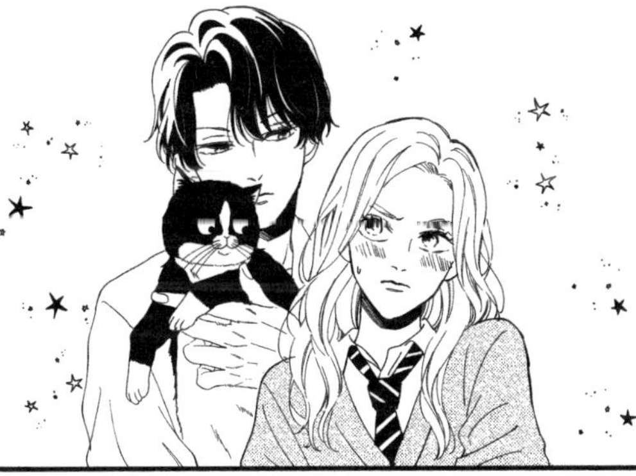

Erst hatte ich mir ein Setting ausgedacht, in dem Erina bei Kou einzieht, aber dann ist einiges passiert und ich habe mich für die jetzige Version entschieden.

Die Geschichte spielt in einem etwas ungewöhnlichen Rahmen …

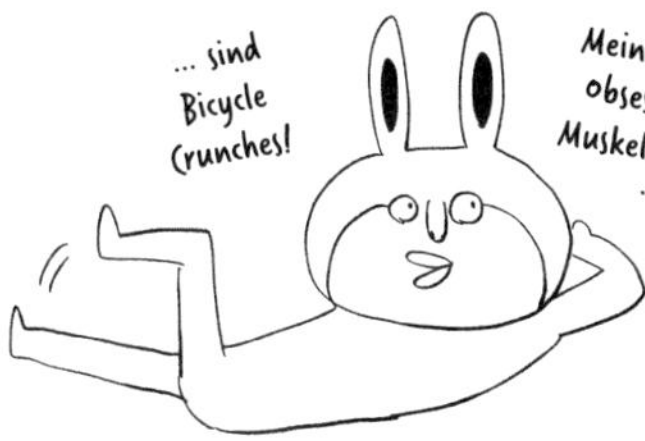

… aber ich hoffe, sie gefällt euch!

Special Thanks

Meinem Redakteur
Meinem Designer
Meinem Assistenten Furukawa
Und Nobori, meinem Katzenmodel!

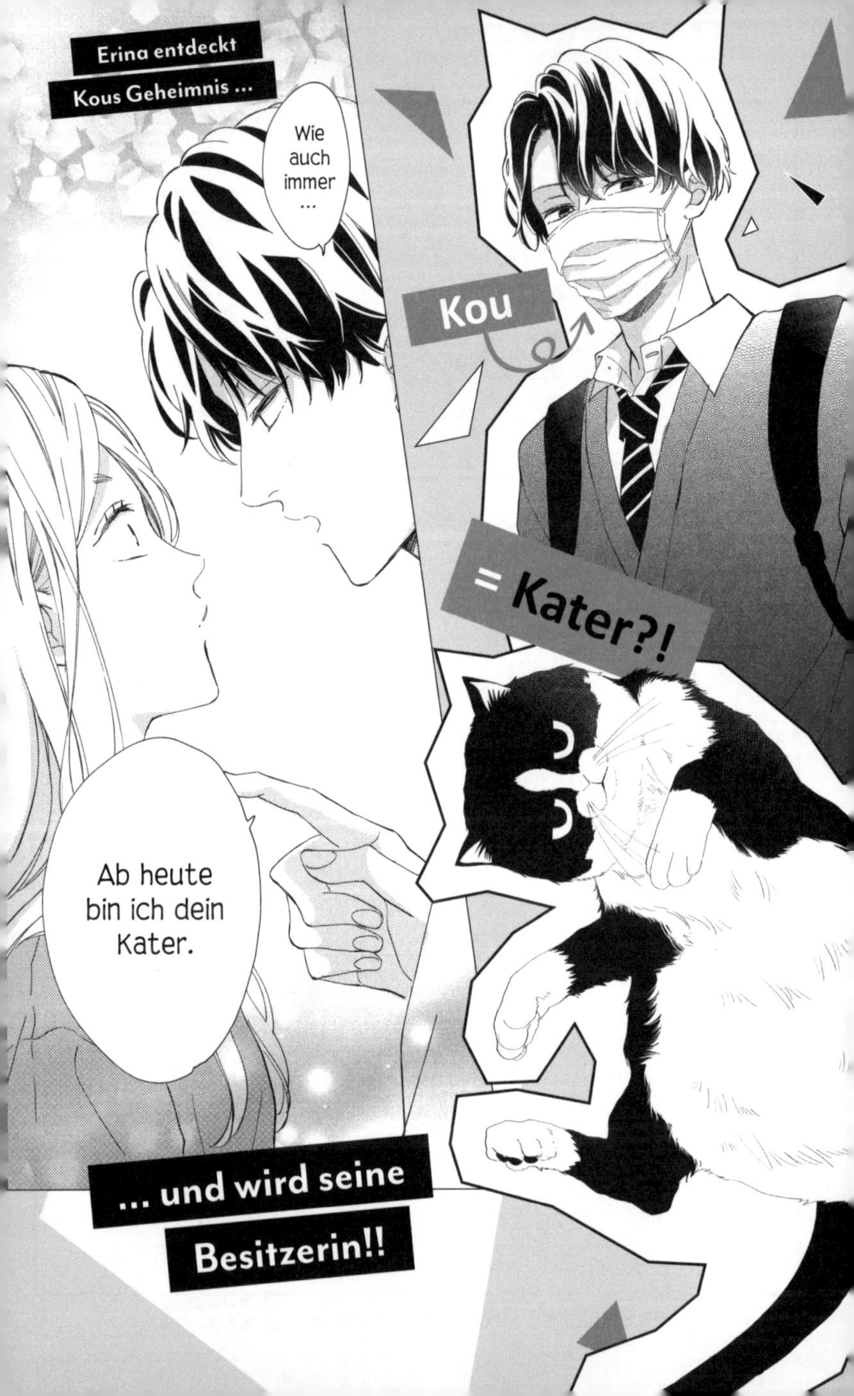
Erina entdeckt
Kous Geheimnis ...
Wie auch immer ...
Kou
= Kater?!
Ab heute bin ich dein Kater.
... und wird seine
Besitzerin!!

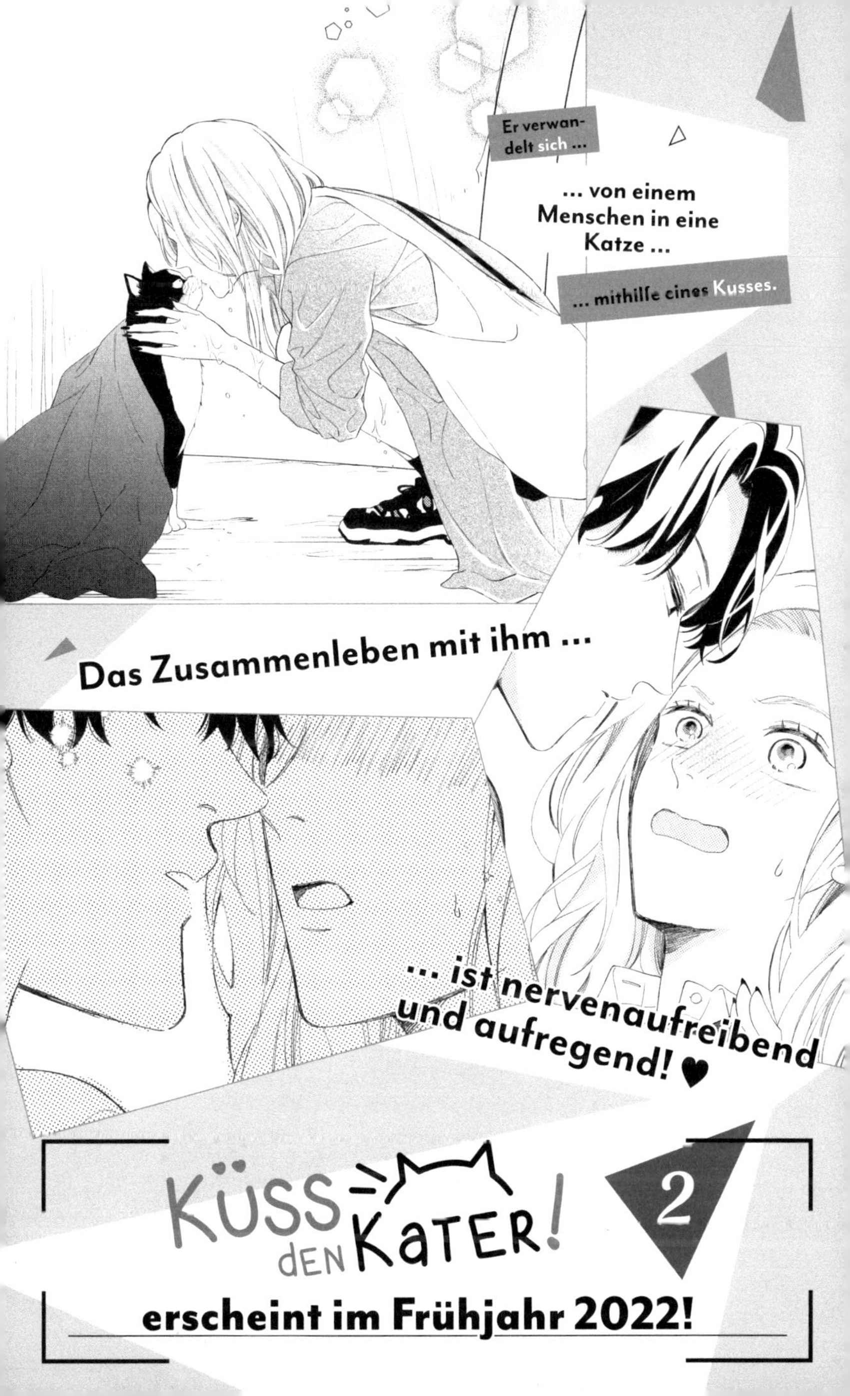

Er verwandelt sich ...
... von einem Menschen in eine Katze ...
... mithilfe eines Kusses.
Das Zusammenleben mit ihm ...
... ist nervenaufreibend und aufregend! ♥
Küss den Kater!
2
erscheint im Frühjahr 2022!

altraverse

Deutsche Ausgabe / German Edition
Altraverse GmbH – Hamburg 2021
Aus dem Japanischen von Rahel Niedermann

Redaktion: Ulrike Gatzke
Herstellung: Cathrin Hamester
Lettering: Vibrant Publishing Studio

Druck: CPI books GmbH, Leck
Printed in Germany

MIX
Papier
FSC FSC® C083411

ISBN 978-3-7539-0365-1
1. Auflage 2021

www.altraverse.de